东方考古研究书系

朱晓芳　著

齐鲁金声

山东地区两周乐钟研究

The Research into the Bells of Zhou Dynasty
in Shangdong Area

上海古籍出版社

图书在版编目（CIP）数据

齐鲁金声：山东地区两周乐钟研究／朱晓芳著. —
上海：上海古籍出版社，2016.11
（东方考古研究书系）
ISBN 978-7-5325-8028-6

Ⅰ.①齐… Ⅱ.①朱… Ⅲ.①青铜器（考古）—编钟
—研究—山东省—周代 Ⅳ.①K875.54

中国版本图书馆 CIP 数据核字（2016）第 055332 号

东方考古研究书系
齐鲁金声：山东地区两周乐钟研究
朱晓芳 著
上海世纪出版股份有限公司
上海 古 籍 出 版 社 出版
（上海瑞金二路 272 号 邮政编码 200020）
（1）网址：www.guji.com.cn
（2）E-mail：guji1@guji.com.cn
（3）易文网网址：www.ewen.co
上海世纪出版股份有限公司发行中心发行经销
惠敦印务有限公司印刷
开本 890×1240 1/32 印张 11.125 插页 2 字数 256,000
2016 年 11 月第 1 版 2016 年 11 月第 1 次印刷
印数：1—1,500
ISBN 978-7-5325-8028-6
K·2182 定价：58.00 元
如有质量问题，请与承印公司联系

序　言

　　两周是我国礼乐制度体系形成与发展完善的时期，作为礼乐制度载体的青铜礼乐器，向来是金石学、考古学关注的重点，受到格外重视。建国以来，伴随着大量商周墓葬的发现，青铜器出土数量大增，尤其是 20 世纪 70 年代曾侯乙墓带有长篇铭文的乐钟的出土，大大促进了青铜乐器与上古乐理研究的深入，甚至产生了音乐考古这样的学科分支，艺术史研究也更加重视音乐史的研究。

　　本文主题的选定之初费了一些周折。开始关注的是簴虡，主要是簴虡的起源、造型与纹饰的发展及其与乐器的关系等问题，瞄准的是美术史的问题。但在搜集资料的过程中发现，有关簴虡的考古材料相对较少，不足于支撑一篇博士论文的写作；同时发现，与青铜乐器大量出土及音乐考古、音乐史的热闹繁荣相比，学术界对于乐器的研究却相对沉寂，与礼器研究成果相比尤显如此，甚至连考古学最为基本的年代学问题也少有问津。但毋庸讳言，相对于青铜礼器的研究而言，对于乐钟的研究要滞后很多。青铜器研究中重礼轻乐现象形成的原因，固然是因为考古出土青铜乐器数量明显要少于礼器，但更与传统文献中对于礼制的强调有关，至少传世文献是如此。《汉书·艺文志》说儒家"游文于六经之中"，所谓"六经"指的是《诗》《书》《礼》《乐》《易》

《春秋》，其中唯有《乐》失而不传，只剩下大家知道的"五经"。虽然广义的"礼"也包括了乐，但因为有独立的《乐》存在，《礼》中有关"乐"的内容记载便十分笼统。据研究，《乐》和《诗》实际上是一体的，《诗》记词，《乐》记谱，共为乐歌。我推测，除了记谱，《乐》中可能也有对礼乐活动中乐器使用方面的内容。未来新出土文献，或可补此不足。

朱晓芳的博士学位论文《山东地区两周乐钟研究》，显而易见是从区域角度对周代乐钟的个案研究。正如作者所指出的，随着考古学的发展，学术界对于两周乐钟的研究范围不断扩大，尤其是曾侯乙墓发现之后，学术界对乐钟的研究成果丰富，关注重点一是在两周时期音列音律等音乐史的研究；二是乐悬制度，并由此涉及两周社会层面的考察。虽然对于两周乐钟形制分期等问题的探讨引起学术界的一些关注，获得了一些总体性的认识，但对各类乐钟的形制演变、区域特征和制作工艺等考古学基础性问题的研究成果较少。本文就是针对乐钟研究的上述不足而做的选题。

年代学问题之外，作者也试图探讨山东地区两周乐钟的区域特点，并获得了一些认识，例如指出了以邹鲁之地的鲁南地区乐钟最为发达，胶东地区则要简单得多，这是值得肯定的，遗憾的是未能对造成上述现象的历史原因进行深入探讨。当然，这一问题的解决有赖于与周边地区进行比较研究，可能已经超出了本文的范围。笔者在这里指出来，是为了引起关注，以期促进这一问题的深入。

方辉

2016 年 6 月于山东大学

目　　录

附表目录

插表目录

插图目录

绪　　论

　　周代山东地区的青铜乐器主要是"钟"。我国先秦时期"钟"的范围有狭义和广义之分。狭义之钟指有甬（钮）、口朝下、悬挂击奏的体鸣乐器，即甬钟、镈钟和纽钟三类。广义之钟，除以上三者外，还包括铙、钲、铎、錞于、句鑃以及云南等地出土的羊角纽钟、筒形纽钟等青铜乐器，包罗众多[1]。山东地区，两周时期的青铜乐器发现有甬钟、镈钟、纽钟、钲、铎、句鑃、铃、錞于，其中仍以甬钟、镈钟、纽钟为大宗，故本文所论之"钟"即狭义之钟[2]。需要说明的是，临朐扬善公社、阳信城关镇陪葬坑、临淄淄河店M2等地点所出青铜乐钟皆不具有音乐性能，加上临淄大武镇东夏庄4号和6号墓葬出土的陶质乐钟，所以虽然题目中所指"乐钟"应是与乐事活动相关的钟器，为了行文，这几处遗址也一并囊括在内。

第一节　时空范围及考古发现

　　地处中国东方的山东地区，东北濒临黄海、渤海，西负泰山，属华北大平原上相对独立的地理单元。这种地理上的统一性，使得两周时期的乐钟呈现较强的趋同性，因此本文用"山东地区"指称

---

[1]　南朝·释智匠《古今乐录》所载，"凡金为乐器有六，皆钟之类也。曰钟、曰镈、曰錞、曰镯、曰铙、曰铎"。

[2]　陈荃有：《中国青铜乐钟研究》，第3页，上海音乐学院出版社，2005年5月。

研究的空间范围,即今天的山东省境内[1]。

目前,山东地区发现最早的周代乐钟是1972年烟台市黄县和平村出土的两件甬钟,其中保存完整的一件,甬中空与体腔相通且饰绳索形斡,钲面界格为夹以细阳线的小乳钉,舞部饰细阴线S形云纹,篆部饰斜角云纹,鼓部饰对称的工字形云纹,二层台柱状枚,钲部较长且中部有徽识,年代可定为西周中晚期[2]。因此,以这一地区发现的乐钟为准,本文的时间跨度从西周中期至公元前221年秦灭齐。

截至2012年底,山东地区考古发掘或偶然发现的两周乐钟出土地点28处,以1978年曾侯乙墓的发现从而证实了青铜乐钟一钟双音现象为界,我们将其分为前后两个阶段加以介绍。为了更加全面地展现山东地区周代乐钟的整体情况,我们依据《殷周金文集成》,并参照《两周金文辞大系》等著作,去伪存真,选取了与本地区有关的宋代以来出土且海内外主要博物馆有收藏的传世青铜乐钟16例,重点描述其形制特征和铭文资料。

一、新中国成立前的发现(以传世青铜乐钟为主)

1.己侯钟

清乾隆年间出土于山东寿光纪侯台[3]。《积古斋钟鼎彝器款识》有著录,现藏日本京都泉屋博古馆。出土时保存完好。

---

[1] 王青:《海岱地区周代墓葬》,第1页,山东大学出版社,2002年。

[2] 李步青、林仙庭:《山东黄县归城遗址的调查与发掘》,《考古》1991年10期。

[3] 郭沫若:《两周金文辞大系考释》,第423页,《郭沫若全集·考古编》第八卷,科学出版社,2002年;容庚、张维持:《殷周青铜器综论》,文物出版社,1984年;曾毅公:《山东金文集存·先秦编》,北京市图书业公会出版,1940年。

铭文位于左侧鼓，"己侯虎作宝钟"[1]。甬封衡，饰波浪纹、云纹，旋饰重环纹，二对称半环形斡，粗阳线界格钲篆部，篆饰斜角云纹，鼓饰工字形云纹，二层台平头圆柱状枚，钲部占体高约2/3。郭沫若将此钟定为昭穆时器，并据铭文字体的差异将另一件传世"己侯毁"定为厉宣时器[2]。我们认为，己侯钟的形制纹饰和现藏日本泉屋博古馆的叔钟相似，甬部环带纹与波浪纹亦见于虢叔旅钟，叔钟为西周中期器[3]，而虢叔旅钟为西周晚期器，故己侯钟的年代可暂定为西周中晚期[4]。

2. 镈

清同治九年（1870），山西荣河后土祠出土春秋晚期齐镈1件，又名齐子仲姜镈，现藏国家历史博物馆。共存乐器有春秋晚期晋国制品邵黛编甬钟。镈钮为透雕云顶吞噬飞龙座，这种云顶就是由两条吞噬飞龙的尾端连接在一起构成的。舞、篆、鼓饰平雕凸边变形蟠螭纹（蟠龙纹）。枚饰重环纹。钲篆以粗阳弦纹为界。镈的正面有铭文175字（内重文2，合文1）。行款是起自右栾而右侧鼓，而钲间，而左侧鼓，终于左栾[5]。此镈自名为宝镈，又是全铭，有人认为是特镈[6]。齐镈是山东诸多镈器中最为著名的一例，此系春秋齐国鲍叔之孙镈作器，记镈的祖先鲍叔有功于齐国，桓公赐他采邑的史实。鲍叔因荐管仲相桓公而使齐国称霸于天下，因而为齐之重臣。镈形体特大，高65.8厘米，重65.2千克，于（清）同治

[1] 中国社会科学院考古研究所：《殷周金文集成释文》一，图一四，中华书局，1984年。

[2] 郭沫若：《两周金文辞大系考释》，第423页，《郭沫若全集·考古编》第八卷，科学出版社，2002年。

[3] 王世民等：《西周青铜器分期断代研究》，第173页，文物出版社，1999年。

[4] 郭沫若：《两周金文辞大系考释》，第423页，《郭沫若全集·考古编》第八卷，科学出版社，2002年。

[5] 中国社会科学院考古研究所：《殷周金文集成释文》一，图二七一，中华书局，1984年。

[6] 李纯一：《中国上古出土乐器综论》，第159、161页，文物出版社，1996年。

九年四月在山西荣河县出土,不知何故入晋,然当为齐器无疑[1]。

3. 齐鼏氏钟

同于鎛鎛,鼏氏即鲍叔,故此钟亦为鲍叔之后所作。铭文52字(又重文2),行款自正面钲间,而右鼓,而反面左鼓,而钲间,而右鼓,终于正面左鼓,"唯正月初吉丁亥齐鲍氏孙□择其吉金自作龢钟卑鸣攸好用享以孝于伲皇祖文考用宴,用喜用乐嘉宾及我倗友子子孙孙永保鼓之"[2]。正鼓装饰对称顾龙纹,喙侧有粗鼻,目纹近于尾端的蛇角,背上饰目纹,蛇角上增足作龙形,下体在腿裆处断开,足形纹饰略微向下并外移,通体施以较繁缛的细阴线二层花纹。李纯一认为齐鼏氏钟属于春秋中晚期,与春秋楚王領钟相比,该钟龙纹两侧有涡纹,而楚钟没有,二者的区别有可能是地区和时代导致的差异[3]。齐鎛鎛出土于山西荣河后土祠,其共存乐器有春秋晚期晋国制品邵黛编甬钟,值得注意的是,邵黛钟正面鼓饰下方正中处亦缀有一个浅浮雕涡纹[4],可见此时齐晋两国之间应有密切的联系。

4. 邿公孙班鎛

《梦郼草堂吉金图》上·三著录一件春秋晚期邿公孙班鎛,其钮制和鎛鎛略同,但顶部两条龙尾之间有一根径约0.6、长约0.7厘米的短横梁,梁下方舞面上有一个三角云纹方钮。看来这根短横梁不堪重负,只能起连接作用,真正可供实用的挂件应是

[1] 林济庄:《齐鲁音乐文化源流》,第118页,齐鲁书社,1995年。
[2] 中国社会科学院考古研究所:《殷周金文集成释文》一,图一四二,中华书局,1984年。
[3] 李纯一:《周代钟鎛正鼓对称顾龙纹断代》,见《李纯一音乐学术论文集》,第173—192页,上海音乐学院出版社,2004年。
[4] 中国社会科学院考古研究所:《殷周金文集成释文》一,图二二五至二三七,中华书局,1984年。

那个方钮[1]。该镈自名"穌镈",铭文45字(又重文2),行款亦同于上例,自右栾而右侧鼓,而钲间,而左侧鼓,终于左栾[2]。

5. 邾公轻钟

20世纪初,"邾公轻钟"出土于邾地,见诸典籍。曾为阮元旧藏,著录4件,现存3件,1件藏故宫博物院,另2件在上海博物馆和南京博物院。全组件数不详。春秋晚期前段邾宣公(前573—前556)所作。四件皆全铭,其中上海博物馆所藏有铭文57字,行款由右栾而右鼓,而钲间,而左栾,止于左鼓[3]。大意是:邾公轻作穌钟二堵,用以自乐及宴喜大夫诸士。甬作圆柱状,但近顶部收敛成圆锥状;体较短,腹部略微鼓出,以致口微内收而侈度较小,整个形体矮而宽。钲部占52.05%,平头二层柱状枚稍短。上下封衡,旋饰四乳钉纹,方形斡中间起棱,钲、篆边框为细阴线弦纹,舞、篆饰细密的细阴线蟠虺纹。鼓饰大于一般,占满鼓面,为平雕二叠蟠龙纹,填以细阴线云雷纹,六条龙绕结成长方块状,左右两侧各伸出向上翘起的三个龙首[4]。此钟较为罕见,其形制和主要纹饰皆和春秋中期吴器"者减钟"[5]相同。两钟的龙体上有不少的突起物,平整的带状躯干上每隔一小段有一个单面倾斜的小坡,这种突起物在战国器上就成为略呈旋转的羽翅纹,目前所见钟类乐器只有齐穌镈龙纹上才有与上述两钟相同的突起物。

[1] 李纯一:《中国上古出土乐器综论》,第161页,文物出版社,1996年。
[2] 中国社会科学院考古研究所:《殷周金文集成释文》一,图一四〇,中华书局,1984年。
[3] 中国社会科学院考古研究所:《殷周金文集成释文》一,图一五一,中华书局,1984年。
[4] 李纯一:《周代钟镈正鼓对称顾龙纹断代》,见《李纯一音乐学术论文集》,第209页,上海音乐学院出版社,2004年。
[5] 马承源:《关于翏生盨和者减钟的几点意见》,《考古》1979年1期;袁荃猷等编:《中国音乐文物大系·北京卷》,第60页,大象出版社,1999年。

齐鑘镈是田齐以前之器,是春秋晚期较早的铸品,时代上与邾公
牼钟亦较为接近。

6. 邾公华钟

传山东邹县出土,纪昀、潘祖荫旧藏[1],全组件数不详,现藏
国家历史博物馆。邾宣公之子邾悼公(前555—前541)所作。有
铭文91字(又重文2),行款与邾公牼钟略有不同,由右栾而右鼓,
而钲间,而左鼓,止于左栾。铭文大意是:邾公华作这套龢钟,是
为了祭祀宴享,并传给子孙。此铭文字体修长,圆中寓方,有圭角
拗折但不坚强。邾国居于齐鲁之间而书风近齐,有齐国书风而乏
其力。线条高度流走,字形匀美,已入潮流。且多异体,有文字的
"华饰"现象,有的字体呈现繁化,与西周金文有别,体现了春秋以
来金文的转化方为完整[2]。与邾公牼钟相比,栾微鼓,两铣下垂有
凸尖是其共性;其不同之处在于阳线界格钲篆、枚的增长、体高和
侈度的加大以及重量的减轻。

7. 邾公钅它钟

现藏上海博物馆。形制、纹饰和邾公华钟相似,鼓部饰变形
龙纹。铭文:"陆融之孙邾公厥龢钟用敬衈盟祀祈年眉寿用乐我
嘉宾及我正卿扬君灵君以万年。"行款自右栾,而右鼓,而钲间,
而左鼓,终于左栾,共34字[3]。郭沫若定为邾定公时器(前613—前
573),似嫌过早[4]。马承源定为邾桓公时器(前486—前474),年代

[1]　容庚:《商周彝器通考》,附图九五四,哈佛燕京学社,1941年。

[2]　中国社会科学院考古研究所:《殷周金文集成释文》一,图二四五,中华书局,1984年。

[3]　郭沫若:《两周金文辞大系图编》,第171页,《郭沫若全集·考古编》第七卷,科学
出版社,2002年;中国社会科学院考古研究所:《殷周金文集成释文》一,图一〇
二,中华书局,1984年。

[4]　郭沫若:《两周金文辞大系考释》,第408—409页,《郭沫若全集·考古编》第八卷,
科学出版社,2002年。

近似[1]。陈公柔提出，"䣄字诸家解释各异，暂按旧释如此。此钟之国别字作朱，据《说文系传考异》：'朱，一曰鲁有小朱国。'是此朱当为小朱（[图]）标识（郳公轻钟写作[图]）无疑。或以为此即鲁哀公八年左右之太子革，则将此钟作者纳入朱的世系中，而不列为小朱之器是不恰当的"[2]，即此钟应属小郳，可备一说。

8.郳叔之伯钟（纽钟）

现藏故宫博物院。此钟器身有伤孔，枚锈有剥落，形制亦较为罕见。钟体断面为椭圆形，两铣下垂有凸尖，口曲内凹呈弧形，钮作长方环形。绚索状阳线间隔钲篆区，前后两面共有三十六乳钉枚。舞、篆、鼓皆饰对首龙纹[3]。铭文34字（重文2）："唯王六初吉壬午[图]叔之伯□□择厥吉金用□其龢钟以作其皇祖皇考□用祈眉寿无疆子子孙孙永宝用享。"[4]行文始于右栾，而右鼓，而钲间，而左栾，终于左鼓，和郳公轻钟相似，当为春秋晚期器。

9.郳太宰钟（纽钟）

现藏台北故宫博物院。铭文34字（又重文2）："[图]太宰徛子懿自作其御钟□□吉金元吕懿用介眉寿多福万年无疆子子孙孙永宝用享。"行款自正面右栾，至钲间，至左栾，至反面右栾，至钲间，终于左栾[5]。形制似仙人台M5纽钟，绚索状长方环钮，钟体修长，两栾微鼓，两铣下垂有凸尖，口曲内凹呈弧形，阳线间隔钲篆，钲占约1/2，圆圈状枚三十六个。舞、篆饰阳线蟠虺纹；鼓饰凸字形蟠虺纹。仙人台M5为春秋晚期早段，此钟应该

[1] 马承源：《上海博物馆藏青铜器》附册84页，上海美术出版社，1964年。

[2] 陈公柔：《滕郳两国铜器及其相关问题》，见《中国考古学研究——夏鼐先生考古五十年纪念论文集》，第186页，文物出版社，1986年。

[3] 中国社会科学院考古研究所：《殷周金文集成释文》一，图八七，中华书局，1984年。

[4] 袁荃猷等编：《中国音乐文物大系·北京卷》，第56页，大象出版社，1999年。

[5] 中国社会科学院考古研究所：《殷周金文集成释文》一，图八六，中华书局，1984年。

年代相当。传世有邾太宰簠,当为一人制作[1]。

10. 邾君钟(纽钟)

铭文存16字,行款自右栾,而钲间,而左栾,"🐘君求吉金用自作其龢钟□铃用处大正□□"。此钟自名"钟□铃"[2],应为纽钟,未见实物,《殷周金文集成》定为春秋晚期[3]。

11. 鲁原钟

钲间载有铭文"鲁原作龢钟用享孝"。现藏上海博物馆。此钟正鼓部饰有一对相背顾龙纹,侧鼓部亦有一顾龙纹作为第二基因的标志,龙尾上立有一细阴线象鼻纹是其特色所在。龙纹作为侧鼓音的标志,亦见于西周晚期柞钟,故鲁原钟应属于西周晚期器[4]。李纯一定为春秋早期[5],可备一说。另有鲁大宰原父毁传世,当为一人所作。郭沫若引《说文》,认为邍(原)与古山东高平(今属邹城)有关[6]。

12. 益公钟

青岛市博物馆所藏。《山东金文集存》云:"传民国二十一年(1932)壬申邹县出土。"钲间铭文7字2行:"益公为楚氏龢钟。"《春秋》载:"十年春,王二月,邾子益来奔。"又《春秋左传·哀公十年》:"十年春,邾隐公来奔,齐甥也,故遂奔齐。"据此,顾颉刚考订钟当铸造于鲁定公三年至鲁哀公八年之二十年间;或鲁哀

[1] 郭沫若:《两周金文辞大系图编》,第172页,《郭沫若全集·考古编》七,科学出版社,2002年。

[2] 郭沫若:《两周金文辞大系考释》,第410页,《郭沫若全集·考古编》八,科学出版社,2002年。

[3] 中国社会科学院考古研究所:《殷周金文集成释文》一,图五〇,中华书局,1984年。

[4] 中国社会科学院考古研究所:《殷周金文集成释文》一,图一八,中华书局,1984年。

[5] 李纯一:《周代钟镈正鼓对称顾龙纹断代》,见《李纯一音乐学术论文集》,第180页,上海音乐学院出版社,2004年。

[6] 郭沫若:《两周金文辞大系》,见《郭沫若全集·考古编》七(第128页)、八(第417页),科学出版社,2002年。

公二十二年至二十四年之三年中,乃春秋晚期之器[1]。陈公柔亦将其作为邾国之青铜器[2]。此钟保存完好,通体呈铁黑色。腔体合瓦形,直铣,曲于,平舞。甬稍修长,圆柱形,斡、旋具备。二节圆台形枚,枚端较尖细。旋饰龙纹和四枚乳钉纹,舞部饰云纹,鼓部饰象首纹两组,篆间饰卷龙纹。内腔无音梁设施,不见内唇,于口内正鼓部有调音磋磨凹陷,使于口显得很薄[3]。从此钟的形制、纹饰来看,钲部占超2/3、尖状枚、舞饰云纹、鼓饰象首纹等皆是西周晚期甬钟的特征[4]。而且腔体合瓦形、直铣等也不具备春秋晚期邾钟的特色。铭文中有"益公",生称"益公"多见于西周金文里,多作为受王赏赐的保证人,诸如申簋盖(集成4267)、王臣簋(集成4268),或者亲自受王命和入出王命,诸如乖伯簋(集成4331)和永盂(集成10322),且这些铜器多为西周中期铜器[5]。再者,据典籍所载邾国历史看,鲁哀公十年至哀公二十四年间,邾隐公(子益)失国后先逃到鲁国,后奔齐再奔越,后死于越国,并未与楚发生直接的联系。由此可见,此钟非邾国所出。

13. 虢叔旅钟

虢国与齐国素有渊源,姜太公封齐,长子吕伋之后世为齐君,确有两子世为太师,留侍王室,封在畿内虢地的虢公一支继承太公的大师职位,而幼弟虢季一支也在大师属下[6]。鉴于此,本文将山

---

[1] 顾颉刚:《读春秋朱国彝铭因论朱国之盛衰》,《中央日报·文物周刊》1947年8月6日。

[2] 陈公柔:《滕邾两国铜器及其相关问题》,见《中国考古学研究——夏鼐先生考古五十年纪念论文集》,第183页,文物出版社,1986年。

[3] 周昌富、温增源:《中国音乐文物大系·山东卷》,第62页,大象出版社,2001年。

[4] 中国社会科学院考古研究所:《殷周金文集成释文》一,图一六,中华书局,1984年。

[5] 夏含夷(芝加哥大学):《由新出土绛县倗伯倗簋重新思考西周重器休盘的年代》,2010 Ancient Chinese Bronzes Conference, Chicago University。

[6] 李学勤:《论西周王朝中的齐太公后裔》,《烟台大学学报》(哲学社会科学版),第23卷第4期,2010年10月。

东省博物馆所藏虢叔旅钟一并加以介绍。传世虢叔旅钟出于陕西
长安河堧之中，著录7件，现存5件，余2件下落不明。现存的五件
虢叔旅钟，国内有3件，分藏北京故宫博物院、上海博物馆和山东
省博物馆[1]。日本有2件，分藏东京书道博物馆和京都泉屋博古馆。
据测音数据分析，虢叔旅钟的固有组合为八件，其音阶结构为四声
羽调，而现存的五件虢叔旅钟，应属原套的第一、二、四、六、七钟。
山东省博物馆所藏一件，形制、纹饰与上海博物馆所藏一件完全相
同，凹口，侈铣，甬饰环带纹，与南宫乎钟甬部纹饰最为接近。舞部
饰变形龙纹，篆间饰窃曲纹，鼓饰头部昂扬向上的顾龙纹，右侧鼓
增设小鸟纹。此钟铭文非全铭，钲间及左鼓铭文为："皇考惠叔大
林穌钟皇考严在上翼在下。"[2]铭文系接续前一钟，但内容未完，尚
缺18字。从此铭文看，这件钟应是全套虢叔旅钟的第七件。关于
传世虢叔旅钟的年代，学者间尚有不同看法，近来彭裕商先生断为
西周宣王时期[3]。虽然从年代学方面仍可继续研索，但虢叔旅钟属
于西周晚期作品则没有问题[4]。

二、20世纪50年代至70年代的发现

1. 海阳上尚都

上尚都村位于山东省海阳市发城镇，东南距海阳市30多公里。
1959年在此修水库时发现一批铜器，系一个土坑中出土。铜器表面

[1] 袁荃猷：《中国音乐文物大系·北京卷》，第39页，大象出版社，1996年；马承源：
　　《中国音乐文物大系·上海卷》，第45页，大象出版社，1996年；周昌富、温增源：
　　《中国音乐文物大系·山东卷》，第62页，大象出版社，2001年。
[2] 中国社会科学院考古研究所：《殷周金文集成释文》一，图二三八至二四四，中华
　　书局，1984年。
[3] 彭裕商：《西周青铜器年代综合研究》，第477页，巴蜀书社，2003年。
[4] 方建军：《虢叔旅钟辨伪及其他》，《天籁》（天津音乐学院学报）2009年1期。

都留有清晰整齐的人字形席文锈痕,可知其入土前都经芦苇包装。报告推测是一座墓葬。收缴回的铜器有铜盘1件、壶1件、甬钟1件和纽钟4件,报告认为:"高足铜盘与陕西长安普渡村长由墓出土的盘形制相似,其时代不晚于西周中期。扁圆体的铜壶,作风朴素,形制与安阳高楼庄的饕餮纹壶十分接近,具有晚商至西周初年的造型特点。"[1]我们认为,该盘内底部饰蟠龙纹,龙头居中心,龙身盘绕一周,身饰重鳞纹(重环纹),龙纹最外周饰窃曲纹。重环纹和窃曲纹皆是西周晚期至春秋早期流行的纹饰,所以该盘的年代可能晚至两周之际。甬钟1件,甬粗硕且中空与体腔相通,有旋,绳索状斡。阴线界格钲篆部,钲部占约2/3,二层尖柱状枚36个,体和枚均较瘦长。舞饰四组对称的S形卷云纹。篆、鼓纹饰都使用细阴线。篆饰斜角云纹,钲间饰由云纹和三角纹构成的变体蝉纹,鼓饰对称二叠∽形卷云纹,钲鼓云纹中心都缀一个小乳钉。形制、纹饰和西周末期扶风法门寺任家村西周青铜器窖藏出土的甬钟、临潼零口蝉纹甬钟相似[2]。纽钟4件[3],3件保存完好,1件残裂。铸工精良。造型纹饰基本相同,大小不一,也不成序列,其间应有缺项。钟腔稍修长,平舞,于口弧曲极微,两铣微弧。舞面置环形钮,圆中见方。腔面不设枚,首钟钲篆阴线分隔,其余三钟钲篆一体,饰四组对称凤纹。其中首钟舞部正中有一圆孔,是铜铃用来悬挂舌的设置,显然从铃的形制演变过来不久。同类型的纽钟在西周宣幽时期的上村岭虢太子墓中亦有出土[4]。结合

[1] 张真、王志文:《山东海阳上尚都出土西周青铜器》,《考古》2001年9期。

[2] 罗西章:《扶风出土的商周青铜器》,《考古与文物》1980年4期;李纯一:《中国上古出土乐器综论》,第196页,文物出版社,1996年;方建军等:《中国音乐文物大系·天津陕西卷》,第73、90页,大象出版社,1999年。

[3] 周昌富、温增源:《中国音乐文物大系·山东卷》,第82页,大象出版社,2001年。

[4] 河南省文物考古研究所、三门峡市文物工作队:《三门峡虢国墓》卷1,第514页,文物出版社,1999年。

以上几点,我们认为将上尚都墓葬定在两周之际,较为适宜。

2. 莒县天井汪

1963年在日照市莒县城东北的天井汪村出土了一批铜器共21件。其中有编镈3件、编(甬)钟6件、列鼎一组5件、有盖鼎1件、罍2件、壶1件、匏壶1件、盘1件、鉴1件。编钟和编镈未见图片报道。编镈通高34.3—38.3厘米,最大者篆饰斜角龙纹,舞、鼓饰龙纹;另两件篆饰三角云纹,鼓饰云纹,舞饰两头龙纹[1]。云纹镈在山东地区未见实物出土,变形龙纹镈则见于苍山镈、莒南老龙腰及沂水刘家店子编镈[2]。6件编(甬)钟最大者高29.8、最小者高21.1厘米。篆饰三角云纹,鼓饰云纹,舞饰两头龙纹,此种纹饰仅见于沂水刘家店子1号墓乙组甬钟。刘家店子M1属于春秋中期。天井汪有盖鼎平盖,三矩形钮,高蹄足,为山东地区春秋中期后常见形制,由此我们可以将天井汪这批铜器定为春秋中期。需要说明的是,正如春秋时期莒国较长时间行用与中原春秋早期形制相近的立耳蹄足鼎,故屡出现早期鼎制与较晚的其他器类组合的情况[3],莒县天井汪所出云纹甬钟也是一种相对滞后的装饰物(云纹甬钟盛行于中原地区西周早中期)。

3. 临朐扬善公社

1963年,在潍坊市临朐县扬善公社一个水利工程中发现了一批铜器,计有公孙窰壶1件、壶2件、列鼎5件、平盖鼎2件、敦2件、舟1件、编钟一组5件、编镈1件、簋残片1件、石磬若干等。编镈完整者1件,高22厘米,制作轻薄,舞、鼓为素面,篆为龙纹,以浅刻圆

---

[1] 齐文涛:《概述近年来山东出土的商周青铜器》,《文物》1972年5期;朱凤瀚:《中国青铜器综论》,第1683页,上海古籍出版社,2009年;周昌富、温增源:《中国音乐文物大系·山东卷》,第80页,大象出版社,2001年。

[2] 周昌富、温增源:《中国音乐文物大系·山东卷》,第43—45页,大象出版社,2001年。

[3] 朱凤瀚:《中国青铜器综论》,第1703页,上海古籍出版社,2009年。

圈仿枚的形状。编钟(纽钟,待定)最大者高18.5、最小者高16.6
厘米,纹饰与编镈同。这批铜器,除公孙窖壶及舟外,其余均制作
轻薄、简陋,尤以无盖鼎与编钟、编镈为甚,应属随葬用的明器。一
壶有铭,言"公孙窖立事岁",公孙窖即齐景公时代的公孙灶,当权
时间为公元前545至前539年。此壶以外的其他器物多系随葬用
的明器,应比作为媵器的公孙窖壶的铸造年代为晚,所以这批铜器
应该属于春秋晚期[1]。

4. 临淄河崖头

河崖头位于临淄市齐故城大城东北角,1965年在村东的淄河
岸边发现了盂、簠、钟等铜器,其中簠4件,束颈,两龙形耳,饰波状
纹,约属春秋早期。镈钟1件,通高40、纽高6厘米,重13.5千克,
乳状枚36个,装饰三条波状纹(圆圈纹),篆饰变形龙纹[2],平舞,舞
面中心有一孔,扁纽作方形,纹饰漫漶,腔面不分隔钲部和枚区,鼓
部较窄,纹饰不辨[3],应同属于春秋早期时器。河崖头一带曾发现
石椁大墓、大型殉马坑等,推测春秋时代齐国最高统治者的墓地可
能就在此。这批铜器系出土于窖藏,因此报告推测应该与祭祀齐
侯墓地有关[4]。

5. 临沂俄庄区花园公社(兰山区枣沟头镇花园村南)

1966年,在临沂市城西涑河北岸距水边20米的地方,出土了
一批青铜器,计有:编甬钟一组9件、鼎3件、鬲1件、盘1件、匜1
件、罍1件、削1件、镞6件,大小共23件。其中的一组甬钟,最大者

[1] 齐文涛:《概述近年来山东出土的商周青铜器》,《文物》1972年5期。
[2] 临淄区志编纂委员会:《临淄区志》,第545页,国际文化出版公司,1989年。
[3] 周昌富、温增源:《中国音乐文物大系·山东卷》,第38页,大象出版社,2001年。
[4] 齐文涛:《概述近年来山东出土的商周青铜器》,《文物》1972年5期;朱凤瀚:《中国青铜器综论》,第1683页,上海古籍出版社,2009年;李剑、张龙海:《临淄出土的几件青铜器》,《考古》1985年4期。

高39、最小者高22厘米[1]。编钟保存较好,器形完整,但是前五钟和后四钟的大小差别较大。腔体呈合瓦形,铣棱斜直,平舞,舞上置圆柱形甬。甬封衡、中空而与体腔相通。旋上饰四乳钉,方形斡。于口弧曲上凹,两铣下垂。钲篆部以阴线为界、二层柱状枚36个,钲部所占面积略少于2/3。舞、鼓饰阴线云纹,其中正鼓云纹呈工字形,有尾饰,篆饰三角夔纹。内壁调音槽2—10条不等,其中5号钟最多,为10条;8号钟最少,为2条,基本上分别位于正鼓部、侧鼓部内壁,为典型的西周编钟的调音手法[2]。此套编钟的形制纹饰和陕西扶风强家村西周铜器窖藏出土的师㝨钟相似,师㝨钟同出器物有鼎、簋等,为西周晚期时器[3]。西周晚期甬钟多8件成编,而花园公社甬钟9件成编;中原地区的云纹甬钟西周晚期基本消失,但是山东地区春秋中期沂水刘家店子亦有出土,鉴于以上二点,虽然花园公社该组甬钟的调音手法是西周的典型技法,我们仍将其定为两周之际。

6. 烟台上夼村

1969年烟台市上夼村发现一座古墓,墓室被破坏,为长方形土坑竖穴,长4.1、宽2.8、深3.6米,方向88°。葬具为一棺一椁,棺底有腰坑。墓室东头被破坏部分随葬铜礼器5件,为鼎2件、壶2件、匜1件,其中两件有铭文,即異侯鼎和己华父鼎。甬钟1件,位于棺内西南角,素面,紧挨着甬钟有铜铃1件。据其同出青铜器形制纹饰看,该甬钟应属于西周晚期偏晚。烟台地区曾出土几批己国器,因此墓主人可能是己(纪)国贵族[4],李学勤先生认为此系纪

[1]　齐文涛:《概述近年来山东出土的商周青铜器》,《文物》1972年5期。
[2]　周昌富、温增源:《中国音乐文物大系·山东卷》,第60页,大象出版社,2001年。
[3]　方建军等:《中国音乐文物大系·天津陕西卷》,第58页,大象出版社,1999年。
[4]　山东省烟台地区文物管理委员会:《烟台市上夼村出土異国铜器》,《考古》
　　　1983年4期。

侯之弟的墓[1]。

7. 诸城臧家庄

1970年诸城市臧家庄村发现这批铜器,1975年又在其西北10米处发现一座古墓,经清理后研究认为系主墓,而出土这批铜器的乃其陪葬坑。此外在主墓西北10米处又发现另一陪葬坑。主墓因早期被盗,较有价值之物已被盗窃一空,遗物无几。而其西北的陪葬坑则埋大量牛马骨骼,唯东南陪葬坑出土铜器40多件以及石编磬等。这批器物计有铜鼎5件、豆5件、壶5件、觚形器1件、罐1件、熏炉1件、勺1件以及铜编纽钟9件、编镈7件、石编磬13件。此墓的年代稍有争议,《概述近年山东出土的商周青铜器》最初将臧家庄墓葬铜器年代定为战国晚期;《山东诸城臧家庄与葛布口村战国墓》[2]认为太晚,而提到战国中期。从器物形制发展角度看,我们认为将这批铜器定为战国中期偏晚或晚期偏早较为合适。另陪葬坑中所出镈钟饰蟠龙纹透雕复钮,鼓部与钲间以蟠螭纹为地纹,上饰交龙纹,纹饰繁密,枚饰盘龙纹;纽钟饰扁方形钮,饰云纹,螺旋纹乳状枚,鼓面饰无首交龙纹和S形云纹,皆呈现出战国中晚期青铜乐钟衰落期的特征。关于墓主人的身份,据钟、镈铭文知作者是"鄀公孙朝子",属莒国之公族。作器时间是"陸蚴立事岁",作器时已进入战国田齐时代[3]。但莒国在公元前431年已为楚灭,所以莒公孙朝子有可能是莒国末世国君之后裔,莒亡后归服于齐(陪葬坑中的青铜器仍是齐式)。当然墓主人也可能是其他齐国高级官吏,因某种原因获得莒公孙所造之钟、镈[4]。

[1] 李学勤:《东周与秦代文明》,第101页,文物出版社,1984年。
[2] 任日新:《山东诸城臧家庄与葛布口村战国墓》,《文物》1987年12期。
[3] 黄盛璋:《山东出土莒之铜器及其相关问题综考》,《华夏考古》1992年4期。
[4] 朱凤瀚:《中国青铜器综论》,第2015—2016页,上海古籍出版社,2009年。

8. 邹城城关郭庄村

1970年,山东邹城市城关镇郭庄村村民在村南挖井时,挖出铜钟一件。此钟现藏于邹城市文管所。钟甬较长,上细下粗,饰细线阴刻三角勾连纹(可能为三角形环带纹,见于虢叔旅钟和己侯钟)与龙纹,平头二层台柱状枚36个,舞、篆部均铸有窃曲纹,鼓光滑无纹饰。此钟形制颇为特殊,甬部加长是春秋中期以后楚钟和战国时期齐钟的特征,窃曲纹则流行于西周晚期和春秋早期,鼓部光素无纹饰的目前仅见于西周晚期烟台上夼村甬钟。另报告中指出该钟内壁光平,应该无调音痕迹,但是又指出"上为低音,下为高音"[1],很是奇特,因为钟之基音一般是正鼓和侧鼓音,而非上下区分,究竟是报告所述有误,还是事实如此,还有待进一步证实。钟高33厘米,重6.7千克,时代可暂定为春秋晚期,存疑。

9. 黄县归城和平村

1974年,烟台市黄县归城和平村一农民在院内挖井,出土铜甬钟2件。HG:78保存完好,通高39.5厘米,钲之中部有徽识。另一件残断,残高25.5厘米,无钲部之徽识。二钟与长安马王村甬钟、宝鸡茹家庄编钟、扶风庄白西周一号窖藏之𤼈钟相似,报告将其下限定为西周晚期。笔者认为HG:78甬钟形制纹饰和西周晚期耀县丁家沟Ⅲ式甬钟最为接近[2]。归城是胶东地区一处重要的先秦古城址,其范围内发现有城墙、墓葬和10余件带铭文铜器,传统说法认为归城是莱国之都[3],因此这两件甬钟可能属于西周莱

[1] 程明:《山东邹城市出土铜甬钟》,《考古》1996年11期。
[2] 方建军等:《中国音乐文物大系·天津陕西卷》,第83—85页,大象出版社,1999年;呼林贵等:《耀县丁家沟出土西周窖藏青铜器》,《考古与文物》1986年4期。
[3] 李步青、林仙庭:《山东黄县归城遗址的调查与发掘》,《考古》1991年10期;王献唐:《黄县䢜器》,山东人民出版社,1960年。

国统治者。

10. 莒南大店

大店镇位于临沂市莒南县城北19公里、莒县城南26公里，为大店公社所在地。北濒浔河，东依群山，西距沭河约4公里。1975年春，大店公社老龙腰大队和花园大队在农田基本建设中发现了两座莒国殉人墓。同年六、七月间进行了清理。一号墓葬位于大店镇东2公里的崖山北麓老龙腰庄南的台地上，北距浔河约1.5公里。墓室近方形，方向80°。斜坡墓道位于墓室东边北端。墓室被一宽0.80、高1.22米的黄褐色五花土夯筑的隔梁分成南北两部分，南部为椁室，北部为器物坑。椁室宽5.94米，放置墓主人的棺椁及十个殉人棺。下部填塞1.22米的青灰色膏泥。从残存的椁底板、椁壁和板灰、朱漆分析，似为一椁一棺。随葬器物共计144件。椁室早期被盗，仅存铜剑，出土的其他随葬器物均放置于器物坑。坑内西部放置陶鼎7件、敦6件、壶7件、罐2件、甗1件、豆14件；南侧放置铜鼎2件、敦3件、壶1件等；中部放置铜盘1件、舟1件、纽钟9件、镈钟1件等。

二号墓葬位于大店镇东7公里的蝎子山北麓花园村北的台地上，紧靠浔河南岸。墓室近方形，方向100°。墓道位于墓室东边南侧。墓口南北长约10、东西宽9、距地表深1米。墓底南北长8.5、宽7.5、距地表深5米。墓室分南北两部分。北部为椁室，宽5.4米；中部放置墓主人的棺椁及十个殉人棺；南部为器物坑，宽3.6米。坑底低于椁室10厘米。木质棺椁已腐朽，从残存的板灰痕迹看，应为一椁一棺。棺椁内随葬品已被盗。随葬器物除墓主人棺内外的玉石装饰品外，其他器物均在器物坑中。放置情况是：西半部并列四匹马及车马器，东部放置陶鼎7件、鬲6件、壶8件、罐2件、豆12件、鉴1件、甗1件等，南壁下放置铜纽钟9件、提梁卤2件、舟2件和石磬12件等。根据出土物的形状，报告将莒南大店M1定为春秋晚期，M2定为春秋中期，似偏早[1]。这里我们更倾向于认为M1属于春秋晚期晚叶，而M2属于春秋晚期中叶，略早于M1[2]。二号墓出土的纽钟，皆铸有"莒叔之仲子平自作铸其游钟"，这里的平也可能就是后来做了莒国国君的兹平公[3]。

三、1978年至今的发现

1. 沂水刘家店子

刘家店子位于临沂市沂水县城西南20公里，地处沂蒙山区。两墓坐落在刘家店子村西一块高地的东部，一南一北，相距8.7米，其东壁同在一条直线上。车马坑在一号墓西侧20米处。1978年2月，山东省博物馆会同沂水县图书馆对墓葬和车马坑进行了清理。一号墓墓圹作长方竖井形，方向109°。现存墓口南北长12.8、东西宽8米，墓底长8.5、宽5.8米，斜坡状墓壁经修整，墓室北部有南北宽3.8、高1米的生土台与北壁相连，无墓道。墓室内有用木板构筑的椁室和两个器物库。椁室位于墓室中部略偏南，器物库构筑在椁室的南、北两侧。椁室和器物库的外壁敷有厚薄不均的青灰色膏泥。葬具为两椁一棺，椁用柏木构筑，棺经髹漆，墓主头向东。墓内发现有数量较多的殉人，约有40个左右。南库主要陈放青铜礼器，计有鼎16件、鬲9件、甗1件、豆7件、壶7件、罍4件、瓿2件、鑑1件、舟2件、盘匜盉罐各1件，此外尚有黄大子伯克盆1件。北库主要放置乐器，有铜甬钟19件、纽钟9件、镈钟6件、錞于2件、

[1] 山东省博物馆等：《莒南大店春秋时期殉人墓》，《考古学报》1978年3期；周昌富、温增源：《中国音乐文物大系·山东卷》，第84—85页，大象出版社，2001年。

[2] 朱凤瀚：《中国青铜器综论》，第1704—1705页，上海古籍出版社，2009年。

[3] 《春秋经传集释》僖公二十六年"春，王正月，公会莒兹平公、宁庄子盟于向，寻洮之盟也"。杜注："兹平，时君之号。莒夷无谥，以号为称。"

钲1件。一号墓西侧20米处有车马坑1座,殉马4匹,车马坑的中部曾集中出土铜鼎、鬲、盆、扁壶等,估计是为墓主殉葬的御者的随葬品。M1墓葬规模较大,有车马坑,随葬品丰富,并且以数十人殉葬,豆、壶、戈铭文中均见"公"字,应为莒国国君墓,时代属春秋中期偏晚。

二号墓墓圹亦作长方竖井形,方向109°。墓室遭破坏,现存墓口南北长6.5、东西宽5.1米,墓底长6.1、宽4.5、距现存墓口深3.5米。估计墓室北部为椁室,南部为器物库。椁室中部有椭圆形腰坑,坑内殉狗一只,头朝西。随葬器物全被群众挖出,铜礼器有鼎9件、罍2件,壶、提梁壶、盘、匜若干等。乐器有铜编钟9件。二号墓与一号墓并列,相距很近,两墓东壁同在一条直线上,方向一致,埋藏时间相去不久,随葬器物都有大牢九鼎,故M2应是M1墓主的妻子,即莒国国君的夫人。二者年代亦接近,同属春秋中期[1]。

2. 临淄大夫观

1978年淄博市临淄区大夫观村古墓中出土铜甬钟8件、石编磬16件。甬钟形制相同,大小依次排列,是为一套[2]。腔体合瓦形,略修长,平舞曲于,铣棱斜直,近于口处形成凸尖。圆梗式阳文框分隔枚区,二节圆柱形枚。钲部较宽,鼓部偏狭,长甬粗硕,最上边有凹弦纹一周,有旋有斡。通体无纹饰。此套编钟有内唇,无音梁,无调音痕迹,音质极差,当为明器[3]。因该墓伴出器物经报道的只有石磬16件,给断代造成一定的难度。因其铣有尖角、甬部粗硕、钩形斡等特征和章丘小峨眉山、临淄淄河店M2所出甬钟接

[1] 罗勋章:《山东沂水刘家店子春秋墓发掘简报》,《文物》1984年9期;朱凤瀚:《中国青铜器综论》,第1704页,上海古籍出版社,2009年。
[2] 临淄区志编纂委员会:《临淄区志》,第545页,国际文化出版公司,1989年。
[3] 周昌富、温增源:《中国音乐文物大系·山东卷》,第67、158—159页,大象出版社,2001年。

近，所出编磬2组16件皆为实用器，且测音数据显示应为战国时期，所以我们将此墓定为战国早期。

　　3. 临沂凤凰岭

　　凤凰岭东周墓位于临沂市相公公社王家黑墩村凤凰岭之巅，西距临沂市驻地12公里。1982年10月至1983年1月，配合铁道兵部队取土，考古队进行了墓葬的发掘清理工作。该墓由三部分组成，有车马坑、器物坑与墓室。墓室有盗洞两个。墓室口大底小，四壁向内倾斜，呈斗形，无墓道。四周有熟土二层台，底部夯筑40厘米白膏泥。墓室方向朝北，墓口南北长11.2、东西宽9.45、距主峰顶5.5米，墓底长10.45、宽8.7、墓深2.4米。该墓室分前、后两室，前室在北，被盗；后室在南，放置墓主棺椁以及4个殉人与随葬品（墓室共殉人14个）。墓主头向东，腰下有一殉狗，葬具一椁一棺。凤凰岭东周墓出土遗物共计329件。器物坑在墓室北25米处，长4、宽3.01、深2.05米，出土器物东半部有铜鼎7件、簠2件、镦3件、盆1件、盘1件、舟1件；西半部有甗1件及兵器；南侧编纽钟9件，自西向东、由大到小依次排列；西南角编镈两套计9件，较小者套于大者之内，两套乐器附近放铜枹1件。墓后室出土有铜鼎3件、盘1件、簠3件、鐎盉1件、壶1件、卣3件、舟1件、铜铎1件等。凤凰岭镈钟9件，篆间及鼓部平雕蟠螭纹，一组4件，饰螺旋形枚；一组5件，二层台式柱状枚[1]。二层台式柱状枚多见于甬钟，在镈钟上极为少见，目前全国仅见于山东莒南大店和凤凰岭所出镈钟。纽钟9件，饰短柱状二层台枚，舞、篆、鼓部亦饰蟠螭纹，钲部原铸有铭文，但被锉磨。该墓形制以及随葬品，与莒南大店M2多相近。此外，目前所见，春秋中期没有9件组编镈，更无9件组编镈

---

[1]　周昌富、温增源：《中国音乐文物大系·山东卷》，第40—41页，大象出版社，2001年。

与9件组纽钟的组合，所以其年代当为春秋晚期偏早。从地理位置看，发掘报告根据该墓出土地点及其规模，推测其当为郯国国君墓葬（典籍所载郯国都城启阳在沂州，今临沂北）。但因所出鼎大小形制一致、立耳鼎、二层台柱状镈钟等特点，亦见于同期莒国墓葬，加之莒南大店与凤凰岭所在相距仅数十公里，所以也有学者提出此墓是莒国贵族墓葬[1]。

4. 滕州庄里西

1982年冬，滕州市姜屯镇庄里西村窑厂在取土时挖出一古墓，出土了编镈4件、纽钟9件、石磬13件以及铜器和玉器若干（未见正式报道）。4件镈钟制作精细，腔体厚实，造型一致，大小相次。舞平，上植双龙吞蛇形繁钮；合瓦形腔体，铣棱略弧，于口平齐，有内唇。以高棱框隔枚、篆、钲区，舞、篆饰卷龙纹，鼓部由龙纹组成兽面，枚饰盘龙纹。正鼓纹饰和春秋晚期邾公华钟最为接近，整体用细或粗阳线勾勒，填以密集的细阳线连续三角云纹，兽面纹头大牙大，躯干简化成单体。腔体上部每面各有芯撑铸孔2—3个，未透。钲间和两栾铸有铭文。镈侧鼓有音梁结构，被磋磨，敲击发音悦耳动听。纽钟9件，扁方钮，以绳索纹框隔枚、篆、钲区，篆、钲、舞饰蟠虺纹，鼓部饰由蟠螭纹组成的兽面纹。此组正鼓纹饰亦称蝶形蟠螭纹，和淅川下寺M2王孙诰甬钟正鼓纹饰最为接近，是春秋后期楚钟特有的风格。编磬用青黑色的石灰岩精工磨制而成，造型基本一致，大小相次，是为一组，音列以宫商角徵羽五正声为主，为当时用于演奏的实用乐器[2]。鉴于以上分析，我们将此墓的年代定为春秋晚期。

---

[1] 山东省兖石铁路文物考古工作队：《临沂凤凰岭东周墓》，齐鲁书社，1987年。

[2] 周昌富、温增源：《中国音乐文物大系·山东卷》，第46、95、150页，大象出版社，2001年。

5. 诸城都吉台

在诸城市区北25公里渠河与荆河汇流处,有一名叫都吉台的村庄,村东有一高台,名曰"斗鸡台",相传为春秋时鲁大夫季孙意如与后恶斗鸡之处,村名因台名谐音而得。1983年,在遗址北部一处春秋墓中,出土了车马器、鼎、鬲、盘、壶及一套完整的编钟。编纽钟1组9件,出土时按大小顺序依次排列,除第3、4号钟钮部残缺外,其余均完好。通体黛绿色,锈蚀较重。9件编钟造型一致,纹饰相同,大小相次而成序列,是为一套。近长方形绚索状钮,合瓦形钟体,平舞,于口弧曲上凹,铣棱斜直,腔面未设枚、篆、钲区,统饰精细的蟠虺纹,纹饰四周留出素边[1]。钟体两面纹饰相同,其形制和青岛市博物馆所藏一件纽钟极为相似[2],绚索状钮见于长清仙人台5号墓纽钟,腔体无枚饰蟠螭纹则见于章丘女郎山战国墓,因此我们暂定此墓的年代为春秋晚期。《史记·鲁周公世家》所载鲁昭公二十五年(前517),鲁大夫季孙意如(即季平子)与鲁大夫后恶(即都昭伯)在此斗鸡,与此时代相符。

6. 蓬莱柳格庄村

柳格庄村位于山东省蓬莱市南45公里,艾山北麓,黄水河西岸。这里处于河谷黄土台地,墓群在村西北。20世纪60年代以来,因农田水利建设,连续发现古墓葬,烟台市文管会曾于1976、1977、1984年进行过清理。其中M6出土编纽钟9件。M6为长方形土坑竖穴墓。东南角有盗洞。墓圹东西长6、南北宽4.4、深6.2米。四壁均有二层台,墓圹中心为椁室,重椁,已朽。椁室内为单棺,棺内骨架1具,长18米。头向15°。二层台共有殉人4个。墓内器物被盗,

---

[1] 周昌富、温增源:《中国音乐文物大系·山东卷》,第100页,大象出版社,2001年。
[2] 周昌富、温增源:《中国音乐文物大系·山东卷》,第94页,大象出版社,2001年。

余者多为陶器,主要置于棺之东、北两侧。陶器有鼎9件、簋2件、豆29件、罐7件,铜器有提梁壶1件、勺1件。北侧二层台上有编钟9件,由大而小、自东而西依次排列,挂于木质钟架上。钟架东侧有长条形木器,已朽,长约120、宽22厘米,估计为木琴。二层台之东北角处,有一圆形木质朽物,直径38、厚7厘米,推测为鼓。另有车马坑一座,位于M6北偏西14°,距离15.5米处。墓中随葬的器物,铜器和大部分陶器,其风格都与中原地区基本一致,但陶鼎等器则又明显地具有胶东地方特征,年代可定为春秋中期[1]。该墓虽被盗,仍出土数量较多的礼乐器,而且还有殉人,另还有专门的车马坑(Kl),可知主墓的规模较高,很可能是胶东某一古国的国君墓。

7. 临淄大武镇东夏庄

东夏庄墓地位于淄博市临淄区大武镇东夏庄村西南的棉花山北麓,北距胶济铁路1.5公里,东北距临淄齐国故城遗址约13公里。在这片山坡上,有数条被山洪冲刷而形成的南北向冲沟,其间散布着六座有封土的墓葬。M4和M5同在一座封土下,M6与M3呈等腰三角形分布,M4与M6由山东省文物考古研究所于1984—1986年发掘。M4为甲字形土坑积石木椁墓,方向190.5°,墓室呈长方形,口大于底,墓口南北长25.5、东西宽24.8米,墓底南北长19.75、东西宽19.25米,墓底距墓口深7.25米。墓道开在墓室南壁中部,呈斜坡状。椁室长方形,位于墓室中部而略偏南,椁底和四壁以石块垒砌,椁室四面是宽大的生土二层台,二层台上挖有19个陪葬坑,东二层台上挖有一个兵器坑。葬具为一椁一棺,随葬器物分别放置在椁室、二层台上以及二层台的兵器坑中,其中东二层台和北二层台的东部放置了大批的陶器,礼器计有鼎29件、甗

---

[1]　烟台市文物管理委员会:《山东蓬莱县柳格庄墓群发掘简报》,《考古》1990年9期。

1件、簋8件、簠6件、豆14件等，乐器置于兵器坑东侧，有陶纽钟7件、陶镈钟7件。镈钟形制相同，大小有别。复式钮，体呈椭圆形合瓦式，两侧中腰略鼓，平口微敛，泡形枚，枚上饰卷云纹。纽钟长方形扁钮，钟体作合瓦形，舞窄口宽，两侧中腰微弧，弧口内敛，素面无枚。乐器下放置四块两长两短的方木板，板上有红、白、蓝三色彩绘纹饰，这些方木当是供悬挂乐器的篡虡。从朽木灰痕测得，长板3米，短板2.18米，边宽均为0.13米。椁室内的随葬器物几乎被盗一空。

M6亦为甲字形土坑积石木椁墓，方向189°，墓室结构和M4基本一致，大小亦较为接近，殉人40个。葬具为一椁一棺，椁室被盗，盗洞中出了铜舟和匜各1件。随葬器物有陶器、漆木器和车，大部分放在东二层台和北二层台上。陶器多被压碎，无法复原，有朱绘和素面两种，计有鼎、簋、簠、豆等。陶编镈钟和编甬钟置于北二层台上，镈多被压碎，甬钟大部分得以保存。7件甬钟形制相同，大小相次。甬与腔体分体，钟体作合瓦形，弧口，二层台柱状枚，舞顶中央有一圆孔以纳甬，甬自旋以上作多角形（八棱、六棱），干作兽首形，甬下端有凸榫纳入舞顶圆孔，榫部有一横穿用以贯销，使甬与腔体合二为一。

对比分析出土的仿铜陶礼乐器，东夏庄M4和M6应属于战国早期前段。再结合两座墓有墓道、封土、积石椁、多组陶礼器组合等现象，墓主身份当为齐国大夫一级的贵族[1]。

8. 蓬莱站马张家村

站马张家村位于山东省蓬莱市蓬莱城南97公里处，艾山北麓，黄水河西岸。战国墓位于该村西南部。这里是一处黄土台

---

[1] 山东省文物考古研究所：《临淄齐墓》第一集，第51—136、419—442页，文物出版社，2007年。

地,当地农民在整地过程中,曾多次发现青铜器、陶器等。1986年4月,农民在此挖土时又发现朽木等物,烟台市博物馆、蓬莱县文管所等得知消息后,派员对此进行发掘,确认这是一座墓葬(编号PZM1,以下简称M1)。这是一座用膏泥封填的木椁墓,现残深3米。墓圹口大底小,上口东西长5.1、南北宽3.86米,底部东西长4.4、南北宽3.2米。墓向3°。墓底中部有一个腰坑。墓圹内有一椁一棺,墓中随葬品均放置在棺内和椁室内。棺内随葬品均为玉石类饰品,这些饰品主要放置于棺底东半部,由此推断墓主头向为东偏南。椁室的东部主要放置乐器,如1件铜纽钟、1件带穿棍的木鼓放在椁室东端。2只鸟形木支座南北向放置,相距1.4米。附近还有一段雕刻精细的木杆,木杆及支座均有华丽的朱绘纹饰,这些应是与簨虡有关的构件,后面详述。纽钟的形制和纹饰都很粗糙、简略,已敲不出乐音,当非实用器。M1随葬器物非常有特色,除了一件铜纽钟、一套铜车马器外,大部分器物均是木器、漆器,没有其他古墓中常用的陶器。从站马张家村墓出土铜纽钟和玉器的形制、纹饰风格看,此墓的时代应为战国早期[1]。

9. 章丘小峨眉山

小峨眉山位于济南市章丘县城明水镇东南部,北约0.5公里为明水湖,东北0.5公里为绣水村。此处未发现墓葬及居住遗迹,但陆续出土了铜器80余件,有甬钟4件、句鑃22件、圭形器30余件、璧形器25件等。甬钟形体巨大,均已不同程度残损,较完整的1件甬高27.6、铣长46.8、舞径21.6—27、于宽39厘米,重18.5千克。甬饰两组云纹,旋饰三角云纹,鸟形斡饰三角纹,舞、篆饰变形龙纹,

---

[1] 林仙庭、闫勇:《山东蓬莱市站马张家战国墓》,《考古》2004年12期。

鼓饰蟠螭纹。报告称甬钟的形态和王孙钟近似[1]，我们认为和吴器者减钟更为接近，故其年代断为春秋中期后段或春秋后期也许较为妥当些。另共存句镧22件，合瓦形体，平舞、侈铣、曲于，内壁光平，通体光素无饰；柄短小，为一面平一面圆的半圆柱状，中部有一周凸棱[2]。体扁而腔壁极薄，和甬钟同为明器。因小峨眉山出土单位既非窖藏，又非墓葬，因而可能是郊天祭山之物。句镧原产吴越，而出土于齐地，共存甬钟的形态又和吴者减钟类似，足见当时齐鲁地区和吴越地区音乐文化关系相当密切[3]。

10. 阳信西北村

1988年10月山东省滨州市阳信县城关镇西北村一平面2×2米的土坑内出土一批重要文物。土坑圆角方形，坑壁垂直，底平。土坑残深0.9米，青铜容器放置于坑内西侧，计有鼎2件、豆2件、壶2件、敦4件、提梁壶1件、罍1件、小罐1件、舟1件、盘1件、匜1件；陶器大多放置于东侧，计有鼎3件（明器）、高柄豆4件、彩绘盖豆2件（明器）、壶3件、盆2件；坑的东南角为车马器；礼乐器放置在坑的中部，有铜纽钟9件、铜镈5件、石磬13件。与器物坑相距20米处有一座土台，已探明下面有一座墓葬，据此分析，该坑为墓葬的陪葬坑。5件镈钟形制相同，纹饰一致，大小相次，当同属一个编列。镈胎极薄，仅0.2厘米左右，制作粗劣，铸疵未作修磨，内腔虽有窄细三棱状内唇，但无调音锉磨痕，为明器。9件纽钟亦是如此，无枚，单钮，腔体饰头尾相交的蟠虺纹，和章丘女郎山所出纽钟极为相似，时代可能稍晚，应属于战国中期齐器[4]。

[1] 常兴照、宁荫堂：《山东章丘出土青铜器述要兼谈相关问题》，《文物》1989年6期。

[2] 周昌富、温增源：《中国音乐文物大系·山东卷》，第35—36页，大象出版社，2001年。

[3] 李纯一：《中国上古出土乐器综论》，第332页，文物出版社，1996年。

[4] 惠民地区文物普查队、阳信县文化馆：《山东阳信城关镇西北村战国墓器物陪葬坑清理简报》，《考古》1990年3期。

11.郯城第二中学

1989年2月,山东省临沂市郯城县第二中学在校园内挖坑植树时发现古墓葬,后临沂地区文物管理委员会、郯城县文物管理所进行了抢救性发掘,共清理墓葬3座,其中M1出土编钟9件。郯城县位于山东省东南部,南与江苏省接壤。东周时为古郯国,古城址即位于今县城东北部,郯城县第二中学位于县城东南隅。墓葬所在地原为缓丘状高地,东约500米有墨河。M1墓扩长2.8、宽2米,方向72°,墓底距现地表0.7米。棺椁情况不明,墓内骨架一具,头向东。青铜编钟8件,置于墓南部,部分压在骨架之上;陶磬13件,分置在中部和西部;陶器多在东北部,计有鼎6件、豆12件、鬲6件、瓮9件;偏东处放置1件铜鼎。编钟造型一致,纹饰相同,大小相次。合瓦形体,长腔阔鼓,束舞扩于,于口弧曲上凹,两铣下垂。平舞,上饰方形环钮,略呈梯形。钲部饰带螺旋纹的乳钉状短枚36个,钟钮饰变形龙纹,舞、鼓、篆均是蟠螭纹,各钟音质良好,内腔均有音梁,音梁较长,楔形,两边起棱。根据测音可知,第4、5钟之间尚缺一钟,全套编钟应为9件[1]。郯国,春秋时期系鲁之附属国,战国时期(前414)被越国所灭,其境入越;后楚灭越,其地属楚[2]。郯城M1纽钟带有明显的楚钟特色,时代亦与以上记载相符。

12.章丘女郎山

1990年春,济青高级公路工程文物考古队在章丘市绣惠镇的女郎山东、西、南坡济青公路工程的取土场共发掘了120余座历代墓葬,一号战国大墓是这次发掘的唯一的大墓。M1基本保存完好,椁室上方有一盗洞。该墓为甲字形土坑竖穴墓,方向190°,

---

[1] 周昌富、温增源:《中国音乐文物大系·山东卷》,第102—104页,大象出版社,2001年。

[2] 刘一俊、冯沂:《山东郯城县二中战国墓的清理》,《考古》1996年3期。

现存墓口南北长13.15、东西宽12.58米,椁室位于墓坑中部,四周有生土二层台,西、北二层台上共有5座陪葬墓,东二层台上的器物库被盗,仅存10多件陶礼器和两套石编磬,其中有一套似装于匣内。葬具为二椁一棺,外椁盖上有一被肢解的殉人,椁室四周填鹅卵石。椁室内随葬品十分丰富,青铜礼器主要放在西北角和东南角的内外椁之间,计有鼎5件、豆4件、盖豆6件、壶4件、提梁壶1件、盘2件、舟4件等;乐器主要放置在东北角和西南角的内外椁之间,计有纽钟7件、镈钟5件以及钟架2副。镈钟和纽钟均单钮、无枚,腔体饰浅浮雕蟠虺纹。2副钟架形制相同,皆由两立柱和一横梁组成,木质柱身呈圆柱状,上细下粗,有方形底座,柱的上端插入一顶部带圆环的铜质銮形构件中,木质横梁穿入铜构件的圆环中。另1号陪葬墓的二层台上出土4件乐器,包括大建鼓1件、小建鼓1件,以及编钟一组2件,挂在长方形钟架上,右边的为镈钟,左边的为纽钟,钟架下部有两个鬲形支座,通高7.9厘米;编磬一组2件,置于磬架上,通高6.1厘米。战国时期,章丘一带属于齐国的疆域。墓中所出青铜器已非常明显地摆脱了春秋齐器器形的遗风,年代应在战国早期偏晚阶段[1](报告定为战国中期,似嫌晚[2])。墓主人二椁一棺,随葬铜鼎5件、编钟2套、编磬2套,而且还有5位女性陪葬,很可能是齐大夫一级的人物。

　　13. 临淄永流商王村

　　商王墓地位于山东淄博市临淄区永流乡商王村西侧,北距齐国故城遗址约5公里,西距临淄区政府驻地2公里,横贯东西的胶济铁路从墓地南侧经过。因坐落于墓地之中的临淄水泥厂扩建需

[1]　朱凤瀚:《中国青铜器综论》,第2012—2013页,上海古籍出版社,2009年。

[2]　济青公路文物考古队绣惠分队:《章丘绣惠女郎山一号战国大墓发掘报告》,《济青高级公路章丘工段考古发掘报告集》,第115—149页,齐鲁书社,1993年。

要,1992—1993年相关考古人员对扩建工程范围内的古墓进行了抢救性发掘。4座战国晚期墓葬中,M2出土乐器。M2墓口南北长4.4、东西宽3.15、距地表深1.45、距墓底深7.55米,墓底长4.3、宽2.9米,墓壁四角都有供人上下的脚窝。墓室西壁中间挖有一个不规则略呈半圆形的壁龛。棺椁位于墓室中部偏南,长方形,一椁一棺。随葬品主要集中于墓室东部,东部椁外南端放置石磬19件,按大小次序分两组东西排列,一组10件,另一组9件。中部有铜编钟14件,大小相套,分东、西、中三排并列放置。从编钟的形制和排列位置分析,编钟当分两组,每组7件。在编钟、编磬附近,有8件方形铜构件。构件原镶于木质钟磬架横木两端,横木朽毁后铜构件散落于墓底,构件内尚残留横木朽迹。根据编钟、编磬和铜构件的出土位置推断,当时并没有将编钟、编磬悬挂于木架之上,主要原因是受椁室外空间所限,只能将编钟、编磬集中堆放,并将木架象征性放置于墓室之中。墓室西部南端紧靠墓壁放置大铜盘1件,其附近有铜鼎1件、铜盘1件、铜灯1件等。两组编纽钟14件,皆为合范铸成,钟舞部和鼓部均有合范痕迹。每组大小相次,形制和纹饰相同。长方形钮,略呈梯形,铣部内敛,鼓栾,于作弧形。腔面枚、篆、钲各部界格分明,设半球形枚36个。钮、篆和枚间饰三角云纹和卷云纹,枚上铸旋纹,舞、钲和鼓部饰变体凤鸟纹,羽尾勾卷,突出钟面,凤羽之内填以细线纹和羽状重环纹和圆圈纹,钟腔内壁也有模印的卷云纹和凤鸟纹,纹饰清晰,与钟面纹饰相同,其细微之处甚于秋毫,铸造技艺高超。经测音,均为实用器,且发音准确,但其腹微鼓、铣部内敛等特征,已呈现出青铜乐钟衰落期的特征。临淄商王村M2与其东侧的M1为并穴合葬墓,M2墓主人为男性,M1墓主人为女性,从用鼎数量等来看,M2的规格低于M1女性墓,但是只有M2出土了铜石乐器,其身份应是齐国卿大夫以上的官职[1]。两座墓所出器物中，均已有明显的秦式器，年代应已在战国晚期偏晚，故呈现出向秦汉铜器种类与风格过渡的迹象[2]。

14. 临淄淄河店 M2

淄博市临淄区淄河店村墓地位于泰沂山脉北麓的山前坡地上，南依山岭，北临平原，墓地西北侧不远即为淄河。1990—1993年，山东省文物考古研究室先后对淄河店墓地进行了两次发掘和一次大规模的文物勘探。M2位于墓地的东北部，南临断崖，后部有一条长达45米的大型殉马坑。发掘时墓室上部还保存着4米多高的封土，早年被盗。该墓属于甲字形土坑积石木椁墓，方向195°，分地上墓室和地下墓室两部分，墓道开口于墓室南侧中部，椁室位于墓室中部略偏南处，用于防盗的石椁大部分已经塌陷，椁室四周为宽大的生土二层台，陪葬坑位于北侧二层台上，内有多人殉葬。葬具为一椁二棺。M2的随葬器物分别放置在二层台、棺室内、椁室和陪葬坑上部。东二层台上主要放置铜编钟、石磬、陶俑和车舆、车轮等。从清理的情况看，铜、石乐器大多成组放置在一起。4件大型镈钟放置在东二层台上的中部，呈菱形东西并排在一起。甬钟、石磬集中放于二层台北部与陪葬坑东侧上部。16件甬钟根据特征可分为两组，每组8件。石磬共有三组，每组8件，按大小顺序叠放在一起，并用细绢绳捆扎。在陪葬坑东北角还有一组环钮小镈钟，也为4件。椁室因被盗未发现铜礼器，主要出土了铜乐器和铜兵器。清理出小纽钟14件，主要出于椁室东北角外棺和内棺之间。陶器主要放置于北二层台与椁室后的陪葬坑上部，计有鼎7件、盖鼎7件、簋6件、豆9件等。M2出土1件有铭铜戈，戈铭为

[1] 淄博博物馆：《临淄商王墓地》，齐鲁书社，1997年。
[2] 朱凤瀚：《中国青铜器综论》，第2016—2017页，上海古籍出版社，2009年。

"国楚造车戈",齐之国氏为齐国望族,世为齐国上卿。此墓如此之规模,随葬陶礼器、编钟、编磬之丰富,并有车马坑和殉人,从中可见二号墓墓主国楚的地位甚高,属于齐国卿大夫之类的上层贵族,同时亦证明战国早期前段国氏在齐国仍具有一定的势力,并袭有"国子"称号[1]。

15. 海阳嘴子前

嘴子前村属于海阳市盘石店镇,西南距海阳市区16公里,南距黄海约24公里。该村东北50米有一块黄土台地,其上有春秋时期的墓地,南北长240、东西宽150米。1978年,嘴子前村农民在墓群内挖破一墓,后编号为M1。长方形土坑竖穴墓,墓圹长6.5、宽5.1、深3.95米,墓向121°。沿墓圹四壁有一周熟土二层台。墓内置重椁单棺,头箱位于内外椁之间东侧,青膏泥封填椁室。该墓共出土铜器40余件,其中头箱主要放置铜礼器,有鼎(盖)1件、小鼎1件、宽沿豆(簋)2件、敦1件、钝1、盘1件、铺1件、器耳2件,另有陶木器等。棺椁之间随葬器物主要是兵器。青铜乐器镈钟2件、甬钟5件,则置于北侧二层台上,由大到小、自东向西依次排放(简报称北二层台放置镈钟2件、大甬钟3件,西侧二层台放置小甬钟2件。若是如此,当是象征曲尺形悬挂的情形,但是无论是从重量还是音列的安排,皆不符合,所以当有误[2]),虽有朽烂木痕,但无漆皮痕迹,不能判断原来是否有挂钟之钟架。7件编钟差异较大,可能为凑数以随葬。又因其为农民挖出,数量也未能确定只此7件。

---

[1] 山东省文物考古研究所:《临淄齐墓》第一集,第302—382、419—442页,文物出版社,2007年;山东省文物考古研究所:《山东淄博市临淄区淄河店二号战国墓》,《考古》2000年10期。

[2] 海阳县博物馆等:《山东海阳嘴子前村春秋墓出土铜器》,《文物》1985年3期。

1994年，因农民取土，M4椁木暴露，遂进行了发掘。墓室方向114°，东西长7.32、南北宽6—6.24、残深3.44米。青膏泥封填椁室，重椁单棺。M4的器物多置于东侧头箱内，铜礼器有鼎7件、甗1件、宽沿豆2件、敦1件、钿1件、方壶2件、盘1件、匜1件、鉴1件。北二层台上南北并排立放两支木架，南木架未悬挂任何东西。北木架自东向西、由大到小依次悬挂编钟9件（甬钟7件、纽钟2件），编钟均用绳子系挂于木架横梁上；木架向南倾倒，东端尤甚（因东端负重大）。因挂绳朽断，东部的7件甬钟均落在二层台面上，其余2件较小的纽钟则依然位于原来悬挂的位置。两木架以东，有大小木槌各一，应是敲钟的工具[1]。M4出土铜器49件，是嘴子前墓群中埋葬规格最高的一座墓。

M1与M4皆属较大型墓，二墓均有青铜兵器，故有可能皆为男性墓，在随葬青铜容器组合方面亦大致相同。报告中将M4定为春秋晚期早段，M1晚于M4，为春秋晚期。根据器物的形制特征，朱凤瀚将M1定为春秋中期中叶；M4出土的铜器年代有早晚之别，墓葬的年代当在春秋中期偏晚至春秋晚期，略晚于M1，和报告出入较大。关于海阳嘴子前这几座春秋墓墓主人的族属和身份，因M4铜器中有“敶（陈）乐君䜌所作甗”铭，陈是齐田氏所从出，所以发掘报告曾估计其族属为齐国贵族[2]。朱凤瀚则推测海阳嘴子前诸墓的族属可能还是当地原居于此的土著，只是其上层贵族受到了中原文化的影响（或即因与齐国交往所致）[3]。

16. 长清仙人台

仙人台遗址位于济南市长清县城东南20公里处、五峰镇北黄

[1] 烟台市博物馆、海阳市博物馆：《海阳嘴子前》，第52页，齐鲁书社，2002年。

[2] 马良民、李仙庭：《海阳嘴子前春秋墓试析》，《考古》1966年9期。

[3] 朱凤瀚：《中国青铜器综论》，第1689—1692页，上海古籍出版社，2009年。

崖村南,是一处包含从岳石文化到汉代遗存的重要文化遗址,其主要遗存集中于西周与春秋时期。1995年,山东大学考古专业对该遗址进行了发掘,发现了周代墓葬共6座,被评为当年全国十大考古发现。6座墓葬自东向西排列有序,其中M6和M5出土有乐器,M1与M2、M4与M6南北并列,应为并穴合葬墓。M6位于遗址中部,是6座墓葬中面积最大、出土文物最丰富、规格最高的一座。该墓为近长方形土坑竖穴墓,东西长4.6、南北宽4.5、深2.05米,面积20余平方米。墓向313°。墓壁较直,距墓口1.1米处有二层台,生熟土并用。椁室位于墓室中央,为两棺一椁,北部与南部皆有边箱。椁室中部有腰坑,殉犬一只,头向与墓主相反。M6的随葬品一部分在二层台之上的填土中,另一部分放置于棺椁与边箱内。北边箱放置着铜礼器和陶器等,计有铜鼎15件、簋8件、方壶2件、圆壶2件、扁壶1件、盂1件、匜1件、盖豆2件、提梁小罐1件、小罐1件。南边箱内主要放置乐器,东半部的上部倒放11件甬钟,出土时大小套在一起。甬钟的南边,紧贴南壁横排着一套纽钟,共计9件,从大到小一字排开。上有一根断面呈圆形的横梁,应为悬挂纽钟的梁架。最底部平铺着一层编磬。据研究,M6年代为春秋早期偏晚阶段,大约在公元前650年前后[1]。从用鼎制度等看,仙人台M6为邿国国君之墓无疑。

　　M5位于墓地最西端,亦为长方形土坑竖穴墓,方向290°。墓口东西长4.6、南北宽3.3、残深6.2米。墓壁较直,西北角挖有上下错落的脚窝13个。墓底中部有一圆角长方形腰坑,殉葬一狗,头向亦与墓向相反。葬具为一椁一棺,椁外为熟土二层台,在二层台的北壁正中,有一不甚规整的弧形壁龛,东半部集中摆放一组

---

[1]　山东大学考古系:《山东长清县仙人台周代墓地》,《考古》1998年9期;任相宏:《山东长清县仙人台周代墓地及相关问题初探》,《考古》1998年9期。

陶器。M5随葬品较为丰富,铜礼乐器均放置于棺椁之间的南部
一侧。其中鼎3件、敦2件、舟2件、壶1件、盘1件和甗1件等铜礼
器摆放在东部;编钟一套9件、编磬一套14件位于中部,呈一字排
开,很有规律;编钟、编磬东侧有一木质乐器,从其形状分析,可能
属于瑟一类的乐器。从墓葬的器物组合和单件器物的形制来看,
可将该墓的时代定在春秋中期晚段,其下限不会晚于襄公十三年。
经初步鉴定,M5墓主人为一成年女性,从其葬具为一椁一棺,以三
鼎、二敦和编钟、编磬等成套礼乐器及两车等随葬来看,墓主人应
是士一级的贵妇人。从郳公典盘铭分析,墓主应是某一姜姓国女
嫁给郳国王室为妻者[1]。

17. 郯城大埠二村

临沂市郯城县位于山东省的最南端,南临江苏省。大埠二村
遗址位于庙山镇大埠二村西部,南距郯城县城约12公里。山东省
文物考古研究所配合胶新铁路建设,发现春秋墓葬2座,遂于2002
年进行了抢救性发掘。M1位于M2北侧,其南部打破M2,两座墓
葬规模基本一致。M2基本破坏殆尽,为竖穴土坑墓,平面呈长方
形。墓室北侧为椁室,从残存部分看,可能为一椁一棺,在棺椁下
有腰坑,呈椭圆形。椁室的东西两侧各残存殉棺1具。器物箱位
于墓室的南侧,长约3.3、宽2.1米。在器物箱底部,采集铜钟、铜
斧、铜矛残片各1件,石磬残片2件,并发现部分陶器残片。此外,
公安部门收缴了3件编钟及部分铜镞。铜纽钟4件(采集3件,出
土1件,原件数不详),形制纹饰基本一致,大小有别。合瓦形体,
绹索状长方形环纽,无枚,但钲、篆、鼓部分界明显,舞素面,鼓饰蟠

---

[1]　山东大学历史文化学院考古系:《长清仙人台五号墓发掘简报》,《文物》1998年9
　　期;方辉:《郳公典盘铭考释》,《文物》1998年9期。

虺纹,其中1件鼓部正中饰涡纹,通高13.1—17.4厘米[1]。纽钟形制甚为特殊,但是凸字形的正鼓纹饰见于长清仙人台M5和郑韩故城祭祀坑,再根据打破关系,此墓的年代可定为春秋中期早段。报告认为两座墓葬属夫妻合葬墓,其间的打破关系为有意打破,如果此说成立的话,因M1未发现兵器,M2发现有铜镞,故M2可能是郯国一男性贵族墓。

18. 沂水纪王崮

"纪王崮"东南距临沂市沂水县城40公里,崮顶相对较为开阔,是鲁中南众多"崮顶"中唯一常年有居民居住的大崮,号称沂蒙七十二崮之首。2012年1月16日,在崮顶建设施工过程中,发现部分青铜器。随后,由山东省文物考古研究所、临沂市文管办、沂水县博物馆组成的考古队开始对纪王崮古墓葬进行抢救性发掘。目前资料尚未完全公布,在此仅作简单介绍。墓葬位于纪王崮崮顶,海拔高度是577.2米。墓室为南北向的长方形,长约28、宽13.6米,面积约450平方米。墓葬没有被盗掘,陪葬品也基本保存下来。纪王崮春秋墓总体结构较为特殊,其最大的特点是将本应单独置于墓葬之外的车马坑安排在墓室之内,且处于与椁室相对应的位置。根据墓葬残存部分判断,墓室总体平面呈南北向的长方形,南部为椁室,北部为车马坑。墓道向东,正对椁室。椁室西侧和车马坑东西两侧,未遭破坏的部分保留有二层台结构。墓道东高西低,斜坡状。东西残长4米,南北宽3.6米。椁室位于墓室南部,南北长11米,东西宽5米,由外椁室、内椁室、外棺、内棺、三个陪葬坑、南北两个边箱组成,东部遭到不同程度的破坏。北边箱出土铜镈于2件,甬钟一套10件,镈钟一套4件,纽钟一套

---

[1]　山东省文物考古研究所等:《郯城县大埠二村遗址发掘报告》,《海岱考古》第四辑,第105—140页,科学出版社,2011年。

9件,石磬一套10件,舟4件,甒、罍、壶、盘、匜、瑟各1件。另外还有铜剑、钺、斤、箭头、凿等。南边箱则出土铜鼎、铜鬲、铜豆、铜罍各7件,铜敦3件。这些铜器受到不同程度损坏,有的较严重。在其西部,陶器及漆器皆已腐烂,难辨器形。从出土器物的特征来看,墓葬的时代为春秋中晚期。墓葬的结构和七鼎的配置显示,墓主规格较高,应是诸侯或其夫人之墓。该墓既出媵器,又出兵器,墓主性别在体质人类学鉴定之前,还难以确定。张学海判断,车马坑中出土的青铜器年代早一些,南北边箱出土的部分青铜器可能到春秋晚期或春战之际,所以这处墓葬的建成时间不会早于春秋战国之际[1],可备一说。

第二节　研究简史与本文的研究目的和方法

一、研究简史

从学术史的眼光看,山东地区两周乐钟的研究至少可上溯至北宋时期。宋代士人喜文物收藏,金石学受到重视,如齐叔夷钟、叔夷镈在《考古图》和《博古图》中皆有著录,但因本文并未涉及,所以不作介绍。清代乾嘉时期,宋末凋落的金石学开始复兴。受公家著录风气的影响,私人编纂的青铜器著录与考证书籍相继出版。嘉庆九年,阮元(1764—1849)《积古斋钟鼎彝器款识》十卷[2]自刻本出版,收录己侯钟铭文拓本,释文载此钟系山东寿光县人得之于纪侯台下。另阮元平生收藏青铜器及铭文拓本甚多,邾公牼钟即为其旧藏。同治十一年,潘祖荫(1830—1890)出版自刻本

---

[1]　参考:纪王崮春秋墓http://baike.soso.com/v52212748.htm;专家称崮顶春秋墓主为莒国君或建于春战之际http://www.kaogu.net.cn/cn/detail.asp?ProductID=14771。
[2]　清·阮元:《积古斋钟鼎彝器款识》,《金文文献集成》第十册,线装书局,2005年。

《攀古楼彝器款识》二卷[1]，收录齐鎛（又名齐子中姜鎛）一件，吴大澂绘图，王懿荣楷书，并附有诸家对鎛铭的考释，但潘祖荫所藏重器郑公华钟等皆未录入。

　　晚清时期，西学东渐，传统治学方法与学术体系受到震动，尤其是在"金石学""古器物学"之外引入了近代考古学。新学科带头人之一的罗振玉所著《梦䍹草堂吉金图》[2]（1917）中录有一件春秋晚期郑公孙班鎛，属于其自藏，仅有图录，不记尺寸，亦无考释。曾毅公于1930年影印的《山东金文集存（先秦编）》[3]，凡三卷，是山东地区青铜乐钟铭文的集大成之作，书中录有己侯钟、鲁原钟、齐鎛、齐罢氏钟、郑公钍钟、郑公轻钟、郑公孙班鎛、郑公华钟、郑太宰钟等，每器拓本皆附释文，并记出土之地。罗曾二作虽有进步，但仍注重于青铜乐钟的铭文考释。真正具有学科革新意义的是1932年东京文求堂初版的郭沫若《两周金文辞大系》一书[4]。在《图编》序说中，他将中国青铜器的发展分为四个时期，说明各期器类的形制特征、铭文文章等；书中选择西周铜器铭文250件、有图形者128件，并提出了著名的标准器断代法；《大系》中还对东周铜器做了国别研究，图录郑公华钟、郑公钍钟、郑公轻钟、郑太宰钟、齐鎛等，在详尽考释其钟铭的基础上，确定国别，并指出铭文的地区特征。所有这些均是开创性的。这一时期，唐兰的《古乐器小记》[5]（1933）和容庚的《商周彝器通考》[6]（1941），是系统论述

[1]　清·潘祖荫：《攀古楼彝器款识》，《金文文献集成》第十册，线装书局，2005年。
[2]　罗振玉：《梦䍹草堂吉金图》，（台北）台联国风出版社，1978年。
[3]　曾毅公：《山东金文集存（先秦编）》，北京市图书业公会出版，1940年。
[4]　1934—1935年增订为《图录》五册和《考释》三册二书，1958年科学出版社合订为《两周金文辞大系图录考释》。
[5]　故宫博物院：《唐兰先生金文论集》，紫荆城出版社，1995年。
[6]　容庚：《商周彝器通考》，哈佛燕京学社，1941年。

己侯钟等铜器的重要著作。

新中国成立后,大规模开展的田野考古发掘为两周乐钟研究提供了前所未有的研究资料。考古工作者明确了考古不仅是要研究古代遗迹和遗物,而且要通过实物来研究古代社会、政治、经济与文化,以探讨人类社会化发展的历史规律[1]。以20世纪70年代末曾侯乙墓的发掘与研究为界,可将这一时期乐钟的研究分为前后两个阶段。其中,1949年到20世纪70年代末的第一阶段,齐文涛《概述近年来山东出土的商周青铜器》[2]一文,是集中介绍临淄河崖头、烟台上夼村、莒县天井汪、临沂花园公社、临朐扬善公社、诸城臧家庄等考古遗址出土钟镈形制、纹饰、尺寸以及伴出器类的考古简报,重在探讨其国别、器主身份等,惜文中没有附印钟镈图片,描述亦过于简略,给研究造成很大的不便。除此之外,这一时期青铜乐钟研究的其他方面陆续得到关注,虽不直接与山东地区相关,但对其有极大的推动作用。最为重要的莫过于20世纪70年代末,黄翔鹏发表论文[3],最早发现了周代编钟"一钟两音"的现象,并对双音编钟的音阶构成进行了分析。稍后,马承源在《商周青铜双音钟》[4]一文中,与黄翔鹏几乎同时注意到编钟的双基音问题,可贵的是马氏运用了激光全息摄影技术,对编钟的物理振动模式进行了可视研究[5]。

第二阶段开始的标志性事件是曾侯乙墓的发掘。1978年,历经2 400余年,重达2 567千克的65件曾侯乙编钟随着曾侯乙墓的

---

[1] 朱凤瀚:《中国青铜器综论》,第52页,上海古籍出版社,2009年。

[2] 齐文涛:《概述近年来山东出土的商周青铜器》,《文物》1972年5期。

[3] 黄翔鹏:《新石器和青铜时代的已知音响资料与我国音阶发展史问题》,《音乐论丛》第一辑,1978年。

[4] 马承源:《商周青铜双音钟》,《考古学报》1981年1期。

[5] 方建军:《商周乐器文化结构与社会功能研究》,第15页,上海音乐学院出版社,2006年。

发掘重见天日,其高超的铸造技术和良好的音乐性能,改写了中国乃至世界音乐史。自此,考古学、音乐学和历史学界的众多学者投身到研究中来,在很多方面都取得了丰硕的成果[1]。就山东地区而言,首先,在音列和音律方面,1992年,温增源所写《诸城公孙朝子编钟及其相关问题》[2]一文,着重对公孙朝子钟镈的音高、音列、音律设计、铸造原理等方面进行论证和考察。2001年,《中国音乐文物大系·山东卷》[3]出版,该书全面收录山东地区钟磬资料,并详细介绍每种乐器的音响性能、测音结果、调音痕迹以及与音乐有关的其他内容,为本地区乐钟的音乐性能研究增添了重要筹码。2005年,孔义龙利用测音数据,以乐律学规律作为贯穿全文的基本原则,对仙人台M6纽钟与莒南大店M2游钟正鼓音列的设置、滕州庄里西镈钟—纽钟的音列组合等逐一进行了计算和分析,提出了许多新颖的学术观点[4]。2006年,王清雷在《山东地区两周编钟的初步研究》一文中,选取8例山东地区东周编钟的测音数据并绘制出音列图式,来探讨其音乐性能的变化,并论及齐鲁钟磬文化发展的原因。其次,在分期分区和历时性的研究方面,陈振裕《中国先秦青铜钟的分区探索》[5]和辛爱罡《东周中原地区青铜乐钟的形制分析》[6]二文,均将山东地区纳入中原体系,前者重在探讨区域特征及其形成的原因,后者依据不同的分类标准对东周甬钟、镈钟和纽钟进行类型学研究,且将齐鲁文化区作为一个特点鲜明的

[1] 孔义龙:《两周编钟音列研究》,第2页,中国艺术研究院2005年博士论文。

[2] 温增源:《诸城公孙朝子编钟及其相关问题》,《齐鲁艺苑》1992年1期。

[3] 周昌富、温增源:《中国音乐文物大系·山东卷》,大象出版社,2001年。

[4] 孔义龙:《两周编钟音列研究》,中国艺术研究院2005年博士论文。

[5] 陈振裕:《中国先秦青铜钟的分区探索》,《曾侯乙编钟研究》,第109页,湖北人民出版社,1992年。

[6] 辛爱罡:《东周中原地区青铜乐钟的形制分析》,《新世纪的中国考古学——王仲殊先生八十华诞纪念文集》,第417—437页,科学出版社,2005年。

区域,来探讨其与当时的文化主流相异的地方特色。王洪军《出土东周中原体系青铜编钟编制区域特征探讨》[1]一文把黄河下游地区纳入齐音乐文化圈,作为中原体系青铜编钟的四个部分之一进行区域特征的分析。接着,在铭文研究方面,当数王世民和陈双新两位学者的通论性论著。王世民依据《殷周金文集成》中系统整理的320余件钟镈铭文资料,讨论西周暨春秋战国时代编钟(编镈)铭文的排列形式与演变规律[2]。陈双新先后发表论著,对单件钟和编钟的铭文排列形式按西周和东周两个时期进行了考察,得出了西周时期编钟的全铭组合关系和排列形式都有几种主要的组合模式,春秋以后编钟在不同地区各有不同的特点,这正与两周时期社会文化背景的不同有关的结论[3]。此外,黄盛璋曾撰写文章《山东出土莒之铜器及其相关问题综考》[4],来考释莒南大店游钟和公孙朝子钟镈所载铭文的相关问题。再者,在乐悬制度等社会层面的考察方面,1995年,靳桂云《齐国乐舞文化的考古发现》一文介绍并分析了齐国钟类乐器以及乐舞俑的发现情况及其特点。同年,林济庄的论著《齐鲁音乐文化源流》[5]是结合古文献、考古学和音乐学研究山东地区音乐文化的著作,文后附录的1991年底之前《山东出土先秦青铜乐器统计表》亦是宝贵的材料。2004年,王清雷在《从山东音乐考古发现看周代乐悬制度的演变》一文中,以山东地区音乐考古发现为研究材料,审视周代乐悬用器制度、

[1] 王洪军:《出土东周中原体系青铜编钟编制区域特征探讨》,《黄钟》2000年6期。

[2] 王世民:《西周暨春秋战国时代编钟铭文的排列形式》,《中国考古学研究》(2),第106—120页,科学出版社,1986年。

[3] 陈双新:《两周青铜乐器铭辞研究》,河北大学出版社,2002年;陈双新:《青铜乐器铭文的排列形式及其时代意义初探》,《古代文明》第2卷,第198—212页,文物出版社,2003年。

[4] 黄盛璋:《山东出土莒之铜器及其相关问题综考》,《华夏考古》1992年4期。

[5] 林济庄:《齐鲁音乐文化源流》,齐鲁书社,1995年。

摆列制度、音阶制度等的演变过程。最后是涉及山东地区乐钟的通论性著作,美国学者罗泰(Lothar von Falkenhausen)出版的《乐悬:中国青铜时代文化中的编钟》[1]一书,内容包括殷商和两周乐钟的等级规范、铸造工艺、形制演变、音列发展、演奏方式、双音技术等,可贵的是其第一章即触及编钟反映的先秦礼乐与当时的社会政治问题。朱文玮、吕琪昌合著的《先秦乐钟之研究》[2]一书,主要对先秦钟类乐器的名称、起源、形制、分期等进行探讨,其中从形态学方面分别对周代甬钟、纽钟、镈钟进行型式划分和分期分区研究。李纯一的著作《中国上古出土乐器综论》[3],征引1987年之前的考古材料,辅以少量传世品,结合形制和音列对各类周钟包括簨虡作了型式划分,等等。

通过以上诸家的探讨,可以看出,现已对山东地区两周乐钟的铭文、音列、分期、分区、乐悬制度等有了或具体或概括的认识,但是对各类乐钟的形制演变和区域特征等考古学自身问题的研究重视还不够,现存资料有待全面清理,而本地区乐钟铸造工艺的研究也仍是一个空白,区域内细致的音乐文化分区更是无人涉及,有待进一步推进和深化。

二、研究目的和方法

鉴于上述已有研究存在的问题和尚待深化之处,本文将着重解决下列几个问题:

1. 全面梳理山东地区已经发现的两周乐钟资料,另选取13例

[1] Lothar von Falkenhausen, *Suspended Music: Chime-Bells in the Culture of Bronze Age China*, University of California Press, 1994.
[2] 朱文玮、吕琪昌:《先秦乐钟之研究》,(台北)南天书局,1994年。
[3] 李纯一:《中国上古出土乐器综论》,文物出版社,1996年。

传世有铭乐钟,依据各自的分类标准,对甬钟、镈钟和纽钟这三大类乐钟分别进行细致的型式学研究。在此基础上,综合三者的分期成果,对本地区的两周乐钟进行大的时代划分,并分析各期乐钟的形制特点和演变规律。

2. 从铭文排列方式、铭文组合形式、铭文内容和铭文字体四个方面,分析各期乐钟的铭文特点。

3. 从铸造方法和纹饰模范设计两个方面,分别对各期甬钟、镈钟和纽钟进行各个部位铸造方法和纹饰设计的研究,总结各期乐钟铸造工艺的变化和进步。

4. 从乐悬用器、乐悬摆列、乐悬音列、性别、簨虡等几个角度,结合文献记载,系统论述山东地区周代乐悬制度的相关内容,进而指出乐悬制度在本地区各个时期的不同体现。

5. 在以上型式分期和各期铭文、铸造工艺、乐悬制度研究的基础上,依据山东地区的地理和政治因素,将本地区划分为几个大的以乐钟为中心的音乐文化区,归纳不同音乐文化区的特征,并尝试分析其形成原因。

第一章　乐钟的型式划分及分期

钟是一种铜制罐体击奏体鸣乐器。山东地区,甬钟、镈钟和纽钟这三类先秦狭义之钟中,属甬钟的出现年代最早。故在这一章里,拟先谈甬钟。

第一节　甬　钟

甬钟,是一种铜制罐体击奏体鸣乐器,合瓦形结构,于口内弧,因最上面的平面"舞部"之上立有"甬柱"而得名。目前来看,有铭文的甬钟有着形形色色的自名,其中山东地区所出甬钟中,叔夷钟自称"宝钟",言其珍贵之意;邾公牼钟、邾公华钟自称"龢钟",言其发音协和之意。为了文中叙述方便,这里以甬钟为例,介绍一下各部分的名称。插图所列,因后人对其中少数名称有不同的解释和刍议,这里仅以最早专论甬钟的《考工记·凫氏》为准[1](图一,左)。右图是测量甬钟尺寸时常用的部位名,摘自《先秦乐钟之研究》一书[2],一并附上(图一,右)。

---

[1] 李纯一:《中国上古出土乐器综论》,第177页,文物出版社,1996年。
[2] 朱文玮、吕琪昌:《先秦乐钟之研究》,第11页,(台北)南天书局,1994年。

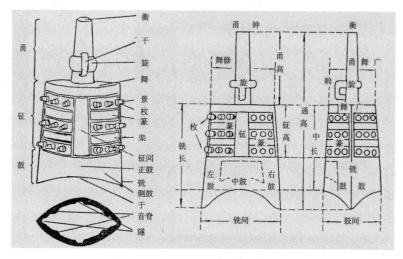

图一　甬钟各部位名称示意图

　　关于甬钟的来源问题,目前学术界有"北来说""南来说"和"南北交流"等几种观点。以李纯一、方建军为代表,主张"西周早期甬钟当起源于我们北方商代晚期小铙"[1]。而以高至喜为代表,认为"中原小铙到周初就已绝迹,而南方大铙则不断发展,并演变成了甬钟"[2]。陈亮等提出"扶风五郡西村青铜器窖藏出土的AⅡ式甬钟,继承了商铙的特点,又有西周早期甬钟的基本特征,具有承前启后的作用"[3],主张甬钟"南北交流"起源说。几种观点各有所长,但也各有所短,因此至今仍存在很大的争议。本文不对其进行重点探讨,只是就山东地区西周时期出土的几件甬钟,从甬钟起源的角度谈谈看法。1972年烟台市黄县和平村一井中出土两件甬钟,其中一件甬中

---

[1] 李纯一:《关于殷钟的研究》,《考古学报》1957年3期;方建军:《西周早期甬钟及甬钟起源探讨》,《考古与文物》1992年2期。

[2] 高至喜:《甬钟探源》,《中国文物报》1991年3月24日。

[3] 陈亮:《扶风五郡西村西周青铜器窖藏编钟及相关问题》,《文物》2007年8期。

空与体腔相通，且饰绳索形斡，钲面界格为夹以细阳线的小乳钉，舞部饰细阴线S形云纹，篆部饰斜角云纹，鼓部饰对称的工字形云纹，二层台柱状枚，钲部较长，钲间中部有徽识[1]。此件甬钟钲部的小乳钉界栏、钲部中间的族徽都是早期甬钟的特征[2]，其年代可定为西周中晚期。1959年山东省海阳市发城镇上尚都村修水库时发现一批铜器中有甬钟1件，甬粗硕且中空，与体腔相通，有旋，绳索状斡。阴线界格钲篆部，钲部占约2/3，二层尖柱状枚36个，体和枚均较瘦长。舞饰四组对称的S形卷云纹。篆、鼓纹饰都是用细阴线而成。篆饰斜角云纹，钲间饰由云纹和三角纹构成的变体蝉纹，鼓饰对称二叠∽形卷云纹，钲鼓云纹中心都缀一个小乳钉。形制、纹饰和扶风法门寺任家村西周青铜器窖藏出土的甬钟、临潼零口蝉纹甬钟相似[3]，蒋定穗认为临潼零口钟"钲间布满由各种变形云雷纹或蝉纹组成的华美纹饰……这类钟很可能属于西周早期，它才是目前所发现的西周钟的最早形式"[4]。但是，上尚都甬钟和4件纽钟、1件铜盘同出，纽钟目前所见最早的是西周晚期的虢太子墓纽钟，所出铜盘也具有西周晚期的特征，因此我们将上尚都甬钟定为两周之际或者春秋早期。

在全国范围内，甬钟出土数量庞大，蒋定穗、方建军、殷玮璋和曹淑琴等集中研究西周甬钟的形态学[5]。朱文玮、吕琪昌对西周和

---

[1] 李步青、林仙庭：《山东黄县归城遗址的调查与发掘》，《考古》1991年10期。

[2] 殷玮璋、曹淑琴：《长江流域早期甬钟的形态学分析》，《文物与考古论集》，第261—285页，文物出版社，1986年。

[3] 罗西章：《扶风出土的商周青铜器》，《考古与文物》1980年4期；李纯一：《中国上古出土乐器综论》，第196页，文物出版社，1996年；方建军等：《中国音乐文物大系·天津陕西卷》，第73、90页，大象出版社，1999年。

[4] 蒋定穗：《试论陕西出土的西周钟》，《考古与文物》1984年5期。

[5] 蒋定穗：《试论陕西出土的西周钟》，《考古与文物》1984年5期；方建军：《西周早期甬钟及甬钟起源探讨》，《考古与文物》1992年2期；殷玮璋、曹淑琴：《长江流域早期甬钟的形态学分析》，《文物与考古论集》，第261—270页，文物出版社，1986年；殷玮璋、曹淑琴：《早期甬钟的区、系、型研究》，《考古学文化论集》（2），第231—254页，文物出版社，1989年。

东周的甬钟采用不同的分类标准,前者以钲篆之界线样式作为分型的依据,分为连珠纹、乳钉纹、细阳线纹、粗阴线文、粗阳线纹等五型;后者依甬的形式分为七类,依舞部形式分为两类,依两铣装饰分为两类,依铣长和舞修之比值分为两类,依钟体轮廓线之样式分为两类,依两面纹饰之有无分为四类,依枚之个数分为五类,分类依据众多[1]。辛爱罡按鼓部纹样将东周中原甬钟分为顾龙纹、凸字框顾龙纹、兽面纹带、蝶状兽面纹、素鼓甬钟5类[2]。

　　山东地区甬钟发现的数量略多于镈钟,本文共收录118件,其中出土于考古遗址的计有15批104件之多,另选取与本地区相关的传世有铭甬钟11件以及山东省博物馆收藏的3件。

　　甬钟的正鼓敲击处纹饰变化较多,结合其篆部和舞部以及甬部的纹饰演变,我们将118件甬钟分为八型Ⅰ至Ⅳ式不等,其中型的不同体现甬钟国别或地区的差异,式的不同体现甬钟形制的先后演化过程:

　　A型,正鼓和篆部饰卷云纹,依据钟体形制的变化,可分为前后三式:

　　Ⅰ式,1件,山东省博物馆藏。保存完好,通体呈铁黑色。腔体作合瓦形,直铣,曲于,平舞。甬稍粗短,幹、旋具备,旋上饰乳钉纹4个,幹作绳索形。舞部饰阴线云纹,中间留有合范形成的接缝。钲部占钟体的2/3,以阴线框隔枚、篆、钲区,钲间稍宽,素面无纹。篆间阴刻斜角云纹。枚较长,作二层台圆柱状。正鼓部用粗阴线单勾出漩涡一周半的卷云纹,这是一种上下相对而中间无连线的云纹,也是周系正鼓云纹的初始和基本形式。右鼓部阴刻一

[1] 朱文玮、吕琪昌:《先秦乐钟之研究》,第69—90页,(台北)南天书局,1994年。
[2] 辛爱罡:《东周中原地区青铜乐钟的形制分析》,《新世纪的中国考古学——王仲殊先生八十华诞纪念文集》,第417—437页,科学出版社,2005年。

凤鸟纹,钩喙,垂尾。腔内较平滑,音槽不明显[1](图二,1)。

Ⅱ式,9件成编,出土于临沂花园公社。编钟保存较好,器形完整,但是前五钟和后四钟的大小差别较大。腔体呈合瓦形,铣棱斜直,平舞,舞上置圆柱形甬。甬封衡、中空而与体腔相通。旋上饰四乳钉,方形斡。于口弧曲上凹,两铣下垂。钲篆部以阴线为界,有二层台柱状枚36个,钲部所占面积略小于2/3。舞、鼓饰阴线云纹,其中正鼓云纹呈工字形且有尾饰,篆饰三角夔纹(或是云纹)。内壁调音槽2—10条不等。其中5号钟最多,为10条;8号钟最少,为2条,基本位于正鼓部、侧鼓部内壁,为典型的西周编钟的调音手法(图二,2)。

Ⅲ式,正鼓部用细阴线双钩出漩涡一周半的云纹,并在每个漩涡的外侧下角及内侧上角(内外因单元云纹所在的左右位置而相反)钩出尾饰。钲部上缩,所占面积略大于1/2。沂水刘家店子M1出土7件,形制相似,大小差别较大。甬上细下粗,旋饰四乳钉纹,方形斡。于口弧曲上凹,两铣下垂。阴线界格出钲、篆、鼓部,内有二层台柱状枚36个。钲间所占面积较大,篆饰斜角云纹。口内有调音槽。另莒县天井汪亦出土6件编甬钟,最大者高29.8、最小者高21.1厘米。篆饰三角云纹,鼓饰云纹,舞饰两头龙纹,因未见实物和图片,暂划入此种类型[2](图二,3)。

B型,传世己侯钟,保存完好,清乾隆年间出土于山东寿光纪侯台,现藏日本京都泉屋博古馆。正鼓饰由上下两个反向纵连云涡构成的阴线鼓纹,篆部饰斜角卷云纹。甬封衡,饰环带纹、云纹,旋饰重环纹,二对称半环形斡。粗阳线界格钲篆部,二层台平头圆

[1]　周昌富、温增源:《中国音乐文物大系·山东卷》,第63页,大象出版社,2001年。
[2]　齐文涛:《概述近年来山东出土的商周青铜器》,《文物》1972年5期。

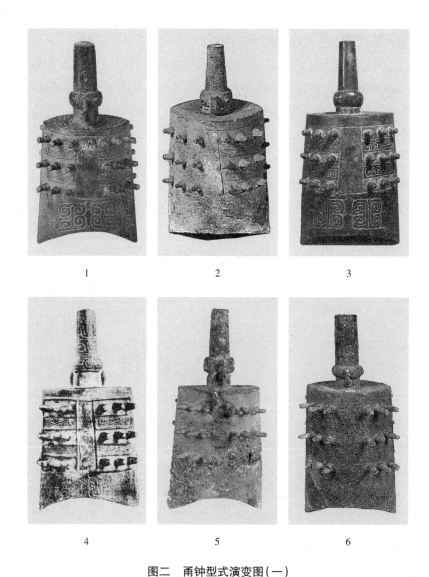

图二　甬钟型式演变图（一）

1—3. A I—A III式　4. B式　5—6. C I—C II式

1. 山东省博物馆藏云纹钟　西晚；　2. 临沂花园公社　两周之际；　3. 刘家店子M1乙组　春中；　4. 己侯钟　西晚；　5. 归城和平村　西中晚；　6. 海阳上尚都　两周之际

柱状枚,钲部占体高约2/3。铭文位于左侧鼓,为"己侯ϟ虎作宝钟"（图二,4）。

C型,篆部多饰斜角云纹,鼓饰对称二叠ᔿ形卷云纹。依据钲间纹饰的变化,分为前后二式:

Ⅰ式,2件,龙口归城和平村出土。HG:78,保存较好,基本完整。钟体瘦长,舞似不平,曲于,直铣。甬中空与体腔相通且饰绳索形斡,钲面界格为夹以细阳线的小乳钉,舞部饰细阴线S形云纹,篆部饰斜角云纹,鼓部饰对称二叠ᔿ形卷云纹。二层台柱状枚36个,较长,稍有残损。钲部较长且中部有徽识（图二,5）。另一件残断,残高25.5、钟口长径15.5、短径7厘米。形制与上一例相似,纹饰区别较大,钲篆以细阴线界格,篆饰阴线回字形云纹,正鼓饰二叠ᔿ形卷云纹且漩涡多,云纹中心都缀一个小乳钉。

Ⅱ式,钲间饰由云纹和三角纹构成的变体蝉纹。仅于海阳上尚都发现1件。保存较好,腔体合瓦形,铣棱斜直,平舞。甬粗硕且中空与体腔相通,有旋,绳索状斡。阴线界格钲篆部,钲部占约2/3,二层台尖柱状枚36个,有残损,体和枚均较瘦长。舞饰四组对称的S形卷云纹。篆、鼓纹饰都是用细阴线而成。篆饰斜角云纹,鼓饰对称二叠ᔿ形卷云纹,钲鼓云纹中心都缀一个小乳钉（图二,6）。

D型,鼓素面,整体形制发展分为二式:

Ⅰ式,1件,出土于烟台上夼村。保存较好,青铜质,圆柱形甬,上窄下粗,有旋,环形斡。平舞,曲于,铣棱斜直,腔体合瓦形,二层台尖状枚36个,钲部约占2/3,舞、篆、鼓部皆素面（图三,1）。

Ⅱ式,1件,邹城城关郭庄村出土。钟甬较长,上细下粗,饰细线阴刻三角勾连纹（可能为三角形环带纹,见于虢叔旅钟和己侯钟）与龙纹,上有旋及兽首。保存较好,腔体合瓦形,铣棱斜直,平

1   2

3   4   5

图三   甬钟型式演变图（二）

1—2. D Ⅰ—DⅡ式   3—5. E Ⅰ—E Ⅲ式

　1. 烟台上夼村 西晚；　2. 邹城城关镇 春晚；　3. 长清仙人台 春早偏晚；　4. 刘家店子 M2 春中；　5. 邿公轻钟 春晚

舞。阳线界格钲、篆部,平头二层台柱状枚36个,舞、篆部均铸有窃曲纹,鼓光滑无纹饰。报告中指出该钟内壁光平,应该无调音痕迹,但是又指出"上为低音,下为高音",很是奇特,还有待进一步证实。钟高33厘米,重6.7千克(图三,2)。

E型,正鼓部饰带犄角的几何形变形兽面纹。据钟体结构的变化,分为早晚三式:

I式,鼓部饰伸出三对犄角的几何对称变形兽面纹,双目突出,以云卷纹为地纹。11件成编,长清仙人台六号墓出土。编钟铜质较差,钟体多见砂眼。11件甬钟中,第1、3、5(M6∶45、41、46)三钟破裂,已修复。其余保存完好。编钟造型一致,大小有序,是为一组。器表有绿锈覆盖。除第8、9(M6∶44、38)二钟之外,各钟甬端皆封衡。圆柱形甬,带锥度。旋饰有四乳钉,斡中间凸起方棱。平舞,曲于,铣棱斜直,阳线界格钲、篆部,二节圆柱形枚36个。舞饰云纹,钟腔正面钲、篆、鼓部皆饰变形龙纹,其中篆部饰多组斜角龙纹,钲间遍饰蟠虺纹。背面篆、钲、鼓部素面。腔壁至于口渐厚并内敛似内唇。四侧鼓内有音梁,但内唇上无调音磋磨痕迹,钟体较薄,音质较差,音列无序,应是专用于陪葬的明器(图三,3)。

II式,鼓部面积增大。沂水刘家店子2号墓出土,9件。实甬,甬内残有泥芯,旋饰四乳钉纹,方形斡。钟体较大,平舞,铣棱斜直,曲于。阳文框界格钲、篆、枚区,二层台柱状枚36个。舞饰蟠螭纹,篆饰双头龙纹,鼓饰三对带犄角的变形兽面纹(图三,4)。

III式,鼓部面积占1/2。邾公钲钟。20世纪初出土于邾地,见诸典籍。曾为阮元旧藏,著录4件,现存3件,1件藏故宫博物院,另2件在上海博物馆和南京博物院。全组件数不详,3件铸铭,1件刻铭。鼓饰大于一般,占满鼓面,为平雕二叠蟠龙纹,填以细阴线云雷纹,六条龙绕结成长方块状,左右两侧各伸出向上翘起的三个

龙首。四件皆全铭,其中上海博物馆所藏有铭文57字,行款由右
栾而右鼓,而钲间,而左栾,止于左鼓。甬作圆柱状,但近顶部收
敛成圆锥状;体较短,腹部略微鼓出,以致口微内收而侈度较小,
整个形体矮而宽。钲部占52.05%,平头二层柱状枚稍短。上下封
衡,旋饰四乳钉纹,方形斡中间起棱,钲、篆边框为细阴线弦纹,舞、
篆饰细密的细阴线蟠虺纹。背面纹饰不同,较简略(图三,5)。

　　F型,正鼓部饰顾龙纹,按钲部所占面积的大小等因素,可分
为前后四式:

　　I式,1件,传世鲁原钟,现藏于上海博物馆。甬端残失,有纹
饰,余部完好。甬内可见泥芯留存。平舞,铣棱下部微有外扩势。
于口弧曲不大。甬上有旋,饰兽面交连纹和四乳钉纹。舞部饰变
形兽纹,篆为两头龙纹。阳线界格钲、篆部,钲部所占面积较大,二
节圆柱状枚36个。此钟正鼓部饰有一对相背顾龙纹,粗阳线间饰
以细阴线,双体,头有长角、中间断开,长喙,有牙,底有双足,龙尾
上立有一细阴线象鼻纹是其特色所在。侧鼓部亦有一顾龙纹作为
第二基因的标志。钲间载有铭文"鲁原作龢钟用享孝"(图四,1)。

　　II式,钲部约占钟体面积的2/3。海阳嘴子前1号墓出土5件,
制作粗糙。长腔,狭鼓,实甬,甬有斡有旋,环形斡,阴线界格钲、篆
部,涡纹乳状枚36个,正鼓部饰由粗阳线间以细阴线而成的顾龙
纹,龙首向内转180°,作内视状,但形态各异。甬柱各呈异态,各钟
包括正背面的纹饰也多不统一,以简括为特点,依据篆部纹饰的不
同,又可分为三型。a型,D 0003和D 0005共2件,篆间饰勾连云纹,
钲部上下无界格,其中后者钟腔内壁正鼓部有调音槽1条、侧鼓部2
条(图四,2)。b型,D 0004,篆间一面饰重环纹,一面斜角云纹,钲部
上下无界格。c型,D 0006和D 0007,篆间饰重环纹,正鼓部顾龙纹
涣漫。前者钲部上下有阴线界格,后者背面正鼓部无纹饰。

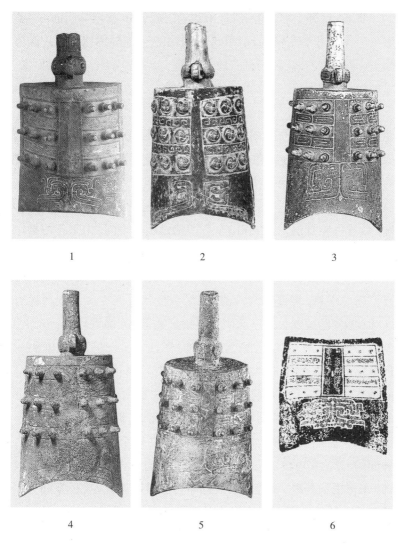

图四 甬钟型式演变图(三)

1—6. FⅠ—FⅣ式

1. 鲁原钟 西晚; 2. 嘴子前M1 春中中叶; 3. 嘴子前M4 春中偏晚; 4. 苍山甬钟 春中; 5. 刘家店子M1甲组 春中; 6. 齐鞷氏钟 春晚

Ⅲ式,钲部上缩,约占钟腔1/2。其一,7件,海阳嘴子前4号墓出土。保存基本完好,造型相同,大小相次。通体绿绣覆盖。腔体修长,平舞曲于,铣棱斜直。枚、篆、钲、鼓各部分明,由阴线界格。甬较短,上细下粗,旋饰重环纹,方形斡。二节圆柱形枚。篆间饰重环纹。正鼓饰有粗阳线间以细阴线而成的无牙鼻、单体躯干顾龙纹,龙首向下转90°,作俯视状,其中首钟龙纹额前长弯角与脑后短弯角相接,并在额角前饰一个类似顾龙双足的阴线纹,姑称之为双足纹。后几钟不见长角,角上双足纹也全部略去,但有两钟在右侧鼓添加小鸟纹,花冠垂至尾部,没有翅膀(图四,3)。其二,9件(数量可能有误,报告和山东省博物馆所藏不同,山东省博物馆藏12件),沂水刘家店子M1甲组甬钟。形制相同,大小相次。钟体合瓦形,弧形口,两铣斜直。圆柱形甬,上部略细,旋饰四乳钉,方形斡。平舞,舞部纹饰漫漶,二层台柱状枚36个。钲间原铸有连续铭文,已被戗去。正面阴线界格钲篆部,篆饰重环纹、鼓饰顾龙纹,反面钲篆无界格、篆鼓无纹饰(图四,5)。其三,苍山甬钟,现藏临沂市博物馆,2件。一钟保存较好,一钟甬缺失,余部完好。两钟造型一致,大小有别,是为一套编钟中的两件。通体有较厚的氧化层覆盖,形体略显厚实。腔体为合瓦形,略修长,平舞曲于,铣棱斜直。阴文框隔枚区,二节圆柱形枚36个。钲部较窄,约占钟面的1/2。实甬较短小,封衡,甬上有旋有斡,方形斡。钟体有纹饰,未作去锈处理,不能细辨。约略可见鼓部饰顾龙纹、篆间为斜角龙纹。钟腔内壁的侧鼓部各有一调音槽(图四,4)。

Ⅳ式,两栾微鼓,钲部约占钟面1/2。传世齐鞏氏钟1件,铭文52字(又重文2),行款自正面钲间,而右鼓,而反面左鼓,而钲间,而右鼓,终于正面左鼓,"唯正月初吉丁亥齐鲍氏孙□择其吉金自作龢钟卑鸣攸好用享以孝于怡皇祖文考用宴用喜用乐嘉

宾及我倗友子子孙孙永保鼓之"。阳线界格钲、篆部。篆部装饰
蟠虺纹。正鼓部装饰对称顾龙纹,喙侧有粗鼻,目纹近于尾端的蛇
角,背上饰目纹,蛇角上增足作龙形,下体在腿裆处断开,足形纹饰
略微向下并外移,通体饰以较繁缛的细阴线二层花纹。顾龙纹的
龙纹两侧各有一涡纹,较为罕见(图四,6)。

　　G型,正鼓部装饰变形兽面纹。其一,邾公华钟,传山东邹县出
土,全组件数不详,现藏国家历史博物馆。有铭文91字(又重文2),
行款与邾公牼钟略有不同,由右栾而右鼓,而钲间,而左鼓,止于左
栾。此钟上小下大,两侧有凸棱,微鼓,两铣下垂有凸尖,口曲内凹
呈弧形。阳线界格钲、篆部,两面共有长枚36个。甬作圆柱形,顶
端稍内收,旋上有扁圆形小乳钉4枚,斡作长方形。舞平。旋、舞、
篆均饰蟠螭纹。鼓部所饰兽面纹,兽首抬头面向外。头和牙明显
增大,并有明显的大下巴而无角,躯干简化成单体。整体用细或粗
阳线勾勒,填以密集的细阳线连续三角云纹。这样一来自然使得其
面目全新,别具一格。钟体两面内壁,从口至舞共有调音槽6条(图
五,1)。其二,邾公釲钟,现藏上海博物馆。形制、纹饰和邾公华钟
相似。甬圆角方柱形,锥度较大。平舞,铣棱带弧曲,内敛。于口无
内唇,二节圆柱形枚36个,枚长2.6厘米。旋饰龙纹并以圆饼形间
隔,斡饰兽首。舞为龙纹,篆饰蟠螭纹,鼓部饰变形兽面纹,兽首向
下向内转180° [1],则当是前者的变形。铭文:"陆融之孙邾公厥龢钟
用敬岨盟祀祈年眉寿用乐我嘉宾及我正卿扬君灵君以万年。"行款
自右栾,而右鼓,而钲间,而左鼓,终于左栾,共34字(图五,2)。

　　H型,正鼓部装饰蟠螭纹或素面,鸟形斡,长甬。按照形制的
变化,可分为前后二式:

---

[1]　刘体智:《小校经阁金文拓本》1·30,1935年。

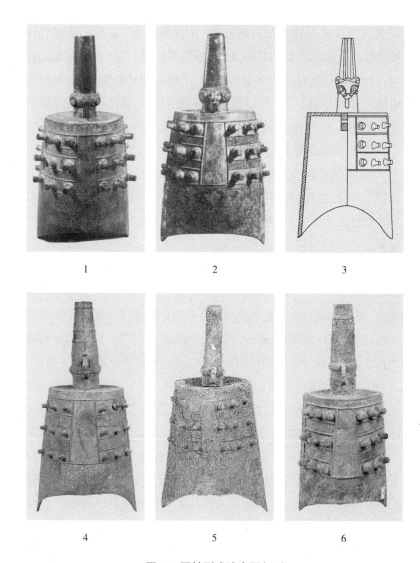

图五　甬钟型式演变图（四）

1—2. G式　　3—6. HⅠ—HⅡ式

1. 郳公华钟 春晚；　2. 郳公鈺钟 春晚；　3. 东夏庄M6 战早；　4. 小峨眉山 春中晚；　5. 临淄淄河店 M2 战早；　6. 临淄大夫观 战早

Ⅰ式，4件，章丘小峨眉山出土。甬钟形体巨大，均已不同程度残损，较完整的一件甬高27.6、铣长46.8、舞径21.6—27、于宽39厘米，重18.5千克。甬粗硕，饰两组云纹，旋饰四乳钉和三角云纹，鸟形斡饰三角纹。平舞，铣棱斜直，两铣下垂有凸尖，口曲内凹呈弧形，侈度大。阳线界格钲、篆部，二层台柱状枚36个，多有残损。篆饰目纹，鼓部长方形方框内遍饰蟠螭纹。残破暗哑，钟为明器（图五，4）。

Ⅱ式，正鼓蟠螭纹或素面，多明器。其一，临淄大夫观甬钟，8件一组。保存较好，青铜铸制，通体绿绣覆盖。8件钟造型大致相同，大小有序，是为一套。腔体为合瓦形，略修长，平舞曲于，铣棱斜直。圆梗式阳文框隔枚区，二节圆柱形枚36个，较粗硕。钲部较宽，鼓部偏狭。长甬粗硕，上有凹弦纹一周，有旋有斡，斡作鸟形。通体无纹饰。明器，有内唇，无音梁，无调音痕，音质极差（图五，6）。其二，临淄淄河店2号墓甬钟。保存完整，青铜质。根据甬部的形制，应为两组，每组8件。形制纹饰基本相同，每组均大小相次。衡平。长甬，呈圆角方柱状，有锥度，有旋有斡，斡作鸟形。合瓦形体，铣棱斜直，两铣下垂有凸尖。平舞，于口上凹。舞部以素带界格，两侧饰变形蟠螭纹。阳线界格钲、篆部，钲部素面，篆带、正鼓部均饰变形蟠螭纹，成浅浮雕状。二节圆柱形枚36个。皆为明器（图五，5）。其三，陶质，素面，钲部上缩明显，多棱柱形甬，鸟形斡。7件，临淄大武镇东夏庄6号墓出土。灰褐色，泥土烧制，工艺粗糙，体形巨大。形制相同，大小相次。腔体呈合瓦形，铣棱斜直，平舞，于口弧曲上凹，两铣角下垂。甬与腔体分体，钟体作合瓦形，弧口，二层台柱形枚，舞顶中央有一圆孔以纳甬，甬自旋以上作多角形（八棱、六棱），干作兽首形，甬下端有凸榫纳入舞顶圆孔，榫部有一横穿用以贯销，使甬与腔体合二为一。腔面以圆梗式阳文框隔枚、篆区。舞部、篆部、鼓部、钲间均素面(图五,3)。

小结:以上主要依据正鼓纹饰的不同,我们将山东地区118件甬钟分成八型,每型下面又根据纹饰、形制的演变规律,分成Ⅰ至Ⅳ式不等。整体上观察,这些甬钟又可分为五个大的阶段。第一阶段属于西周中晚期,包括AⅠ、BⅠ、CⅠ、DⅠ、FⅠ,共5例6件,AⅠ、BⅠ和CⅠ正鼓饰工字形云纹,篆饰斜角云纹,甬中空与体腔相通,绹索斡或双环斡;DⅠ素面,尖状二层台柱状枚;FⅠ旋饰四乳钉纹,篆饰斜角龙纹,正鼓饰顾龙纹,侧鼓饰龙纹作为第二基音的标志。第二阶段属于春秋早期,包括AⅡ、CⅡ,共2例10件,二者均甬中空与体腔相通,前者旋饰四乳钉,斡方形,篆鼓饰云纹,后者绹索形斡,篆鼓饰云纹(鼓部云纹中心有乳钉),钲间饰变形蝉纹。第三阶段属于春秋中期,包括AⅢ、EⅠ、EⅡ、FⅡ、FⅢ,共8例59件,AⅢ旋饰四乳钉,阴线界栏,篆饰斜角云纹,正鼓饰工字形云纹;EⅠ和EⅡ阳线界栏,篆饰窃曲纹或斜角云纹,正鼓饰犄角龙纹;FⅡ和FⅢ方形斡,阴线界栏,篆饰勾连纹或重环纹或斜角龙纹,正鼓饰顾龙纹,其中FⅢ嘴子前M4:124右侧鼓有小鸟纹作为第二基音的标志。第四阶段属于春秋晚期,包括DⅡ、EⅢ、FⅣ、GⅠ、HⅠ,共6例12件,DⅡ正鼓素面;EⅢ正鼓饰犄角龙纹;FⅣ正鼓饰变形顾龙纹,两侧有涡纹;GⅠ正鼓饰大牙兽面纹;HⅠ正鼓饰浮雕蟠螭纹,斡鸟形,甬长且粗硕。第五阶段属于战国早期,包括HⅡ一式,共3例31件,均为明器,青铜或陶质,圆柱形或圆角方柱形或多棱形长甬,鸟形或兽面斡,正鼓素面或饰蟠螭纹。

再来看看甬钟尺寸(厘米)方面的演变规律(附表一)。AⅠ→AⅡ→AⅢ,甬长:8.5→(12.6—7.4)→(14.2—9.4),通高:23.4→(39—22.5)→(41—27.1),鼓厚:0.8→(0.4—0.8/0.4—0.7)→(1.4—1.5/1.1—0.9),甬长/体高:0.57→(0.48—0.49)→

0.53，体高/铣间：1.25→（1.25—1.26）→（1.37—1.45），铣间/舞修：1.2→（1.2—1.19）→（1.34—1.33），钲高/体高：约2/3→少于2/3多于1/2，变化趋势是：甬和体高都在增加，甬长所占比例在缩小，厚度增加，钟体更加修长，侈度加大，正鼓所占面积加大。CⅠ→CⅡ，甬长：13→15，通高：33.5→45.2，鼓厚：（0.6—0.8）→（0.7—0.8），重量：4.5→9，甬长/体高：0.63→0.5，体高/铣间：1.26→1.37，铣间/舞修：1.21→1.2，总体变化趋势：甬和体高增加，甬长所占比例缩小，鼓壁增厚，重量增加，钟体更加修长，侈度变小。EⅠ→EⅡ→EⅢ，甬长：（23.6—8）→13.8，体高：（66—22.2）→38.3，鼓厚：（1.6—1.9/1.0—1.2）→（0.5—1.2），重量：（9—2）→13.6，甬长/体高：0.56→0.56，体高/铣间：（1.15—1.26）→（1.14—1.21），铣间/舞修：（1.23—1.13）→1.14，钲高/体高：多于1/2→约1/2，总体变化趋势：甬和体高都在缩短，甬长所占比例相对不变，鼓壁变薄，重量增加，钟体缩短，侈度缩小，正鼓所占面积加大。FⅠ→FⅡ→FⅢ，甬长：（9.5—7.5）→（11.3—7）/（14.6—9）/13.3，通高：（32—23.5）→（34.9—20.2）/（44—24.3）/43.5，鼓厚：1→（0.4—0.3/0.3—0.4）→（0.8/0.5）/（1—1.5/0.9—1）/0.6，重量：7.3→（3.3—1.7）→（3.6—1.4）/9，甬长/体高：（0.42—0.47）→（0.48—0.53）/（0.5—0.59）/0.44，体高/铣间：1.11→（1.37—1.44）→（1.41—1.39）/（1.2—1.29）/1.35，铣间/舞修：1.16→（1.13—1.22）→1.17/（1.17—1.19）/（1.23—1.26），钲高/体高：2/3→2/3→1/2，该类型变化趋势有波动，总体变化趋势是：甬和体高增加，鼓壁增厚，钟体更加修长，侈度加大，正鼓所占面积加大。HⅠ→HⅡ→HⅢ，铣间/舞修：1.44→（1.29—1.25/1.31—1.61）→1.2，钲高/体高：2/3→1/2→1/2，该类型数据不全，大体变化趋势是：侈度缩小，正鼓所占面积加大。鉴于以上数据分析，我们总

结山东地区两周时期，A、C、F、H类型甬钟都是呈现高度增加、厚度增加、钟体更加修长、钲部上缩、正鼓面积加大的演变规律，而E型甬钟正好相反，高度缩短、鼓壁变薄、钟体更加矮短，当然正鼓面积还是呈现加大的趋势。

第二节　镈　钟

镈钟是一种钟体、有悬钮、平口、击奏体鸣的大型乐器，按材质可分为青铜质地和陶瓷质地两种，依据体腔可分为椭方体和合瓦体两种类型。于口平、形体大是它同甬钟、纽钟的主要区别。迄今为止，早期镈的出土地点，在南方仅限于湖南省的湘江流域，在北方则不出陕西省的渭水流域。降至春秋以后，出土范围逐渐扩大，遍及黄河及长江中下游诸省，但中心已转到中原地区，湘江流域反倒很少发现。

南方的早期镈未见有自名的。北方的早期镈，有的如克镈，自名为"宝林钟"，可见它是以钟自名，并且是成编的。春秋中晚期以来，有以镈自名的，但仅限于山东地区的齐、邾等国。如齐叔尸镈、齐鎛镈自名为"宝镈"（此镈自名为宝镈，又是全铭，有人认为是特镈[1]），邾公孙班镈自名为"龢镈"（龢是言其发音和谐）。但是一般还是以钟自名，如秦公镈自名"龢钟"，鼄子塦自镈除以"龢钟"自名外，还兼以"铃钟"自名。有些编镈，如蔡侯申镈自名为"歌钟"，因知至迟到春秋中晚期，编镈已从仅奏骨干低音的和声乐器，发展成为一种与编钟相当的旋律乐器，或者说得更准确一些，当时有的歌钟已采用镈的形制。至于鼄子塦自镈之所以兼以

---

[1]　容庚、张维持：《殷周青铜器通论》，第75页，文物出版社，1984年。

"铃钟"自名,是因为它的大小和钮制都像铃的缘故[1]。

关于镈钟的起源,有搏拊说、甬钟说、大铙说、铜铃说等数种,至今仍是莫衷一是。唐兰首倡"本自于搏拊"说[2];郭沫若折衷唐说,倡钟拊合体说——源自搏拊、亦脱胎于钟[3];其后陈梦家倡"源于铃"说[4];高至喜根据湖南的考古发现,否定了唐、郭二说,提出了南方铜镈很可能是受中原地区二里岗铜铃的影响而铸制的推断[5];李纯一同意高说,但是认为南方铜镈受殷墟文化后期铜铃影响的可能性更大一些[6]。综合以上学者的观点,冯卓慧指出青铜镈的产生未必是唯一的源头,将形制相似、功能相近的早期乐器铜铃或陶铃视作镈之原始形态有其合理性,此外,同名为镈的农具、钱币等青铜器物,与镈的起源可能也存在一定的关联[7]。

关于镈钟的形态演变,方建军从两栾的形状将西周镈分为侈栾型和弧栾型[8];杨涛以钮为依据将先秦镈分为环钮和兽形钮两型[9];李纯一从于口的形状将两周镈分为椭方体和合瓦体两种类型[10];辛爱罡将合瓦体的东周中原镈钟按其钮制分为单钮镈钟、两兽形饰桥形钮镈钟和复钮镈钟三类[11],等等。

山东地区,目前考古发现的镈钟全属春秋战国时期,计有15

---

[1] 李纯一:《中国上古出土乐器综论》,第145页,文物出版社,1996年。

[2] 唐兰:《古乐器小记》,《燕京学报》第十四期,1933年。

[3] 郭沫若:《彝器形象学试探》,《两周金文辞大系图录考释》(一),科学出版社,1957年。

[4] 陈梦家:《中国铜器概论》,《海外中国铜器图录》上册,北平图书馆,1946年。

[5] 高至喜:《论商周铜镈》,《湖南考古辑刊》3,岳麓书社,1986年。

[6] 李纯一:《中国上古出土乐器综论》,第171页,文物出版社,1996年。

[7] 冯卓慧:《试论青铜镈的起源》,《中国音乐学》2008年3期。

[8] 方建军:《两周铜镈综论》,《东南文化》1994年1期。

[9] 杨涛:《先秦青铜镈研究》,《黄钟》1993年3期。

[10] 李纯一:《中国上古出土乐器综论》,第145—146页,文物出版社,1996年。

[11] 辛爱罡:《东周中原地区青铜乐钟的形制分析》,《新世纪的中国考古学——王仲殊先生八十华诞纪念文集》,第417—437页,科学出版社,2005年。

批65件,加上山东省博物馆等所藏5件,以及传世鎛镈、郳公孙班镈,共计72件。其中1965年临淄河崖头村东淄河岸边发现镈钟1件,通高40、钮高6厘米,重13.5千克,乳状枚36个,装饰三条波状纹(圆圈纹),篆饰变形龙纹[1],平舞,舞面中心有一孔,扁钮作方形,纹饰漫漶,腔面不分隔钲间和枚区,鼓部较窄,纹饰不辨[2],具有镈钟滥觞期的特征,属于春秋早期时器。此后的镈钟钲篆分明或钲篆一体,亦有素面陶质镈钟的发现。下文我们依据钮的形制将其中64件镈钟(莒县天井汪、临朐扬善公社和纪王崮镈钟暂不考虑)分为七型,具体如下:

A型,方形钮。根据钲篆结构和钲部所占钟体面积的变化,可分为三式:

Ⅰ式,扁钮作方形。1件,临淄河崖头出土。双范合铸,铸制规范。通体绿绣覆盖,氧化严重。镈体修长,铣棱微弧,平于,于口椭圆形,稍敛,平舞,舞面中心有一圆孔(像周铃系舌孔那样的圆孔,可见此钟与铃有密切的关系,应是周系镈钟早期的形态)。纹饰漫漶,腔面不分隔钲间和枚区,通栏乳突状枚3行,每行6枚,装饰三条波状纹(圆圈纹),篆饰变形龙纹。鼓部较窄,纹饰不辨。通高40、钮高6厘米,重13.5千克。内腔平整,无音梁,测音结果:正鼓音b+23音分,侧鼓音含混(图六,1)。

Ⅱ式,钲篆分界明显,扁钮作方环形。2件,海阳嘴子前M1出土。保存完好,通体铁黑色,双范合铸,铸冶规范。二器造型相同,大小相次。镈体修长,铣棱微弧,于口稍敛,平舞,舞部饰一对龙纹。阴线界格钲篆区,前后各有涡纹形枚6组,每组3枚。篆间饰斜角龙

[1] 临淄区志编纂委员会:《临淄区志》,第545页,国际文化出版公司,1989年。
[2] 周昌富、温增源:《中国音乐文物大系·山东卷》,第38页,大象出版社,2001年。

1   2   3

图六 镈钟型式演变图(一)

1—3. A Ⅰ—AⅢ式

1.临淄河崖头 春早； 2.海阳嘴子前M1 春中中叶； 3.牟平矫家长治村 春晚

纹,钲间素面,鼓部饰一对相背象首纹。顾龙纹由中间有一条细阴线的阳线构成,属有角式,体型瘦削,线条方峭,不同的是在两个顾龙纹之间增添了一个重环纹作为正鼓敲击处的标记,很有地区特色。李纯一认为这是从上海博物馆所藏一件西周晚期龙纹钟发展而来的,中间可能有缺环,当然也显示了一定的地域特征[1]。镈内壁右鼓部前后各有1条调音槽,M1：48正侧鼓音俱全,M1：49音高含混。音高含混者,报告中称"均见清楚的铸纹,表明这些器物都未经实用","发音也不合音阶,似无实用价值"[2](图六,2)。

Ⅲ式,方形环钮,钲部明显上缩。1件,1973年出土于烟台牟

[1] 上海博物馆青铜器研究组：《商周青铜器纹饰》,图340,文物出版社,1984年。

[2] 滕鸿儒、王洪明：《山东海阳嘴子前村春秋墓出土铜器》,《文物》1985年3期。

平市埠西头乡矫家长治村河套中[1]。镈大部分保存完整，有残，胎壁较薄。腔体修长，于口平齐，两铣弧度极微，近于斜直。平舞，腔面以圆梗式阳线界格枚、篆、钲、鼓区，枚作圆乳钉形，篆间与鼓部无纹饰。腔内无音槽。通高约45、铣间约30厘米（图六，3）。

B型，凤鸟形单钮。可分为前后二式：

Ⅰ式，钮作二相背的透空凤鸟形。1件，原胶东文物管理委员会征集，现藏于山东省博物馆[2]。镈钟保存完好，制作较精，通体呈墨绿色。体作合瓦形，平舞直铣。舞上饰有蟠龙纹。腔面以圆梗界栏，钲占钟体的2/3，鼓部较狭。有螺旋形乳钉枚36个，篆间与正鼓部饰凤纹，凤纹由中间有两条细阴线的阳线构成。于口平齐，内侧有凸唇。腔内壁有凸起的音脊，近舞处有4个长方形小铸孔。钲间有铭文，疑系后刻（图七，1）。

Ⅱ式，钲部上缩，钮部凤纹简化。1件，据查出土于临沂苍山县[3]。镈钟保存完好，通体有绿色氧化层覆盖。镈体合瓦形，制作规范，平舞平于，舞面置环形抽象凤鸟形钮。腔面以阴线框隔枚、篆区，二节乳头形枚，篆间饰斜角龙纹，钲间素面。鼓部饰二方对称的顾龙纹，由中间有两条阴线的阳线组成，所占面积大，饰花冠，龙首向下转发45°，作俯视状，颇具地方特色（图七，2）。

C型，蟠螭纹繁钮。根据钮部形制的变化，可分为二式：

Ⅰ式，平舞，舞植透空蟠螭纹繁钮。1件，山东省文物管理委员会于1953年征集，现藏于山东省博物馆[4]。保存基本完好，胎壁较薄。腔体修长，于口平齐，两铣弧度极微，近于斜直。腔体以圆

[1] 周昌富、温增源：《中国音乐文物大系·山东卷》，第42页，大象出版社，2001年。
[2] 周昌富、温增源：《中国音乐文物大系·山东卷》，第41页，大象出版社，2001年。
[3] 周昌富、温增源：《中国音乐文物大系·山东卷》，第43页，大象出版社，2001年。
[4] 周昌富、温增源：《中国音乐文物大系·山东卷》，第51页，大象出版社，2001年。

1　　　　　　　　　　2

3　　　　　　　　　　4

图七　镈钟型式演变图（二）

1—2. BⅠ—BⅡ　3—4. CⅠ—CⅡ

1. 山东省博物馆藏凤纹镈　春中；　2. 苍山镈　春晚；　3. 山东省博物馆藏素镈　春中；　4. 大竹山岛镈　春晚

梗式阳线界格枚、篆、钲、鼓区,枚作圆乳钉形,篆间与鼓部无纹饰。腔内无音槽(图七,3)。

Ⅱ式,钮部演化成堆状蟠螭纹。1件,长岛大竹山岛出土。镈钟保存基本完好,平舞,腔体较长,于口平齐,两铣弧度极微,近于斜直。圆梗式阳线界格枚、篆、钲区,饰圆形乳状枚36个。舞部、鼓部均饰蟠螭纹。鼓部纹饰凸起,几乎占据整个鼓部,蟠螭纹繁缛。正鼓音为C^2+52音分,侧鼓音含混(图七,4)。

D型,桥形钮,依据整体形制的演变,分为前后二式:

Ⅰ式,桥形环钮,近梯形,饰龙纹。6件[1],沂水刘家店子M1出土。其中4件编镈基本保存完整,2件仅残存钮部分。形制并不完全相同,大小相次,其中M1∶59钮近方形,钟体也更为矮胖。腔体作合瓦形,横断面近椭圆形,于口平齐,泡形枚。腔体以阴线界格枚、篆、钲、鼓区,钲部约占2/3,篆饰龙纹,正鼓阴线铸刻三组两两对称带犄角的变形龙纹。于口内未见调音槽(图八,1)。

Ⅱ式,桥形环钮,近半圆形。根据枚的区别,又可分为二型。a型4件,螺旋形枚,临沂凤凰岭出土。形制相同,大小相次,器作扁椭圆形,平口。钮饰谷粒状点纹,舞顶、篆间饰多组龙纹。腔体以阳线界格枚、篆、钲、鼓区,鼓部阳线铸刻三组两两对称带犄角的变形龙纹。腔内无调音锉磨痕迹(图八,3)。b型6件,二节乳状枚。莒南大店1号墓出土1件[2],凤凰岭出土5件。莒南大店所出长方形环钮,舞部饰蟠螭纹,篆部饰两头龙纹,鼓部饰带三对犄角的变形兽面纹,内填雷纹。凤凰岭所出形制相同,大小依次递减。钮素面,正鼓纹饰为二组

---

[1]　1963年,莒县天井汪出土镈钟3件,因未见图片或实物,据简报描述暂划入此型。

[2]　《中国音乐文物大系·山东卷》中,载山东莒南大店M1出土镈钟2件,当有误。经仔细辨别,原认为属于莒南大店(老龙腰)的另一件应该属于临沂凤凰岭第二组编镈的其中一件,具体可参照该书第40和44页。

1　　　　　　　　　2

3　　　　　　　　　4

图八　镈钟型式演变图（三）

1—4. D Ⅰ—D Ⅱ式

1. 刘家店子 M1 春中；　2. 莒南大店 M1 春晚；　3. 临沂凤凰岭一组 春晚；　4. 临沂凤凰岭二组 春晚

两两对称带犄角的变形龙纹,余皆同于第一组(图八,2、4)。镈钟的此种枚形全国范围内仅见于山东地区临沂凤凰岭第二组编镈、莒南大店M1特镈和前述BⅡ式苍山镈,当为典型的地方类型。

E型,蟠螭形繁钮。钟体纹饰逐渐繁缛,分为前后二式:

Ⅰ式,舞平,上植双龙吞蛇形繁钮。4件镈钟均出自滕州庄里西。制作精细,腔体厚实,造型一致,大小相次。合瓦形腔体,铣棱略弧,于口平齐,有内唇。以高棱框隔枚、篆、钲区,舞、篆饰卷龙纹,鼓部由龙纹组成兽面,枚饰盘龙纹。正鼓纹饰和春秋晚期郑公华钟最为接近,整体用细或粗阳线勾勒,填以密集的细阳线连续三角云纹,兽面纹头大牙大,兽首向下转发45°,作俯视状,躯干简化成单体。腔体上部每面各有芯撑铸孔2—3个,未透。钲间和两栾铸有铭文。镈侧鼓有短阔音梁结构,与于口内唇相接,梁端呈圆弧形,被调音磋磨。除最大的一件已破裂之外,余三件发音清悠绵长,悦耳动听(图九,1)。

Ⅱ式,舞置复钮,为二蟠龙镂孔透雕。7件,诸城臧家庄出土。两铣弧曲明显,钲间、鼓部、两栾都布满繁缛的纹饰,已呈现编钟衰落期的特征。镈皆保存完好,器形完整。造型及纹饰基本相同,大小相次有序。镈体稍宽短。于口平齐,平舞。腔面以圆梗式阳线界格枚、篆、钲部,泡形枚饰蟠蛇纹及涡纹。舞、篆部饰蟠螭纹,鼓和钲间以蟠螭纹为地纹,上饰交龙纹,纹饰繁密,正因为此,铭文被挤到口沿处一狭窄走廊上,为“墬蜎立事岁十月己亥籲公孙朝子造器”,共16字。测音结果稍有争议,温增源认为“7件编镈声音效果不佳,音高不成规律。结合各地出土的钟声音都不甚完好的情况,怀疑这套编镈在当时不是主要用以演奏音乐,而仅仅是摆摆样子的宫廷礼器”。王友华则提出“公孙朝子编镈原当8件成编”(图九,2)。

F型,双龙对峙复钮,中间常有方形框。按形制、材质的变化,

1　　　　　　　　　　2

图九　镈钟型式演变图（四）

1—2. E I —E II

1. 滕州庄里西　春晚；　2. 诸城臧家庄　战中

可分为前后二式：

　　I 式，2件，传世品。一是齐鎛镈，又名齐子中姜镈，清同治九年（1870）山西荣河后土祠出土，现藏于国家历史博物馆。镈钮为透雕云顶吞噬飞龙座，这种云顶就是由两条吞噬飞龙的尾端连接在一起构成的。镈身呈桶状，上小下大，口及舞平，均为椭圆形。钲篆以阴线为界，钲部所占面积约2/3。舞、篆饰平雕变形蟠虺纹，鼓饰三对带犄角的变形蟠虺纹，纹饰间皆有一些突起物，状如浪花，实为罕见。圆形枚如覆帽，前后共36枚，饰圆圈纹[1]。镈的正面有铭文175字（内重文2，合文1）。行款起自右栾而右侧鼓，而钲间，而左侧鼓，终于左栾。镈形体特大，高67厘米，重65.2千克，不知何故入晋，然当为齐器无疑（图

---

[1]　袁荃猷:《中国音乐文物大系·北京卷》，第62页，大象出版社，1999年。

十，1）。二是邾公孙班镈。其钮制和黧镈略同，但顶部两条龙尾之间有一根径约0.6、长约0.7厘米的短横梁，梁下方舞面上有一个三角云纹方钮。看来这根短横梁不堪重负，只能起连接作用，真正可供实用的挂件应是那个方钮。镈体亦成桶状，两铣微鼓，腔体以粗阳线界格钲、篆、枚区，前后共饰螺旋纹锥形枚，亦不多见。舞、篆部饰浅浮雕蟠螭纹，正鼓部浮雕带三组两两对称犄角的蟠螭纹。该镈自名"鉥镈"，铭文45字（又重文2），行款亦同于上例，自右栾而右侧鼓，而钲间，而左侧鼓，终于左栾[1]（图十，2）。

　　Ⅱ式，复式钮呈双龙相对峙、口含尾状，中间方钮断裂，制作粗糙。其一，4件，临淄淄河店M2出土编镈甲组。形体较大，形制纹饰相同，大小相次，为一组。合瓦形体，铣棱斜直。平舞，侈铣，平口。舞部以素带界格，两侧饰变形蟠螭纹。钲部素面，篆带、正鼓部均饰浅浮雕变形蟠螭纹，上有小圆圈状凸起物，当是黧镈演变而来。团身螭纹圆枚36个。器壁较薄，皆为明器（图十，3）。其二，出自临淄东夏庄M4和M6。陶质，鼓栾，复式钮已残，似双龙对峙且中间方钮形。前者出土陶镈钟7件。形制相同，大小有别。体呈椭圆形合瓦式，两侧中腰略鼓，平口微敛，泡形枚，枚上饰卷云纹。后者多被压碎，复原2件。灰褐色，泥土烧制，工艺粗糙，形制巨大。腔体横断面略呈椭圆形，铣棱弧曲，舞、于稍敛，平舞平于。腔面以圆梗形阴线框隔枚、篆区。舞部、篆部、鼓部、钲间均素面。枚作螺旋形（图十，4）。

　　G型，单环钮，无枚，钲部遍饰蟠虺纹。钟体逐渐修长，可分为前后三式：

----

[1]　中国社会科学院考古研究所：《殷周金文集成释文》一，图一四〇，中华书局，1984年。

图十　镈钟型式演变图（五）

1—4. F I—F II式

1. 䣄镈　春晚；　2. 邾公孙班镈　春晚；　3.临淄淄河店 M2甲组　战早；　4.临淄大武镇东夏庄 M6　战早

Ⅰ式，环钮，腔体稍显矮宽。4件，临淄淄河店M2镈钟乙组。形体较小。形制、纹饰相同，大小相次，为一组。合瓦形体。平舞，侈铣，平口。舞部素面，无枚，钲部约占2/3，饰蟠虺纹。器壁较薄，皆为明器（图十一，1）。

Ⅱ式，环钮，铣棱更为斜直，体渐瘦高。章丘女郎山出土5件，3件保存基本完好，两件残破严重，尚未修复。镈体为合瓦形，铣边有直棱。平舞素面，镈身上窄下宽，无枚，腔面不分枚、篆、钲区，两面均饰有蟠虺纹。鼓部为素面（图十一，2）。

Ⅲ式，环钮，钲部上缩，约占1/2，镈体瘦高。5件，阳信西北村出土。其中三件残损严重，另两件保存基本完整，锈蚀严重，腔内均残留少量范土。五器腔体极薄，仅为0.2厘米。制作粗劣，铸疵未作修磨，内腔虽有窄细三棱状内唇，但无调音锉磨痕，为不能发

1　　　　　　　　2　　　　　　　　3

图十一　镈钟型式演变图（六）

1—3.GⅠ—GⅢ

1.临淄淄河店M2乙组 战早偏早；　2.章丘女郎山 战早偏晚；　3.阳信西北村 战中

音的明器。腔体较修长，舞、鼓素面。腔面不分枚、篆、钲区，腔体上部饰头尾交缠的蛇形纹（图十一，3）。

　　小结：以上我们以钮制为标准，将山东地区东周时期的19例64件镈钟划分为七型，每型下面再按照钲部所占面积的大小、正鼓纹饰的变化等，划分为Ⅰ至Ⅲ式不等。在此基础上，将镈钟的整体演变划分为前后五个阶段：第一阶段属于春秋早期，仅临淄河崖头1例1件，AⅠ式，单钮，内圆外方，腔面尚未分隔出钲部和枚区。第二阶段属于春秋中期，4例10件，分为AⅡ、BⅠ、CⅠ、DⅠ式，AⅡ和DⅠ单钮，内圆外方或桥形钮，阴线界栏钲篆部，正鼓面积加大，饰顾龙纹或犄角龙纹；BⅠ和CⅠ凤鸟纹繁钮，阳线界栏钲篆部，正鼓饰顾龙（凤）纹或素面。第三阶段属于春秋晚期，8例19件，分为AⅢ、BⅡ、CⅡ、DⅡ、EⅠ、FⅠ式，AⅢ和DⅡ单钮，外圆内方或桥形钮饰麻点纹，阳线界栏钲篆部，正鼓面积进一步加大，后者正鼓犄角龙纹模印痕迹明显；BⅡ和CⅡ凤鸟钮简化，前者鼓部面积加大，后者正鼓饰浅浮雕蟠螭纹；EⅠ和FⅠ蟠螭或蟠龙纹繁钮，枚饰盘龙或呈圆锥形、泡状圆圈形，鼓部面积较大，前者饰变形顾龙纹，后者饰浮雕蟠螭纹或凸起蟠虺纹，且3例皆有铭文。第四阶段属于战国早期，4例22件，分为FⅡ、GⅠ、GⅡ式，前者蟠龙繁钮、青铜明器或陶质明器，后二者青铜明器、单环钮、钲篆一体。第五阶段属于战国中期，2例12件，分为EⅡ、GⅢ式，前者蟠螭纹繁钮、钟面遍饰纹饰、于口有铭文，后者青铜明器、单环钮、钲篆一体且器壁薄。

　　从列表尺寸（厘米）上看（附表二），BⅠ→BⅡ，通高：30→34.1，重量：6.9→4，体高/铣间：1.49→1.62，铣间/舞修：1.14→1.19，钲高/体高：2/3→1/2，也就是高度增加的同时，重量减轻，体型逐渐修长，侈度逐渐加大，正鼓面积进一步加大。DⅠ→DⅡ，钮高：（9.1—6.5）→

（6.2—3.6），通高:(44.1—36.3)→(37.5—17)，鼓厚:(1.0—1.2/0.7—1.6)→(0.7—0.75)，钮 高/体 高:(0.21—0.18)→(0.17—0.21)，体高/铣间:(1.47—1.23)→(1.26—1.33)，铣间/舞修:(1.29—1.33)→(1.2—1.16)，二者总体的变化趋势是：钮高和通高都在逐渐减小，厚度也在变薄，钟体逐渐矮胖，侈度逐渐缩小，正鼓面积变化不大。但是在各自内部，随着编钟依次减小，钮高所占比例、钟体、侈度变化不呈正比例的序列。EⅠ→EⅡ，钮高:(8.8—7.9)→(10.5—6.8)，通高:(35.5—29.8)→(50.5—30.4)，重量:(11.3—8.6)→(31—10)，钮高/体高:(0.25—0.27)→(0.21—0.23)，体高/铣间:(1.42—1.43)→1.29，铣间/舞修:(1.23—1.21)→(1.3—1.19)，钲高/体高:多1/2→约2/3，总体变化趋势是：通高加大，重量增加，钮高所占比例在缩小，钟体逐渐矮胖，正鼓面积逐渐缩小。GⅠ→GⅡ→GⅢ，钮高:(6.4—5.5)→(4.4—3.8)→(4.9—4.2)，通高:(33—28.9)→(26—24)→(31—23.7)，钮高/体高:0.19→(0.17—0.16)→(0.16—0.18)，体高/铣间:(1.44—1.53)→?→(1.78—1.68)，铣间/舞修:(1.29—1.36)→?→(1.25—1.24)，钲高/体高:2/3→2/3→1/2，变化趋势是：钮高和通高减小，钟体更加修长，侈度更小，正鼓面积加大。总结来看，D型和E型的演变趋势是高度增加、钟体更加矮胖，B型和G型的演变趋势是钟体更加修长、正鼓面积进一步加大。

第三节　纽　钟

纽钟和甬钟的主要区别是，悬挂部件前者为钮，后者为甬。腔体差别不大，皆是合瓦形，弧口（不包括云南、四川地区羊角纽钟和广西筒形纽钟），只是前者钲部大多是乳状短枚或无枚，后者大多是圆台状长枚。有铭文的纽钟多自名为"钟"，山东地区郳君钟自名"钟铃",沂水刘家店子M1陈大丧纽钟自名"铃钟",莒南大店M2中子平纽钟自名"游钟"、郳太宰钟自名"御钟"(言其用于外出),当数少数情况。参照镈钟的自名情况可知,"钟"是镈钟的通名,"铃钟"或"钟铃"是纽钟的专名。自称铃钟,意即铃式的钟或形制如铃的钟;自称钟铃,意即钟式的铃或形制如钟的铃,都是在表明纽钟是甬钟和铃的结合体,具体说来就是甬钟的钟体和铜铃的钮结合的产物。虽然铜铃的出现早于甬钟和镈钟,但是纽钟的出现却晚于二者。究其原因,我们从形制上看,纽钟的主题是体而不是钮,因此纽钟当是甬钟吸收铃或镈的钮制,派生出来的一种形体较小的新式钟[1]。

两周时期,山东地区发现数量最多,达180件之多。其中,考古遗址出土172件,山东省博物馆藏5件,传世纽钟3件。李纯一和辛爱罡都是按照枚制进行东周纽钟的划分[2]。我们综合考虑钮的形制、枚的有无(多少)、钲篆鼓纹饰等,按时代特征和形制演变,将其中175件纽钟(临朐扬善公社暂不考虑)划分为八型,每型Ⅰ至Ⅳ式不等:

A型,环钮,无枚,腔面饰凤鸟纹。可划分为前后二式:

Ⅰ式,舞面置环形钮,圆中见方。4件,海阳上尚都出土。其中3件保存完好,1件残裂。铸工精良。造型纹饰基本相同,大小不一,也不成序列,其间应有缺项。首钟舞部正中有一圆孔,是铜铃用来悬挂舌的设置,显然是从铃的形制演变过来不久。钟腔稍修长,平舞,于口弧曲极微,两铣微弧。腔面不设枚。首钟钲篆阴

[1] 李纯一:《中国上古出土乐器综论》,第246页,文物出版社,1996年。
[2] 李纯一:《中国上古出土乐器综论》,第247页,文物出版社,1996年;辛爱罡:《东周中原地区青铜乐钟的形制分析》,《新世纪的中国考古学——王仲殊先生八十华诞纪念文集》,第417—437页,科学出版社,2005年。

线分隔,其余三钟钲篆一体。钟面饰四组对称连体顾龙纹,顾龙纹整体用阳线勾勒,中间缀以顺向阴线单条纹,有牙无鼻,圆目,上、下唇同向翻卷,两唇之间有獠牙,额前有长弯角,脑后有短角,单体无足。较小的二钟纹饰略有不同,大概是因为鼓面空间的问题,省去了额前长弯角和上下唇之间獠牙(图十二,1)。

Ⅱ式,钮成环形,无枚,钲篆分界明显,钲部面积相对缩小。2件,皆藏于山东省博物馆。1件传为沂水出土,1件为丁德萱先生捐献。形制、纹饰基本相同,重量同等,大小亦差不多。前者保存完好,腔体作合瓦形,略修长,两铣略带弧曲,于口稍弧。环形钮,舞素面,中部略高并向前后略倾,钟体中下部微微外凸,钲部约占钟体的3/4,阴线界栏将腔面分成的两区内,各饰减地面凸的双连体顾龙纹。顾龙纹整体用平雕粗阳线勾画,并在其内用顺向双阴线双钩而成,同样是有牙无鼻,圆目,上、下唇同向翻卷,两唇之间有獠牙,额前有长弯角,脑后有短角,单体无足。钟体两面纹饰相同,内腔平素,并有长方形铸孔4个,其中1个透空(图十二,2)。丁德萱先生所捐那件舞部正中有一穿孔,一侧右鼓部有阴线凤鸟纹,腔体内有音脊。

B型,方钮,无枚,腔面饰S形云纹。根据钲间的有无,分为前后二式:

Ⅰ式,1件,海阳嘴子前4号墓出土。青铜质,保存完好。通体绿锈覆盖。合瓦形,平舞,舞部为变体龙纹,铣棱斜直。无枚,钲篆一体,阴线框界格钟体,钲部约占2/3,鼓部素面,双面钲篆部皆饰S形勾连纹。勾连纹由两组上下对称的双阴线环绕三周构成(图十二,3)。

Ⅱ式,1件,亦出土于海阳嘴子前4号墓。形制和上例基本相同。舞面饰变体龙纹,无枚,阴线间隔钲篆,篆饰阴线S形勾连纹,

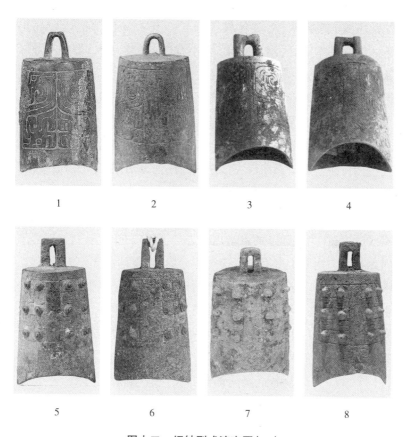

图十二　纽钟型式演变图（一）

1—2. A I —A II　3—4. B I —B II　5—8. C I —C II —C III

1. 海阳上尚都　两周之际；　2. 山东省博物馆藏凤纹纽钟　春早中；　3. 嘴子前M4　春中；　4. 嘴子前M4　春中；　5. 山东省博物馆藏24枚纽钟　春早；　6. 仙人台M6　春早偏晚；　7. 柳格庄M6　春中；　8. 纪王崮　春中晚

钲间素面，正鼓部有一圆圈，钲部约占1/2。《音乐文物大系》中高度测量有误，故相关数据不进行统计（图十二，4）。

C型，方钮，乳状枚24个。根据钟体及正鼓部的变化，可以分为前后三式：

Ⅰ式，螺旋状枚，钟体较为修长。其一，9件，仙人台M6出土。保存基本完好，造型一致，大小有序，是为一组。器表有厚绿锈覆盖，但多数钟都留存有铅白色亮斑，为未锈蚀面，钟面似经镀铅。各钟置螺旋形枚24个，枚布两面，面二区，区3行，行2枚，各枚间亦有长方形界格。最小的第9号钟（M6：18）腔内舞底中心尚存有凸起的圆形垫片。舞平，素面，上置方形环钮，合瓦形腔体，铣棱微弧曲。于口弧曲较大。阴线界格钲篆部，篆部饰窃曲纹，鼓部中心饰一圆圈纹，为正鼓部敲击点的标志。余各部素面。第5（M6：22）、第6（M6：21）号钟除了鼓中之外，右侧鼓部也有一圆圈纹标志，作为侧鼓音的敲击点标志。于口内有窄小内唇，四侧鼓内无音梁。内唇上多有调音磋磨痕一周，主要磋磨部位为两正鼓、两铣角内四处。四侧鼓部也有调音磋磨，很规范，4个最小的钟特别清楚（图十二，6）。其二，山东省博物馆藏。1件，器保存完好，腔壁较薄，铸工粗劣。钟体修长，两铣斜直，平舞，方环形钮，钮下有一小孔。阴线界格枚、钲、篆区，枚布两面，面分左右两区，区3行，行2枚，共计24枚。篆间饰窃曲纹，枚作螺旋乳钉形。一面正鼓部和另一面右侧鼓部饰阴线圆圈纹（图十二，5）。

Ⅱ式，方钮，钟体矮胖。蓬莱柳格庄出土。编钟保存较好，通体绿锈覆盖，制作工艺规范。一组9件，造型相同，大小相次，最大的一件（M6：38）高24.3厘米，最小的一件高14厘米。腔体作合瓦形，舞面微凸，曲于，两铣略弧。阴文框隔枚、篆、钲区，钟体两面纹饰相同，篆部阴刻窃曲纹，螺旋状枚，枚布两面，面分两区，区3行，行2枚，共计24枚，枚间界格消失。正鼓部有一圆圈纹，为正鼓音敲击点的标记。较小的两件正、侧鼓部各刻一圆圈纹（图十二，7）。

Ⅲ式，正鼓饰顾龙纹，篆饰重环纹。9件，沂水纪王崮出土。长方形钮，平舞，曲于，于口内凹明显，铣棱斜直。阴线框界格钲、篆、枚区,钲部占约2/3,螺旋形乳状枚24个。正鼓饰一对相背顾龙纹,由粗阳线间以细阴线铸成,前有长角,后有短角,双喙外卷,无长鼻,无牙,额前有两只阴线双足纹(图十二,8)。

D型,绹索状钮,正鼓装饰凸字框纹饰。据钟体的演变,可划分为早晚三式:

Ⅰ式,绹索状长方形环钮,枚尚未形成。郯城大埠二村出土铜纽钟4件(采集3件,出土1件,原件数不详),形制纹饰基本一致,大小有别。平舞,合瓦形体,铣棱斜直,于口弧曲较大。无枚,但钲、篆、鼓部分界明显,阳文框界栏,鼓部所占面积较大。舞素面,篆饰浮雕蟠虺纹,鼓部凸字形框内填以蟠虺纹,其中1件鼓部正中饰涡纹,通高17.4—13.1厘米(图十三,1)。

Ⅱ式,阴刻绹索状钮,铣棱斜直。9件,长清仙人台M5出土。造型一致,大小有序,是为一组。编钟器表有绿锈覆盖,保存基本完好,仅第5(M5:19)、第7(M5:21)号两钟一铣角微残,少数钟可见微小砂眼。多数钟钟腔两面上部有两个对称的长条形芯撑范孔,内大外小,有透有不透;舞面中心也有1个范孔。舞平,上置环形钮,合瓦形腔体,于口弧曲较大。阴线界格钲篆枚区,乳状枚36个。舞饰钩形云纹;篆饰菱形几何纹,内填以卷云纹;正鼓饰以阴线"凸"形纹,内填以连续的卷云纹和三角纹,正中间一圆圈纹。于口有内唇,四侧鼓内有音梁,音梁外端与内唇相接,里端呈半圆形,渐低平。内唇上多有调音磋磨痕一周,主要磋磨部位为两正鼓、两铣角内四处。第8(M5:22)号钟未作调音磋磨,保留了完整的内唇和音梁原形(图十三,2)。

Ⅲ式,阳线绹索状钮,两栾微鼓。传世邾太宰纽钟1件,长方形环钮,舞平,铣棱微弧,两铣下垂形成尖角,于口弧曲较大。阳文框界格钲篆枚部,枚呈低平同心圆状,钲部明显上缩,甚至略少于

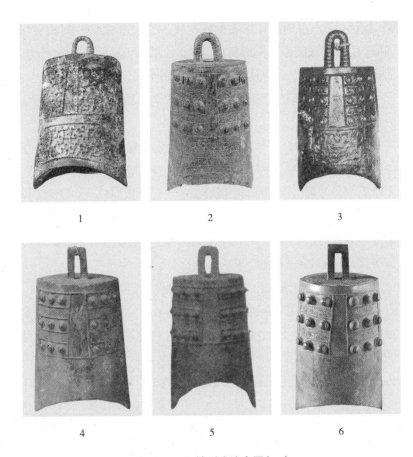

1　　　　　　　　2　　　　　　　　3

4　　　　　　　　5　　　　　　　　6

图十三　纽钟型式演变图（二）

1—3. DⅠ—DⅢ　4—6. EⅠ—EⅡ

1. 郯城大埠二村　春中；　2. 仙人台M5 春中偏晚；　3. 邾太宰钟　春晚；　4. 莒南大店M2 春晚中叶；　5. 莒南大店M1 春晚偏晚；　6. 凤凰岭　春晚偏早

钟面的1/2。篆饰浅浮雕蟠虺纹，正鼓部饰"凸"形纹，边框由虚线的阳线构成，内填以浅浮雕蟠虺纹。铭文34字（又重文2），行款自正面右栾，至钲间，至左栾，至反面右栾，至钲间，终于左栾（图十三，3）。

E型,正鼓部饰带犄角的变形兽面纹。按照正鼓纹饰的变化,可分为前后二式:

Ⅰ式,9件,出土于莒南大店2号墓。保存完好,造型相同,大小依次递减,是为一套。编钟通体褐色,造型浑厚,铸工稍粗糙,腔体修长,铣棱斜直,平舞,曲于。舞置小方形钮。绚索纹阳文框隔枚、篆、钲区,枚作螺旋乳突状,舞和篆间装饰蟠虺纹,正鼓饰带三对犄角的变形兽面纹,双目突出,规整几何形主体纹饰内间以重环纹和麻点纹。在铣部、鼓部和一侧钲间铸有70字铭文。腔体内留有调音槽(图十三,4)。

Ⅱ式,钟体更加修长,正鼓面积加大。出土地点一:临沂凤凰岭。9件成编,编钟保存较好,青铜质,通体绿锈覆盖,制作工艺规范。造型相同,大小相次。腔体作合瓦形,两铣斜直,平舞曲于。于口作弧形上收,舞置长方形扁钮。圆梗式阳文框隔枚、篆、钲区,钟体两面纹饰相同,二层乳突状短枚布两面,面分两区,区3行,行3枚,共计36枚。舞饰蟠螭纹,篆饰两头龙纹,正鼓饰变形兽面纹,整体用平雕粗阳线勾画,并在其内用顺向双阴线双钩而成。顾龙纹头戴花冠,与喙一体的长鼻下折,鼻前长角内卷,龙体极简,和龙首分离。由若干组顾龙纹两两对称而成,为了形成一个规整的方形区域,龙纹空白处填以窃曲纹,方形区域外饰三对六只长犄角。钲间及钲两侧原有铭文,均被锉磨,遗痕依稀可见(图十三,6)。出土地点二:莒南大店1号墓。纽钟9件,形式相同,大小相次,部分残破。长方形钮,舞平,铣棱斜直,于口弧曲上凹。阳文框界格钲、篆、枚区,鼓部面积大,甚至超过钟面的1/2。枚36个,呈二层台柱状,实为罕见。通体纹饰呈浅浮雕状,舞、篆饰蟠螭纹,正鼓部饰带三对犄角的浮雕蟠螭纹,且内填勾连雷纹,钮饰绚纹(图十三,5)。

　　F型，长方形环钮，钲篆枚一体。按钲部所占面积的大小变化等，可以分为前后四式：

　　Ⅰ式，绚索状环钮，纹饰几乎占据整个钟面。出土地点一：沂水刘家店子1号墓。9件，青铜质，出土时多有残裂，但大致完整，已经修复。造型相同，大小相次，是为一套。钮近梯形，合瓦形腔体，弧形口，铣棱斜直；腔面不分隔枚、篆、钲区，除鼓部外，虚线状阳文框内遍饰蟠螭纹，鼓部正中饰涡纹，为击奏点标记。舞部也饰蟠螭纹。两栾和两面正鼓部铸有铭文23字。于口内有调音槽（图十四，1）。出土地点二：青岛市博物馆藏，张少铭捐赠。保存完好，铸工精良。通体黛绿色，有光泽。形制、纹饰和上例基本相同，舞部饰变形龙纹，腔面饰蟠虺纹，鼓部正中有一团龙纹。一面上部正中有陶范芯撑遗孔1个，成长条形。腔内无明显音梁结构，有内唇，唇上作过调音磋磨，磋磨主要位于两正鼓、两铣角处，于口厚度较均匀（图十四，2）。

　　Ⅱ式，长方形绚索状环钮，于口弧曲明显。9件，诸城都吉台出土。大部分保存完整，造型古朴。除第3、4号钟钮部残缺外，其余均完好。通体黛绿色，锈蚀较重。9件编钟造型一致，纹饰相同，大小相次而成序列，是为一套。合瓦形钟体，平舞，铣棱斜直。腔面未设枚篆钲区，阳文框内统饰精细的蟠虺纹，纹饰四周留出素边。钟体两面纹饰相同（图十四，3）。

　　Ⅲ式，半圆形环钮，钲部上缩，鼓部面积加大。其一，7件铜编钟，章丘女郎山出土。大小相次，其中1件严重残破。腔体为合瓦形，铣边有棱，舞平素面。钟体上部略窄，下部稍宽，钟口外侈，向上收成弧形。腔面未设枚篆钲区，钟面均饰有蟠虺纹，鼓部素面（图十四，6）。其二，临淄淄河店2号墓出土。保存完整，青铜质。由于椁室内经火焚烧及塌陷的石块砸压，纽钟多已变形，腔

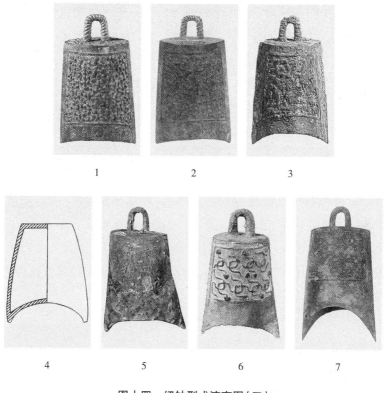

图十四　纽钟型式演变图（三）

1—7.F I—F IV式

1. 刘家店子M1 春中；　2. 青岛市博物馆藏 春中；　3. 诸城都吉台 春晚；　4. 东夏庄M4 战早；　5. 临淄淄河店M2 战早；　6. 女郎山 战早；　7. 阳信西北村 战中

体均扁，且无法复原。合瓦形体，铣棱斜直。平舞，环钮。腔面未设枚篆钲区，钟面饰蟠虺纹。因椁室被盗，纽钟的确切数量不明。所出10件纽钟大小相次，应成编列（图十四，5）。其三，陶制，通体素面。7件，临淄大武镇东夏庄4号墓出土。纽钟长方形扁钮，钟体作合瓦形，舞窄口宽，两侧中腰微弧，弧口内敛，素面无枚（图十四，4）。

　　Ⅳ式，长方形环钮，钲部约占钟面1/2，于口弧曲大，钟体修长。阳信西北村出土，9件纽钟造型一致，大小有序，是为一组。编钟保存情况较差，仅钟A保存完好，其余各钟都有不同程度的残损。其中钟B一铣角及于口大部残去，腔内尚存部分泥芯；钟C于口大部分残缺，两铣均不存，腔内留存大部分泥芯；钟D腔体下部大半残失，尚留一铣，腔内泥芯不存；钟E一铣下部残缺，腔内尚留少量泥芯；钟F残一铣，泥芯基本除去；钟G大致完整，于口略缺，泥芯基本不存；钟H于口两铣残损，余部完整，尚存少许泥芯；钟I残损严重，仅存钟钮及舞部，腔体已成碎片。9器均制作粗劣，腔体极薄，仅为0.2厘米，铸疵也未作修磨。编钟舞平，合瓦形腔体，铣棱清楚，两铣角很长。舞、鼓素面，腔体上部饰头尾交缠的蛇形纹。钟内有窄细三棱状内唇，无调音磋磨痕迹（图十四，7）。

　　G型，梯形钮，正鼓多饰蟠螭纹。依据钮制的长度变化等，可将其分为早晚三式：

　　Ⅰ式，长方形钮，略呈梯形，上饰几何形纹饰。9件，滕州庄里西出土。除了00613和00616号两钟已有破裂之外，余7件均保存完好。9钟造型一致，大小相次。除了00620号钟钮部饰连续方形图案外，余8钟均饰三角雷纹。合瓦形腔体，舞平，铣棱斜直，于口弧曲上凹，有内唇。浇冒口位于于口口沿一侧，留有清楚的铸疵。以绹索纹框隔枚、篆、钲区，螺旋形乳状枚36个。舞饰勾连卷云纹；篆饰蟠螭纹；正鼓饰蝶形蟠螭纹，由四组八只对称单体顾龙纹构成，顾龙纹单体蜷曲，喙前有长鼻（角），下唇向后翻卷。纹饰整体使用密集并行细阳线，且每画都用凸阳线勾勒，并在每画起笔处施用凸起的螺旋纹，使得整个纹饰好像浅浮雕式。钟00612于口内唇上有调音锉磨痕，主要位于两正鼓、四侧鼓处，两铣角未作锉磨；四侧鼓内有低平音梁，自于口向内延伸，端渐尖细。钟00613和00618腔内无音梁。钟00619和00620无明显的调音磋磨痕。其余各钟均有调音磋磨痕和音梁结构（图十五，1）。

Ⅱ式，梯形钮，饰窃曲纹。8件，出土于郯城第二中学战国一号墓。钮钟保存完好，青铜质，未去锈，通体有绿色氧化层覆盖，造型一致，纹饰相同，大小相次。合瓦形体，长腔阔鼓，束舞扩于，于口弧曲上凹，两铣下垂。平舞，绚索状阳文框界格钲篆枚区，钲部两侧枚区各有3行带涡纹的乳钉状短枚，每行3枚。舞、篆均饰蟠螭纹，鼓部饰蝶形蟠螭纹。内腔除了舞底中心有一凹陷外，未见明显的铸孔。各钟均音质良好，内腔均有音梁。音梁较长，楔形，两边起棱。于口有内唇，第6、7、8号三钟的内唇和音梁保存完整，其上未作调音磋磨。其余各钟的音梁和内唇上均有明显的调音磋磨痕。根据音列，可知其4、5号钟间尚缺一钟（图十五，2）。

Ⅲ式，梯形长钮，钟体明器化。其一，山东省博物馆藏（6.481），器保存完好，腔壁较薄，铸工粗劣。钟体大致呈直筒形，两铣斜直，舞、于幅度相近。舞部平齐素面，环形钮高而长，钮下有一长孔。圆梗界栏隔枚、篆区，面积极度狭小，枚布两面，凸起的乳钉现已简化为涡纹图案，面分左右两区，区3行，行3枚，共计36枚。钲间甚宽，上下无界栏，整个钲部约占钟体的1/2，篆带平素，篆间每面各有长方形铸孔2个，但一面未透。正鼓部饰蟠螭纹已锈蚀。钟内腔体平滑（图十五，3）。其二，站马张家村出土钮钟1件。青铜质，钟体较薄，合瓦形，钟口近平。篆部纹饰几乎布满了整个钟面，纹饰呈横条状布局，三行圆涡纹图案式枚与二行变体龙纹相间。钮为方形，铸造后内外边缘部分未进行修磨，钟内腔无任何锉磨调音痕迹。高20.8、铣宽13.1厘米。此钟形

1   2   3   4

图十五　纽钟型式演变图(四)

1—4. G Ⅰ—G Ⅲ

1. 滕州庄里西 春晚；　2. 郯城二中 战早；　3. 山东省博物馆藏 战国；　4. 站马张家 战早

制虽迥异,但考虑到其简化为涡纹图案的枚等因素,亦划入此式(图十五,4)。

H型,长钮,纹饰布满整个钟面。后期两栾渐鼓,分为二式:

Ⅰ式,9件,诸城臧家庄出土。从形制上讲属长腔长钮阔鼓式,钮钟9件均器形完好。青铜质,通体呈黛绿色,造型一致,纹饰相同,是为一套。编钟长条形环钮较为特殊,饰阴线云纹。合瓦形体,平舞,长腔阔鼓,束舞扩于,于口弧曲上凹,两铣下垂。阳线界格钲篆枚区,两侧枚区各有3行饰蟠蛇纹及涡纹的泡形短枚,每行3枚。舞饰无首交龙纹和云纹,篆饰浪花纹,整个鼓面饰无首交龙纹和S形云纹,并皆以细阳线雷纹为地纹。钲部上、左、右三边和钲间饰多种形态云纹。因钲间、鼓部、两栾都布满繁缛的纹饰,铭文被挤到口沿处一条微凸的宽带,自左而右刻有17字铭文:墜蜠立事岁十月己亥籲公孙朝子造器九(也)(图十六,1)。

1　　　　　　　　　　　　2

图十六　纽钟型式演变图（五）

1—2. H I—H II

1.诸城藏家庄 战中；　2.临淄商王村M2 战晚

II式，梯形长钮，鼓栾，已呈现出青铜乐钟衰落期的特征。临淄商王村墓地出土。保存完好，合范铸成。共14件，分甲乙两组，各7件。甲组藏淄博市博物馆，乙组藏齐国故城遗址博物馆。每组大小相次，形制、纹饰相同。乙组1号钟于口微裂。通体绿锈覆盖，但氧化层较薄。铜胎质地较好，铸工精良。合瓦形体，其腹微鼓，铣部内敛，于弧。腔面枚、篆、钲各部界格分明，设半球形枚36个。钮、篆和枚间饰三角云纹和卷云纹，泡状枚上铸旋纹，舞、钲及鼓部饰变体凤鸟纹，羽尾勾卷，突出钟面。凤羽之间填以细线纹、羽状重环纹和圆圈纹，钟腔内壁也有模印的卷云纹和凤鸟纹，纹饰清晰，与钟面纹饰相同，其细微之处甚于秋毫，铸造技艺高超（图十六,2）。

小结：以上我们根据钮的形制、枚的有无、钟面的纹饰等将山东地区的175件纽钟分为八个大的类型，每型下面又根据时代演变规律,划分Ⅰ至Ⅳ个式别不等。再者,全面考察其型和式的纵横关系,我们把从最早的两周之际的海阳上尚都纽钟到战国晚期晚段的商王村M2纽钟,分为六个阶段。第一阶段属于两周之际,AⅠ式,仅1例4件,内圆外方单钮、无枚、钟面饰连体顾龙纹、舞部中心有圆孔。第二阶段属于春秋早中期,分为AⅡ、BⅠ和BⅡ、CⅠ和CⅡ、DⅠ、EⅠ、FⅠ,共10例46件,AⅡ、BⅠ和BⅡ、DⅠ、FⅠ是无枚纽钟,其中AⅡ、BⅠ和BⅡ分隔出钲间,方钮或环钮,钟面饰对称顾龙纹或S形云纹,正鼓或有圆圈;DⅠ分隔出钲、篆和鼓区,绚索钮,浮雕蟠虺纹;FⅠ是钲篆一体,绚索钮,钟面饰浮雕蟠虺纹,正鼓有漩涡或团龙纹;CⅠ和CⅡ是24枚纽钟,方钮,阴线界栏,篆饰窃曲纹,鼓饰圆圈纹,右侧鼓亦有圆圈纹作为第二基音的标志;EⅠ扁方钮,绚索界栏,正鼓饰犄角兽面纹。第三阶段属于春秋中晚期,分为CⅢ、DⅡ、DⅢ、EⅡ、FⅡ和GⅠ,共7例55件,仅FⅡ是无枚纽钟,绚索钮,钟面饰浮雕蟠虺纹;CⅢ是24枚纽钟,阴线界栏、篆饰重环纹、正鼓饰顾龙纹;DⅡ和DⅢ绚索钮,正鼓饰凸字形框,内填几何纹或蟠虺纹;EⅡ方钮,阳线界栏,篆饰两头龙纹,正鼓饰犄角龙纹;GⅠ是方钮,绚索界栏,篆饰浮雕蟠螭纹,正鼓饰浮雕蝶形蟠螭纹。第四阶段属于战国早期,分为FⅢ和GⅡ,共4例36件,FⅢ是明器,青铜无枚、钟面饰蟠虺纹或陶质、素面;GⅡ是梯形钮,钮饰窃曲纹,绚索界栏,篆饰浮雕蟠螭纹,正鼓饰浮雕蝶形兽面纹。第五阶段是战国中期,分为FⅣ、GⅢ和HⅠ,共4例20件,FⅣ是明器,无枚纽钟、环钮、钟面饰浮雕蟠虺纹;GⅢ是明器,长梯形钮或方钮,枚简化成图案;HⅠ长条形钮饰云纹,枚饰蟠蛇和涡纹,篆饰浪花纹、钲间饰云纹、正鼓饰交龙纹和云雷纹。第六阶段是战国晚期,仅商王村2号墓1例14件,长梯形钮饰云纹,鼓栾,半圆形枚饰旋纹,篆、钲间、正鼓饰变体凤鸟纹。

下面我们再来看看尺寸(厘米)的演变规律(附表三)。
AⅠ→AⅡ,钮高:(5—3)→(3.3/2.5),通高:(25.5—14.5)→
(21.7—18.9),鼓厚:(0.4—0.3/0.93—0.4)→(0.35/0.7),重量:
(2—0.93)→1.6,钮高/体高:(0.24—0.26)→(0.18/0.15),体高/
铣间:(1.24—1.39)→(1.39/1.36),铣间/舞修:(1.26—1.17)→
(1.22/1.23),演变趋势是:钟钮缩短,钟体更加修长。BⅠ→BⅡ,
钮高:3.3→3.2,鼓厚:0.5→(0.3—0.5),重量:1.1→0.9,铣
间/舞修:1.21→1.18,钲高/体高:2/3→1/2,变化趋势是:钮
高缩短,重量减轻,鼓壁变薄,侈度变小,正鼓所占面积加大。
CⅠ→CⅡ,钮高:(5.4—2.9/3)→(4.3—2.4),体高:(24.2—
13.6/16.3)→24.3/13.4,鼓厚:(0.3—0.6/0.4—0.8/0.5)→(0.6/0.4),
重量:0.92→(3—0.5),钮高/体高:(0.29—0.27/0.23)→0.22,体
高/铣间:(1.37—1.32/1.45)→(1.32—1.31),铣间/舞修:(1.27—
1.29/1.26)→(1.18—1.15),总体变化趋势是:钮高缩短,体高相
对不变,钮高所占比例减小,钟体更加矮胖,侈度变小,正鼓面积
相对不变。EⅠ→EⅡ,钮高:(4.8—2.7)→(3.9—3.3/4.1—2.8),
通高:(26.7—13.8)→(24.6—13.1),鼓厚:(0.7—1)→(0.5—
0.3),重量:(3—0.84)→(1.9—0.6),钮高/体高:(0.22—0.24)→
(0.19—0.34),体高/铣间:(1.34—1.39)→(1.49—1.34),铣间/舞
修:(1.24—1.27)→(1.21—1.16/1.26—1.16),总体变化趋势:钮
高所占比例加大,钟壁变薄,重量减轻,钟体更加修长,侈度变小,
正鼓面积相对不变。FⅠ→FⅡ→FⅢ→FⅣ,钮高:(4.2—2.8/
3.8)→(3.5—2.5)→(5.7—2.5)→(5.1—3),体高:(21.4—12.4/
20.8)→(21—12)→(27.6—12.8)→(28.3—18.3),鼓厚:((0.5—
0.7/0.7—1)→(0.7—0.8/1.1—1)→0.2→0.2,重量:1.5→(1.8—
0.6)→(2.4—0.6),钮高/体高:(0.24—0.29/0.22)→(0.2—0.26)→

（0.26—0.24），体高/铣间：（1.16—1.26/1.32）→（1.3—1.27）→（1.2—1.29）→（1.45—1.31），铣间/舞修：（1.41—1.19/1.24）→（1.29—1.25）→（1.37—1.33）→（1.22—1.27），钲高/体高：3/4→3/4→2/3→1/2，总体变化趋势：钟钮增高，体高增加，钮高所占比例相对不变，钟壁变薄，钟体更加修长，正鼓所占面积加大。GⅠ→GⅡ，钮高：（5.2—3.5）→（5—3.4），通高：（25.1—14.4）→（22.3—14），重量：（2.1—0.6）→（2.2—0.6），钮高/体高：（0.26—0.32）→（0.29—0.32），体高/铣间：（1.26—1.31）→（1.24—1.18），铣间/舞修：（1.19—1.14）→（1.32—1.27），钲高/体高：大1/2→约1/2，总体变化趋势是：钟体更加矮胖，侈度加大，正鼓所占面积加大。HⅠ→HⅡ，钮高：（10.5—6）→（8.1—3.9），通高：（38—16）→（27.3—11.4），鼓厚：（1—0.9/0.6—0.7）→（0.4/0.5—0.7），重量：（8.3—0.4）→（3.3—0.5），钮高/体高：（0.38—0.6）→（0.42—0.52），体高/铣间：（1.28—1.11）→（1.2—1.1），铣间/舞修：（1.23—1.29）→（1.22—1.21），总体变化趋势是：钮高和体高都减小，钟壁变薄，重量减轻，钟体整体矮胖，正鼓面积相对不变。由此可见，A、E、F型都是呈现钟体更加修长的演变趋势，B、G和H型钟体则更加矮胖，正鼓所占面积都是增大的。

第四节　分　期

本章第一、二、三节，我们分别对山东地区两周时期的甬钟、镈钟和纽钟作了详细的类型学讨论，其中甬钟分为八型五个阶段，镈钟分为七型五个阶段，纽钟分为八型六个阶段。本节结合已有的分期，综合甬钟、镈钟和纽钟在本地区整体的发展脉络，将两周乐钟分为滥觞期、发展繁荣期和衰落期三个大的时期，具体见下表（表一）：

表一

分期	年代	阶段	甬钟 A	甬钟 B	甬钟 C	甬钟 D	甬钟 E	甬钟 F	甬钟 G	甬钟 H	镈钟 A	镈钟 B	镈钟 C	镈钟 D	镈钟 E	镈钟 F	镈钟 G	纽钟 A	纽钟 B	纽钟 C	纽钟 D	纽钟 E	纽钟 F	纽钟 G	纽钟 H
一期	西周中晚期	温酿期	I	I	I	I		I																	
二期	两周之际	温酿期	II		II						I							I							
三期	春秋早中期	发展繁荣期	III				I / II	II / III			II	I	I	I				II	I / II / III	I / II / III	I		I		
四期	春秋晚期	发展繁荣期				II	III	IV	I	I		II	II	II	I	I					II	I / II	II / III	I	
五期	战国早期	衰落期							I	II						II	I / II					III	III	II	
六期	战国中期	衰落期													II		III				III		IV	III	I
七期	战国晚期	衰落期																							II

西周中期至春秋早期早段为滥觞期，包含甬钟的第一、二阶段，镈钟的第一阶段和纽钟的第一阶段。本期的特征是三类乐钟都处于较为原始的形态，如和平村甬钟的甬中空与体腔相同、绹索斡、乳钉纹界栏、钲间有族徽；河崖头镈钟舞部中间有圆孔、尚未分隔出钲间；上尚都纽钟钮制外方内圆、舞部中间有圆孔、鼓部占据面积小，等等。

春秋时期为发展繁荣期，包含甬钟的第三、四阶段，镈钟的第二、三阶段和纽钟的第二、三阶段。本期的时间跨度较大，青铜乐钟无论是种类、形制还是纹饰都经历了一个持续发展的过程。其中，甬钟甬部上下封衡，多呈上细下粗的锥形，但形制多样；有旋有斡，旋多饰四乳钉，斡多方形；正鼓面积加大，饰顾龙纹、犄角兽面纹、大牙兽面、蟠螭纹或素面无纹；晚期铭文发达。镈钟钮制分为单钮和繁钮两种，前者有方形、桥形，后者有凤鸟形、蟠螭形、双龙对峙形、双龙吞蛇形；枚制多样，饰涡纹、螺旋纹、同心圆、盘龙纹或呈二层台柱状等；正鼓面积加大，装饰顾龙纹、蟠螭纹、犄角兽面、大牙兽面或素面；晚期出现铭文和音梁结构。纽钟钮制分为长方形和绹索形两种；钟体分为无枚、24枚、36枚三种；正鼓面积加大，装饰圆圈纹、团龙纹、顾龙纹、凸字形纹、犄角兽面纹、蝶形兽面纹六种；中晚期铸刻铭文。

战国时期为衰落期（临朐扬善公社属于春秋晚期，未见实物及正式报道，据其乐钟明器化等特征也划入此期[1]），包含甬钟的第五阶段，镈钟第四、五阶段和纽钟的第三、四、五阶段。本期的时间跨度也较大，陶质乐钟开始出现，青铜乐钟的明器化是本期显著的特征之一。甬钟和镈钟基本上走向衰落，明器甬钟甬部加长，呈

---

[1] 齐文涛：《概述近年来山东出土的商周青铜器》，《文物》1972年5期。

多棱形、圆柱形或圆角方柱形，斡呈鸟形或兽首形，钟体素面或浮雕蟠螭纹；明器镈钟或是双龙对峙繁钮、36枚、钟体素面或浮雕蟠螭纹，或是环钮、无枚、钟面浮雕蟠虺纹，其中实用器诸城臧家庄公孙朝子编镈造型精美，纹饰遍布钟体且于口铸刻铭文。不能演奏的明器纽钟出现频繁，盛行环钮、无枚、钟体素面或浮雕蟠虺纹或枚简化成涡形图案的形制，但是实用纽钟如郯城二中、臧家庄和商王村，形制纹饰还在进一步发展，钮呈梯形或长条形且饰有窃曲纹、云纹等，枚亦饰涡纹、蟠蛇纹等，前者正鼓装饰蝶形兽面，后两者纹饰遍布整个钟面甚至内壁。其中，郯城二中纽钟于口内腔出现块状音源（楔形音脊），臧家庄纽钟于口铸刻铭文一周。

第二章　乐钟的铭辞研究

两周时期，与青铜礼器相比，乐钟的铭文相对复杂，不但铭无定位，铭文的起讫与不同部位间的衔接常不易弄清。其全铭组合关系也很复杂，有单钟全铭，有合二钟、三钟、四钟甚至十六钟而全铭。这些现象看似复杂，但在一定时间、地域范围内，又存在某些规律[1]。目前为止，编钟铭文排列组合形式等内容的研究成就最为突出的，一是80年代，王世民依据《殷周金文集成》中系统整理的320余件钟镈铭文资料，讨论西周暨春秋战国时代编钟（编镈）铭文的排列形式与演变规律，促进了周钟音乐史和断代的研究[2]。二是2002和2003年，陈双新先后发表论著，对单件钟和编钟的铭文排列形式按西周和东周两个时期进行了考察，得出了西周时期编钟的全铭组合关系和排列形式都有几种主要的模式，春秋以后编钟在不同地区各有不同的特点，这正与两周时期社会文化背景的不同有关的结论[3]。此外，对山东地区出土单组编钟铭文进行考证的有黄盛璋所写《山东出土莒之铜器及其相关问

---

[1] 陈双新：《青铜乐器铭文的排列形式及其时代意义初探》，《古代文明》第2卷，第198页，文物出版社，2003年。

[2] 王世民：《西周暨春秋战国时代编钟铭文的排列形式》，《中国考古学研究》，第106—120页，科学出版社，1986年。

[3] 陈双新：《两周青铜乐器铭辞研究》，河北大学出版社，2002年；陈双新：《青铜乐器铭文的排列形式及其时代意义初探》，《古代文明》第2卷，第198—212页，文物出版社，2003年。

题综考》[1]和温增源所写《诸城公孙朝子编钟及其相关问题》[2]二文。结合以上几篇著作，本章就山东地区相关有铭乐钟的时代和地区特征进行探讨。

山东地区，我们统计的有铭乐钟：西周晚期的2例，分别是己侯钟、鲁原钟；春秋中晚期的14例，分别是鬲镈、齐鞄氏钟、邾公孙班镈、邾公轻钟、邾公华钟、邾公钝钟、邾叔之伯钟（纽钟）、邾太宰钟（纽钟）、邾君钟（纽钟）、莒南大店M2纽钟（游钟）、刘家店子M1纽钟（陈大丧史钟）和甲组甬钟（钲间铭文被饯去）、临沂凤凰岭纽钟（铭文被饯去）、滕州庄里西镈钟；战国时期的仅2例，即诸城臧家庄纽钟、镈钟。下面就乐钟铭文的排列形式、全铭组合关系、铭文内容、铭文字体展开讨论。

第一节　铭文排列形式

就青铜乐钟来说，钟铭基本上不外乎位于钲间、左右鼓、左右栾、于口等部位，但是具体的组合方式还是有一定差别的。山东地区，我们分为六种：

1. 钲间

铭文集中于钲间，这是比较早期的一种排列形式。滥觞期的鲁原钟，钲间载有铭文"鲁原作穌钟用享孝"[3]（图十七，1）。春秋中期，刘家店子M1甲组甬钟，12件，钲间原有连读铭，已被饯去[4]。

---

[1]　黄盛璋：《山东出土莒之铜器及其相关问题综考》，《华夏考古》1992年4期。

[2]　温增源：《诸城公孙朝子编钟及其相关问题》，《齐鲁艺苑》1992年1期。

[3]　中国社会科学院考古研究所：《殷周金文集成释文》一，图一八，中华书局，1984年。

[4]　周昌富、温增源：《中国音乐文物大系·山东卷》，第70页，大象出版社，2001年。

1　　　　　　　　　　　　　2

图十七　山东地区两周乐钟铭文（一）

1.鲁原钟；　2.己侯钟

2. 左鼓

仅在左鼓的乐钟铭文字数一般较少，铭文较短。滥觞期的己侯钟，铭文位于左侧鼓，"己侯ㅏ虎宝钟"[1]（图十七，2）。

3. 于口

此式包括两例：一是春秋中期刘家店子1号墓纽钟9件，载铭："陈大丧史仲高作铃钟用祈眉寿无疆子子孙孙永宝用之"。铭自正面右栾，至于口，至左栾，再至反面右栾，终于反面于口（图十八，1）。二是战国中期诸城臧家庄陪葬坑编镈7件和编纽钟9件。镈钟于口自左向右，载铭："墜蚼立事岁十月己亥鄝公孙朝子造器"；纽钟2、3、4、5号于口自左向右双行，1、6、7、8、9号单行，8、9号正面于口至反面于口，载铭："墜蚼立事岁十月己亥鄝公孙朝

---

[1] 中国社会科学院考古研究所：《殷周金文集成释文》一，图一四，中华书局，1984年。

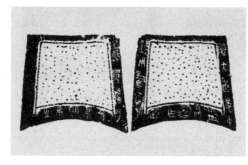

1　　　　　　　　　　　　　　　2

图十八　山东地区两周乐钟铭文（二）

1. 刘家店子M1；　2. 诸城臧家庄

子造器九（也[1]）"（图十八，2）。此种排列形式的出现，是因为前者的钲间和后者的钲间、鼓部、两枚都布满繁缛的纹饰，铭文被挤到这一狭窄的走廊上[2]。

4. 钲间＋两枚＋两鼓

这种排列形式在山东地区最多，读法一般是：右枚＋右鼓＋钲间＋左鼓＋左枚，也有左枚位于左鼓之前的。共7例，全是春秋晚期时器，且有5例属于邾或小邾国器，因此这种排列形式具有断代意义和地区特色。其中，莒南大店M2纽钟9件、䣝

---

[1] 黄盛璋：《山东出土莒之铜器及其相关问题综考》，《华夏考古》1992年4期。

[2] 陈双新：《青铜乐器铭文的排列形式及其时代意义初探》，《古代文明》第2卷，第203页，文物出版社，2003年。

1　　　　　　　　　　　　2

图十九　　山东地区两周乐钟铭文（三）

1. 邾公华钟；　2. 邾叔之伯钟

镈、邾公孙班镈、邾公华钟（图十九，1）和邾公鈺钟采用的"右栾+右鼓+钲间+左鼓+左栾"的读法，邾公轻钟和邾叔之伯钟（图十九，2）采用的是"右栾+右鼓+钲间+左栾+左鼓"的读法。

5. 钲间+两栾

读法一般为：右栾+钲间+左栾，有2例，分别是临沂凤凰岭纽钟9件和滕州庄里西镈钟4件。前者铭文被戗去，后者自大至小4件连续铭"唯正孟岁十月庚午日吉朕皇祖悼公严龚天命哀命鳏寡用 肇谨祦王命祀朕文考懿叔亦师刑法则祦公正德卑作司马于滕还义非敢貅（貅？貅？）僆（伦？）楙作宗覡用享于皇祖文考用祈吉休酖楙子子孙孙万年永宝"[1]。（图二十，1）

---

[1]　周昌富、温增源：《中国音乐文物大系·山东卷》，第46—49页，大象出版社，2001年。

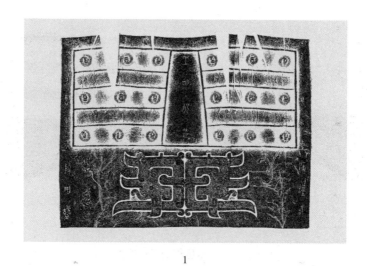

1

图二十　山东地区两周乐钟铭文（四）

1. 滕州庄里西镈钟00609

6. 正反：钲间＋两鼓或两枚

此种排列形式，发现两例，一例是齐鲍氏钟，读法：正面钲间＋右鼓＋反面左鼓＋钲间＋右鼓＋正面左鼓，载铭："唯正月初吉丁亥，齐鲍氏孙□择其吉金自作龢钟卑鸣攸好用享以孝于佁皇祖文考用宴，用喜用乐嘉宾及我倗友子子孙孙永保鼓之"[1]（图二十一，1）。一例是郳太宰纽钟，读法是：正面右枚＋钲间＋左枚＋反面右枚＋钲间＋左枚，载铭："🐉太宰徥子懿自作其御钟□□吉金元吕懿用介眉寿多福万年无疆子子孙孙永宝用享"[2]（图二十一，2）。

通过上面的分析可以得知，滥觞期的鲁原钟和己侯钟，一个

---

[1]　中国社会科学院考古研究所：《殷周金文集成释文》一，图一四二，中华书局，1984年。

[2]　中国社会科学院考古研究所：《殷周金文集成释文》一，图八六，中华书局，1984年。

1　　　　　　　　　　　　　2

3　　　　　　　　　　　　　4

图二十一　　山东地区两周乐钟铭文（五）

1—2. 齐鞄氏钟正反面　；3—4. 邾太宰钟正反面

铭文在钲间，一个在左鼓，是典型的西周编钟铭文的排列形式。发展繁荣期的14例有铭编钟中，钲间＋两栾＋两鼓的7例，正反：钲间＋两鼓或两栾的2例，钲间＋两栾的2例，正反：两栾＋于口的1例，钲间的1例，排列形式比较多样，根据铭文字数的多少采取了比较灵活的排列方式。其中钲间＋两栾＋两鼓的排列形式共7例，比例达到本期总数的1/2，且邾或小邾国器就占了5例，具

有鲜明的时代和地区特征。凤凰岭纽钟和刘家店子1号墓甲组
甬钟，铭文有被戗去的痕迹，亦较为特殊。衰落期的有铭乐钟只
发现诸城臧家庄1处，因为纹饰繁缛等原因，铭文被挤到于口一
狭窄地带上，且乐钟本身与莒国有密切的关系。

第二节　全铭组合方式

　　两周青铜礼器中，一篇铭文分载多器的现象比较少见，但在青
铜编钟上却较为普遍。这一方面是因为乐钟的形制特点使得载铭
的部位有限，长篇铭文难以容于较小的编钟上，因此常有一套编钟
前几件各自全铭、后几件合为全铭的现象；另一方面作为乐器，为
了保证发音准确和谐，乐钟的形制和编列相对比较固定，这也就为
铭文的分载提供了很大的便利[1]。

　　1. 单件全铭的编钟

　　刘家店子1号墓、莒南大店2号墓和诸城臧家庄陪葬坑皆属
于此类。春秋中期刘家店子M1，出土纽钟9件，铭文23字（重文
2），每件正反连读全铭，"陈大丧史仲高作铃钟，用祈眉寿无疆，子
子孙孙永宝用之"[2]。春秋晚期莒南大店M2，出土纽钟9件，每件
正面都为全铭，铭文64字（重文4），"唯正月初吉庚午莒叔之仲子
平自作铸其游钟玄镠鏀鑪乃为之音央央雠雠聒于喂东仲平善弶
敊考铸其游钟以添大酉圣智龏痕其受以眉寿万年无諆子子孙孙
永保用之"[3]。战国中期，诸城臧家庄陪葬坑，出土镈钟7件、纽钟

---

[1]　陈双新：《青铜乐器铭文的排列形式及其时代意义初探》，《古代文明》第2卷，第
　　204页，文物出版社，2003年。
[2]　罗勋章：《山东沂水刘家店子春秋墓发掘简报》，《文物》1984年9期。
[3]　山东省博物馆等：《莒南大店春秋时期殉人墓》，《考古学报》1978年3期。

9件。镈钟于口自左向右载铭16字，单件全铭，"塦蚻立事岁十月
己亥𥂕公孙朝子造器"；纽钟载铭17字，"塦蚻立事岁十月己亥𥂕
公孙朝子造器九（也）"，读法是于口自左向右，其中2、3、4、5号钟
正面双行，1、6、7钟正面单行，8、9号钟正面至反面单行，全为单件
全铭[1]。

2.4件合铭的编钟

只有一例，春秋晚期滕州庄里西镈钟，即4件钟的铭文合
为一篇长铭。从首钟到第4号钟的正面右栾+钲间+左栾，铭
文依次连读，"唯正孟岁十月庚午曰吉朕皇祖悼公严龚天命哀
命鰥寡用𠂤肇谨袚王命祀朕文考懿叔亦师刑法则袚公正德卑
作司马于滕还义非敢𢦏（戜？豵？）𠈌（伦？）栐作宗𫑡用享
于皇祖文考用祈吉休龢栐子子孙孙万年永宝"，共计82字（重
文2）。

3.现存3件的失群钟

春秋晚期郳宣公时器郳公轻钟，著录4件，现存3件，故
宫博物院藏1件，另2件在上海博物馆和南京博物院。全组
件数不详，所存3件皆是单件全铭，其中上博所藏载铭57字，
"佳（唯）王正月初吉辰才（在）乙亥𪉩（郳）公轻□𢀰（择厥）
吉金幺（玄）鏐肤吕（□铝）自乍（作）龢锺（钟）曰余毕□威
（𦣻畏）忌□辝（铸台、以）龢锺（钟）二𨔲（堵）台（以）乐其身
台匽（以宴）大夫台喜者（以饎诸）士至于□（万）年分器是寺
（持）"[2]。

---

[1] 任日新：《山东诸城臧家庄与葛布口村战国墓》，《文物》1987年12期。

[2] 中国社会科学院考古研究所：《殷周金文集成释文》一，图一四九至一五二，中华
书局，1984年。

　　4. 现存单件的失群钟

　　这在我们统计的有铭乐钟中是最多的，有己侯钟、鲁原钟、黏镈、齐鞄氏钟、邾公孙班镈、邾公华钟、邾公鈱钟、邾叔之伯钟、邾太宰钟、邾君钟，共10例，每件都为全铭。

　　因为统计的数据中，失群钟较多，我们无法进行全面的归纳。就以上分析看，山东地区，单件全铭的乐钟数量较多，4件合铭的仅有滕州庄里西1例，且不是因为铭文太长无法容纳于单件钟，而是刻意为之[1]。

第三节　铭文内容

　　青铜乐钟是用来演奏的，但是山东地区，我们选取的18例有铭乐钟中，无一例是关乎乐律的，而是与两周时期的青铜礼器一样，记载着统治阶级诸如祭祀、宴乐等内容。其原因可能正如《礼记·乐记》中所说，"是故先王之制礼作乐也，非以极口腹耳目之欲也，将以教民平好恶而反人道之正也"[2]，乐器铸铭的侧重点不在乐，而是记载他们的业绩和荣耀使其能光耀祖先明著于后世，显示拥器者的身份和地位。下面，我们从四个方面阐述山东地区两周乐钟铭文的内容。需要说明的是，一些长篇铭文涉及的内容可能较多，我们仅按其主要叙事内容进行划分[3]。

　　1. 追孝祈福

　　周代上层贵族非常重视祭祀祖先，不少铜器铭文都是夸耀和吹嘘祖先业绩、美德，以此申行孝道，即《礼汇·祭统》所载，"铭者

---

[1] 周昌富、温增源：《中国音乐文物大系·山东卷》，第46—49页，大象出版社，2001年。

[2] 清·阮元校刻：《十三经注疏》，第1527—1528页，中华书局，1980年。

[3] 陈双新：《两周青铜乐器铭辞研究》，第100—101页，河北大学出版社，2002年。

论撰其先祖之有德善、功烈、勋劳、庆赏、声名,列于天下而酌之祭器,自成其名焉以祀其先祖也。显扬先祖,所以崇孝也"[1]。因此山东地区的两周乐钟和礼器一样,也有不少这类追孝祈福的内容,其目的是要保持其世家的尊荣地位,永世享受其特权[2]。举例如下:

春秋中期,刘家店子M1组钟9件,载铭23字(重文2),"陈大丧史仲高作铃钟用祈眉寿无疆子子孙孙永宝用之"。大意是:陈大丧史仲高铸造这套铃钟,用来祈求眉寿福禄,子孙永享。(图二十二,1)

春秋晚期,滕州庄里西编镈4件,载铭82字(重文2),"唯正孟岁十月庚午曰吉朕皇祖悼公严龚天命哀命鰥寡用𩁹肇谨祧王命祀朕文考懿叔亦师刑法则祧公正德卑作司马于滕还义非敢𢼸(叙? 豫?) 𠈌(伦?)朹作宗𫖮用享于皇祖文考用祈吉休𢼸朹子子孙孙万年永宝"。大意是:𢼸朹用这套镈钟追孝皇祖文考,祈求多福,子孙永享。

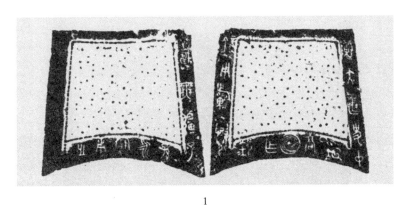

1

图二十二　山东地区两周乐钟铭文(六)

1.陈大丧史钟

[1] 清·阮元校刻:《十三经注疏》,第1606页,中华书局,1980年。

[2] 陈双新:《两周青铜乐器铭辞研究》,第113页,河北大学出版社,2002年。

春秋晚期，鎛，172字（重文2，合文1），载铭："唯王五月初吉丁亥齐辟鲍叔之孙述中之子鎛乍中姜宝鎛用祈厌氏永命万年鎛保其身用享用孝于皇祖圣叔皇妣圣姜于皇祖又成惠叔皇妣又成惠姜皇考述中皇母用祈寿老毋死保吾兄弟用求考命弥生肃肃义政保吾子性鲍叔有成劳于齐邦厌氏锡之邑二百又九十九邑与  之民人都鄙厌氏从告之曰世万至于予孙子勿或渝改鲍子鎛曰余弥心畏忌余四事是以余为大功庀大史大徒大宰是以可使子子孙永保用享。"铭文大意是：春秋齐国鲍叔之孙鎛作器，记鎛的祖先鲍叔有功于齐国，桓公赐他采邑的史实。

春秋晚期，郑公孙班鎛，铭文45字（重文2），"唯王正月辰在丁亥郑公孙班择其吉金为其穌钟用喜于其皇祖其万年眉寿□□是□灵命无期子子孙孙永保用之"。大意是：郑公孙班作此鎛，追孝皇祖，祈求眉寿福禄（图二十三，1）。

1

图二十三　山东地区两周乐钟铭文（七）

1.郑公孙班鎛

春秋晚期，郳叔之伯钟，铭文34字（重文2），"唯王六初吉壬午〔圖〕叔之伯□□择厥吉金用□其龢钟以作其皇祖皇考□用祈眉寿无疆子子孙孙永宝用享"。大意是：郳叔之伯铸此纽钟，用来追孝先祖，祈求眉寿，子孙永宝。

春秋晚期，郳太宰钟，铭文34字（重文2），"〔圖〕太宰徻子懿自作其御钟□□吉金元吕懿用介眉寿多福万年无疆子子孙孙永宝用享"。大意是：郳太宰从子懿作此纽钟，祈求多福，子孙永享。

2. 宴乐

此类钟铭明言"以乐大夫，以宴庶士"等，而非仅仅歌功颂德，见于莒南大店M2纽钟、齐鎛氏钟、郳公镈钟、郳公华钟、郳公鈺钟。

春秋晚期，莒南大店M2纽钟9件，铭文64字（重文4），"唯正月初吉庚午莒叔之仲子平自作铸其游钟玄镠鏅鑪乃为之音央央䧹䧹瑎于喝东仲平善弢叔考铸其游钟以涂大酉圣智龚娘其受以眉寿万年无諆子子孙孙永保用之"。大意是：莒仲子平铸此套纽钟，用以宴乐祈福，子孙永保。该钟自名"游钟"，据黄盛璋考证，"游钟之名，此铭初见，按寿县蔡侯墓出土有'蔡侯陈之行钟'，游钟应等于行钟，随县曾侯乙墓出土钟64件，悬钟之架也都保存，此架记有各种律之位置，但悬钟之插是活动的，可以相互变更移动，如此各钟可以移动配成各种不同的音律，所谓行钟、游钟就是指此……所谓游钟、行钟皆指其可以移动，但和行器、旅彝可以旅外随行，尚略有些不同。只是皆指非专固定于一处，可作搬移之用"[1]。（图二十四，1）

春秋晚期，齐鎛氏钟，载铭52字（重文2），"唯正月初吉丁亥齐鲍氏孙□择其吉金自作龢钟卑鸣攸好用享以孝于怡皇祖文考用

---

[1]　黄盛璋：《山东出土莒之铜器及其相关问题综考》，《华夏考古》1992年4期。

1

图二十四　山东地区两周乐钟铭文（八）

1. 莒仲子平游钟

宴，用喜用乐嘉宾及我倗友子子孙孙永保鼓之"。大意是：齐鲍氏孙铸此钟，追孝祖先的同时，宴乐我嘉宾及朋友，子孙永宝。

　　春秋晚期，邾公牼钟，上博所藏载铭57字，"隹（唯）王正月初吉辰才（在）乙亥黿（邾）公牼□乒（择厥）吉金幺（玄）镠肤吕（□铝）自乍（作）龢锺（钟）曰余毕□威（龏畏）忌□辝（铸台、以）龢锺（钟）二锗（堵）台（以）乐其身台匽（以宴）大夫台喜者（以饎诸）士至于□（万）年分器是寺（持）"。大意是：邾公牼作龢钟二堵，用以自乐及宴喜大夫诸士。"毕龏威忌"，从配儿句镯来看，即慎恖畏忌也。"分器"即铭分所当有之器。"寺"，持，意储存[1]。

　　春秋晚期，邾公华钟，铭文91字（又重文2），载："唯王正月初吉乙亥邾公华择厥吉金玄镠赤鎛用铸厥龢钟以作其皇祖皇考曰余

[1]　陈双新：《两周青铜乐器铭辞研究》，第149页，河北大学出版社，2002年。

1

图二十五　山东地区两周乐钟铭文(九)

1.邾公华钟

毕龚(女弋)弋忌惄穆不乂于厥身铸其龢钟以恤其祭祀盟祀以乐大夫以宴士庶子育(慎)为之胁元器其旧哉公眉寿邾邦是保其万年无疆子子孙孙永宝用享。"大意是：邾公华作这套龢钟,是为了祭祀宴享,并传给子孙。(图二十五,1)

春秋晚期,邾公铊钟,载铭36字,"陆融之孙邾公厥龢钟用敬蛆盟祀祈年眉寿用乐我嘉宾及我正卿扬君灵君以万年"。大意是：邾公厥铸此龢钟,以乐我嘉宾及我正卿。

3.省简的铭文

商周时期,铸铭程序比较复杂,需要经过刻字、制模、翻范、浇铸等多种工序,加上青铜器本身可以载铭的空间有限,因而铭文一般都很简短。但是,乐器的铭文有所不同,以上所举龢镈载铭172字、邾公华钟载铭91字,等等。这种现象的出现一是"青铜乐器在两周统治阶级使用等级的限制比礼器更为严格……而一旦获赏或允许作器,便记事铭功、称扬先祖功烈、祈求长福、寄托希望、企盼子孙永宝,借此显示自己的荣耀和地位,以求光宗耀祖、荫泽后世……"[1],二是"编钟自西周中期以后都是一肆多件,多肆同悬,各钟前后位置固定,十分便于数器合铭"[2]。尽管如此,还是有一些乐钟铭文只有几个或十几个字,甚为简略。山东地区,发现3例,叙述如下:

西周晚期,己侯钟,左侧鼓载铭"己侯卜虎作宝钟",只有6字。(图二十六,2)

西周晚期,鲁原钟,钲间载铭"鲁原作穌钟用享孝",只有8字。

战国中期,诸城臧家庄,镈钟7件,于口载铭"塦蜎立事岁十月己亥籬公孙朝子造器",共计16字。纽钟9件,于口载铭"塦蜎立事岁十月己亥籬公孙朝子造器九(也)",共计17字。

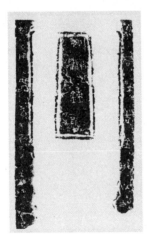

1　　　　　　　　　　　2

图二十六　山东地区两周乐钟铭文(十)

1. 郱君钟;　2. 己侯钟

[1]　陈双新:《两周青铜乐器铭辞研究》,第156页,河北大学出版社,2002年。

[2]　陈双新:《两周青铜乐器铭辞研究》,第156页,河北大学出版社,2002年。

4. 铭文内容存疑的编钟

因为文字难以辨识或者多器合铭但编钟有缺失，所以铭文内容不甚清楚。仅见1例，春秋晚期，郳君纽钟，载铭："〇君求吉金用自作其龢钟□铃用处大正□□。"(图二十六，1)

第四节　铭文字体

山东地区的有铭乐钟，西周时期我们仅列举2例，即己侯钟和鲁原钟，前者字体大小不一，后者字体比较规整。郭沫若认为，东周时期青铜器铭文的"书史之性质变而为文饰，如钟镈之铭多韵语，以规整之款式镂刻于器表，其字体亦多作波磔而有意求工……凡此均于审美意识之下所施之文饰也，其效用与花纹同"[1]。具体到某一地区，胡小石认为，"书体同于周者，鲁、郑、姬姓诸国而已……异姓诸国之书体，与周之温厚而行笔短者迥别"，其中又可分为两派，即"北方以齐为中心，南方以楚为中心；二派同出于殷而异流者也……齐书整齐又静严，楚书流丽而奇诡不可复识"[2]。

本文所举各例，铭文有"周之温厚而行笔短"，如鲁原钟(图二十七，1)；有"齐书整齐又静严"，如齐鞄镈(图二十七，2)、齐罍氏钟；有"字体多作波磔而有意求工"，如郳公华钟(图二十七，3)、郳公孙班镈；亦有字体相对随意者，如陈大丧史钟、庄里西镈钟、郳叔之伯钟、郳太宰钟(图二十七，4)等，样式繁多，无绝对统一的定式。

[1]　郭沫若：《周代彝铭进化观》，《青铜时代》，第240页，中国人民大学出版社，2005年。
[2]　胡小石：《古文变迁论》，《胡小石论文集》，第169—171页，上海古籍出版社，1982年。

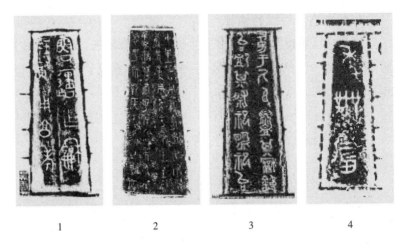

图二十七　山东地区两周乐钟铭文（十一）
1. 鲁原钟；　2. 齹镈；　3. 邿公华钟；　4. 邿太宰钟

　　小结：以上从山东地区两周有铭乐钟的铭文位置、铭文组合关系、铭文内容等几个方面阐述了其时代变化的特点和区域特色（附表四）。滥觞期的甬钟，铭文简略，位于钲间（鲁原钟）或左鼓（己侯钟），字体温厚规整，是中原地区西周乐钟铭文的常见形式。发展繁荣期的有铭乐钟，包括镈钟、甬钟和纽钟三类。铭文的排列形式比较多样，有于口（陈大丧史钟）、钲间＋两栾＋两鼓（游钟、齹镈、邿国各器）、钲间＋两栾（凤凰岭纽钟、庄里西镈钟）、正反：钲间＋两鼓或两栾（齐鼁氏钟、邿太宰钟）几种形式。全国范围内，钲间＋两栾＋两鼓这种排列形式，西周仅1例，余9例均是春秋时期，其中山东地区就占了7例，均属于春秋晚期，且5例来自鲁南地区的邿或小邾国，可见具有鲜明的时代和地区特色。这一时期的全铭组合方式有单件全铭（刘家店子M1纽钟、莒南大店M2纽钟）、4件合铭（庄里西），另有11例失群钟；铭文内容以追孝祈福（陈大丧史钟、庄里西镈钟、齹镈、邿叔之伯钟、邿太宰钟）和宴乐（游钟、齐鎛氏钟、邾公轻钟、邾公华钟、邾公钝钟）为主；铭文字体有齐鲧鎛之整齐又静严、邾公华钟之华饰、邾太宰钟之随意等多种形式。另因某些历史原因，刘家店子M1甲组甬钟和凤凰岭纽钟铭文被戗去，值得注意。衰落期的有铭乐钟仅出土2例，即诸城臧家庄陪葬坑之公孙朝子纽钟和鎛钟，铭文位于于口，内容简省，追随战国时期全国乐钟铭文衰落的大趋势。

第三章 乐钟铸造工艺的探讨

《考工记·攻金之工》载:"金有六齐,六分其金而锡居一,谓之钟鼎之齐",谈及青铜乐钟的合金成分和金属组织。又《考工记·凫氏为钟》,"十分其铣,去二以为钲,以其钲为之铣间,去二分以为之鼓间,以其鼓间为之舞脩,去二分以为舞广。以其钲之长为之甬长,以其甬长为之围。叁分其围,去一以为衡围。叁分其甬长,二在上,一在下,以设其旋"[1],更是明确规定了甬钟各部位尺度的比值。另对于钟的厚薄等也有记载,钟壁过厚,声音发不出来;钟壁太薄,声音虽大,却会很播散。若钟口侈大,则音大而外传,有喧哗之感;若钟口弇狭,则音小而不扬,有抑郁之感。作隧,即调音的凹洼处为圆圜形,等等。历来钟制的研究都以这些记载为依据,但多有争议。实测和计算结果显示,各个时期、各个地区的编钟尺度比值等不尽相同,和《考工记》所载也并不完全符合,但常与之略接近或相当接近。这些情况表明,编钟是按既定规范设计和铸造的,并且以精湛的技艺,相当准确地实现了设计意图。现如今,铜钟铸造工艺研究成绩比较突出的有华觉明《先秦编钟设计制作的探讨》[2]和李京华《东周编钟造型工艺研究》[3]两篇文章,前者从曾侯乙编钟群及其他先秦编钟、编镈的研究出发,对编钟的历史发展、冶铸工艺、调音及设计规范等有关问

[1] 清·戴震:《考工记·凫氏为钟》,商务印书馆,1956年。
[2] 华觉明、贾云福:《先秦编钟设计制作的探讨》,《自然科学史研究》1983年1期。
[3] 李京华:《东周编钟造型工艺研究》,《中原文物》1999年2期。

题逐一探索；后者则通过对三百多件编钟实物的考察和对《侯马铸铜遗址》中编钟模范铸造技术的研究，总结侯马东周编钟的铸造工艺。山东地区两周时期青铜乐钟并未进行过金相组织分析，报告和相关著作中也很少涉及其铸造工艺，鉴于此，笔者只能根据发掘报告和《音乐文物大系》的相关图片、描述等作一简单的归纳和分析。

第一节　铸造方法和范的设计

1. 甬钟

西周早中期，由殷代铙制转变为钟制，钟位由铙口向上的倒置改为钟口向下的悬挂式，这是个重大的进步，不但挥锤自如，演奏技巧得以发展，而且推动了钟制的变化，两周之际又出现了直悬的纽钟和成编的镈钟。其中，形制最为复杂、铸造工艺最为高超的是甬钟。自西周早中期至春秋中期，甬钟的形制逐渐完备，工艺相应地有所改进，并且定了型。具体可参见下图（图二十八，1）：

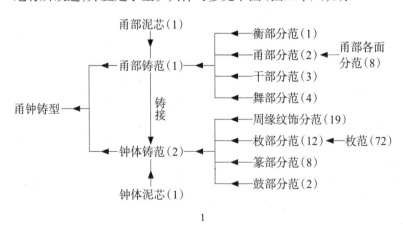

1

图二十八　甬钟铸造工艺（一）

1.甬钟铸型的构成（摘自华文）

　　这是甬钟形制定型以后的铸型构成,其中甬部外范和钟体外范有可能是先分铸然后铸接而成,更多的可能还是先合范然后浑铸而成。而西周中晚期至春秋中期之前的这段时间,采用的应该大都是分范浑铸的铸法。山东地区青铜甬钟的铸造工艺也基本符合这一规律,从附表五可以看出,从滥觞期的黄县归城和平村、烟台上夼村、己侯钟、上尚都、花园公社甬钟(图二十九,1、2、3、4)到发展期的仙人台6号墓、柳格庄、嘴子前M1和M4、刘家店子1号墓甬钟(图二十九,5、6、7)皆是分范然后浑铸而成。其中,刘家店子1号墓的甬部还残存有泥芯,更是这种铸法的证据之一。另外,我们发现和平村、上夼村和上尚都甬钟的甬部中空而与体腔相通,这是早期甬钟的典型特征之一,因为当时还没有封衡的概念。上下两端封闭的甬可以对那些波及舞部的振动起到阻尼作用,提高其音质[1]。到了春秋早期的临沂花园公社,甬上部已经封衡,但是下部仍中空与体腔相通,可见甬钟从西周中晚期至春秋时期一脉相承的发展过程。时至春秋晚期的章丘小峨眉山,甬部已不见泥芯的踪迹,很可能是甬部和钟体分铸的原因(图二十九,9)。进入战国时期的临淄淄河店2号墓淄河店甬钟甬部和钟体分铸的迹象已经十分明显,我们推测很可能是焊接而成,铸接不牢,又因长期埋于地下,现已呈脱落状,而同属衰落期的大夫观墓所出甬钟,舞部只见菱形界格,未见合范的痕迹,因此甬部也是铸接而成的(图二十九,10、11)。战国早期的临淄大武镇东夏庄6号墓所出甬钟,陶制,甬和钟体的连接是靠陶质榫卯结构(图二十九,12)。

---

[1]　李纯一:《中国上古出土乐器综论》,第202页,文物出版社,1996年。

甬钟的甬部有圆柱体、六棱和八棱体三种,圆柱体的甬是由3或4块范组成的;六棱体的甬是由7块范组成的;八棱体的甬是由9块范组成的。若加上旋、斡部之范块,甬范总数则超过10块[1](图三十,1)。以曾侯乙编钟群中层三组甬钟为例,若甬的截面为八角形,八块分块分嵌于对开分型的两块甬范内,其分型面与钟干中心线成22.5度角,由此形成的铸缝清晰可辨。所有这些分范组合到一起,成为甬部铸范[2](图三十,2)。山东地区滥觞期的甬钟甬部截面多为圆形,上部略细,且多素面,旋呈方形或圆形、较粗,斡多绹索状。其中己侯钟的形制比较特殊,甬部饰环带纹和云纹,半圆形斡对称分布,制范相对复杂(图二十九,3)。春秋时期,甬部加长,旋部多饰有四个乳钉纹,如花园公社、仙人台M6、沂水刘家店子M2、小峨眉山装饰细小圆乳钉(图二十九,4、5、9),邾公钰钟和邾公华钟装饰四扁圆乳钉(图二十九,8),具体用途不详。此外,邹城城关镇和邾公轻钟旋部装饰精美的兽首,嘴子前M4旋部饰有重环纹(图二十九,7)。斡多呈方形,其中仙人台6号墓方形斡中间有脊,到小峨眉山斡已经呈现鸟形。战国时期,甬部显著增长,扁圆细旋,鸟形斡,如淄河店M2、大夫观等。时至战国早期东夏庄6号墓,已经出现六棱或八棱柱状甬,斡成兽首形(图二十九,12)。该甬钟虽为陶质,但体现了这一时期甬钟复杂、巧妙的铸型工艺。

甬钟的枚形体较大,一般是由两块范组成的。枚的分范都是从枚范翻制,干燥后置于模上,其旁加泥成为枚部分范。山

[1] 李京华:《东周编钟造型工艺研究》,《中原文物》1999年2期。

[2] 华觉明、贾云福:《先秦编钟设计制作的探讨》,《自然科学史研究》1983年1期。

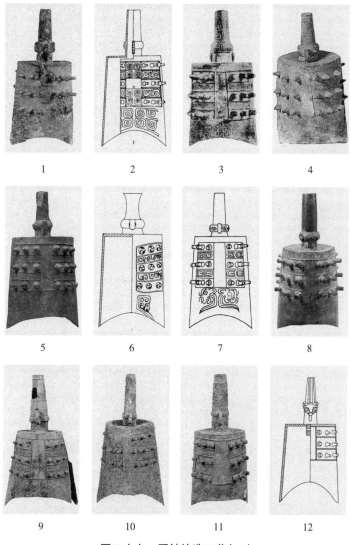

图二十九　甬钟铸造工艺(二)

1. 和平村；　2. 上尚都；　3. 己侯钟；　4. 花园公社；　5. 刘家店子M2；　6. 嘴子前M1；　7. 嘴子前M4；　8. 邿公华钟；　9. 小峨眉山；　10. 淄河店M2；　11. 大夫观；　12. 东夏庄M6

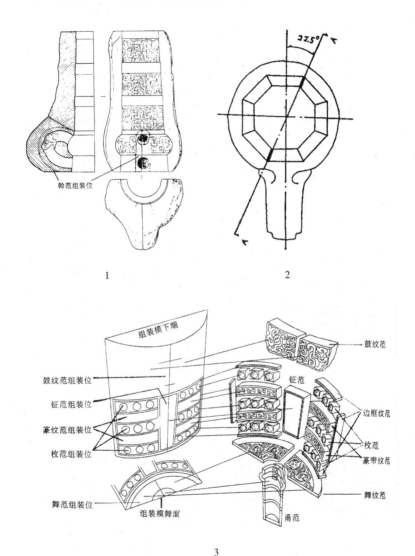

1   2

3

图三十　甬钟铸造工艺（三）

1. 甬范剖面和斡范组装位（摘自李文）；　2. 八棱甬范的分剖面（摘自华文）　3. 甬钟各范与组装模关系示意图（摘自李文）

东地区,滥觞期的和平村、上尚都、上夼村甬钟,枚呈尖细的二层台柱状(图二十九,1、2)。随后两个时期,枚多呈锥形粗短二层台柱状。仙人台6号墓、郘公钚钟和郘公华钟,枚呈现圆柱形二层台柱状,较长(图二十九,8)。海阳嘴子前1号墓甬钟,枚呈十字形乳突状,很是特殊(图二十九,6)。枚的作用除装饰作用外,更多的可以对高频振动起到加速衰减的作用,有利于编钟进入稳态振动[1]。因此嘴子前1号墓枚的简化,是其明器化的证据之一。

甬钟舞部的两半各由2或3块花纹范组成。鼓部的花纹若为顾龙纹等,因纹体较大并从兽鼻中心线处分成左右两块制作,最后组装在一起。侯马东周甬钟篆带纹与边框纹总计32条。所有局部小块范总数超过140件,最后组装成6或11块大块范,扣合大块范便进入浇铸阶段[2](图三十,3)。山东地区,西周中晚期甬钟体较短而钲部较长,如和平村甬钟与己侯钟(图二十九,1、3)。春秋中期开始,体渐短而腹部渐鼓进,两铣下垂形成尖角,钲部相对缩小而鼓部相对加大,如春秋晚期的郘公华钟和战国早期的淄河店M2甬钟(图二十九,8、10)。鼓部的相对加大,既便于演奏,又不影响枚对高频振动的加速衰减作用[3],这些都体现了设计和铸造技术的进步。

2. 纽钟

纽钟后起,钮范的制作相对简单。山东地区,海阳上尚都、嘴子前4号墓春秋早期纽钟的钮是外方内圆式(图三十一,1、2),稍晚阶段仙人台6号墓、柳格庄纽钟的钮是扁平长方形(图三十一,

[1] 华觉明、贾云福:《先秦编钟设计制作的探讨》,《自然科学史研究》1983年1期。
[2] 李京华:《东周编钟造型工艺研究》,《中原文物》1999年2期。
[3] 李纯一:《中国上古出土乐器综论》,第202页,文物出版社,1996年。

3、4），春秋中期刘家店子1号墓、大埠二村纽钟的钮是绚索状环钮（图三十一，5、6），再到春秋晚期庄里西纽钟的钮部装饰几何纹饰，体现了钮范制作的日益复杂化（图三十二，3）。最后战国时期诸城臧家庄长条形钮、临淄商王村长条梯形钮，均装饰繁缛云纹，文化交流的同时，体现了设计和铸造工艺的进步（图三十二，7、8）。

　　山东地区纽钟形制可分为无枚和有枚两种，两者在侯马均有其范模的发现。无枚纽钟舞部中刻划出正方形方框，是钮范的组装位；舞部又由两铣角相连的中心处，把舞面分成两个舞纹区，说明舞纹范必是两块范。钟体的正背面，只刻划出钟体上半部的轮廓线，说明此钟组装的素面也就是无枚范块，其下是范芯座组装位（图三十五，1）。两周之际的上尚都纽钟无枚，舞部中心有一圆孔，很像铜铃系舌孔那样的圆孔，应该是纽钟铸造早期的形态（图三十一，1）。春秋中期刘家店子1号墓纽钟舞部遍饰浮雕纹饰，在舞部制范时应该只留出了钮部的两个钮孔（图三十一，5）。同时期的郯城大埠二村纽钟亦无枚，但钲部和鼓部已经截然分开，可能是纽钟设计从无枚向有枚过渡的形式（图三十一，6）。从春秋晚期诸城都吉台（图三十一，8）到战国早期章丘女郎山再到战国中期阳信西北村（图三十二，5、6），无枚纽钟的于口逐渐上凹，钲部面积逐渐上缩，鼓部面积加大，体现了音乐性能和铸造设计的进步。一般来说，钟的于口大，双音隔离度较好，反之，则略差[1]。有枚纽钟的枚范在侯马发现的种类和数量甚多，中小型者是完整的个

[1]　陈通、郑大瑞：《椭圆截锥的弯曲振动和编钟》，《声学学报》第8卷，1983年3期；戴念祖：《中国物理学大系·声学史》，湖南教育出版社，2001年。

图三十一　纽钟铸造工艺（一）

1. 上尚都；　2. 嘴子前M4；　3. 仙人台M6；　4. 柳格庄M6；　5. 刘家店子M1；
6. 大埠二村；　7. 仙人台M5；　8. 诸城都吉台；　9. 郑太宰钟

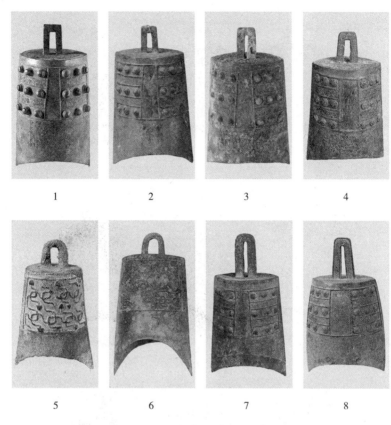

图三十二　纽钟铸造工艺（二）

1. 临沂凤凰岭；　2. 莒南大店 M2；　3. 滕州庄里西；　4. 郯城二中；　5. 女郎山；　6. 阳信西北村；　7. 诸城臧家庄；　8. 临淄商王村 M2

体，大型者分左右两块组成，外形全为方锥体[1]。春秋早中期仙人台 M6、柳格庄和纪王崮纽钟枚数为 24，螺旋形。从春秋中晚期开始，枚皆为 36 个，邾太宰钟枚呈同心圆圈形（图三十一，

---

[1] 李京华：《东周编钟造型工艺研究》，《中原文物》1999 年 2 期。

9）、凤凰岭和莒南大店M1短枚呈二层台柱状（图三十二，1），都是较为特殊的设计。战国时期，郯城二中、诸城臧家庄、临淄商王村，枚上皆装饰繁缛纹饰，反映了枚模与范工艺的进一步发展（图三十二，4、7、8）。山东地区，自春秋中期开始，有枚纽钟舞部中间多有素带界格，这在嘴子前M4、仙人台M5、凤凰岭、庄里西纽钟上均有发现，应该是纽钟舞范分范设计的原因（图三十三，1、2、3）。而战国时期诸城臧家庄、临淄商王村纽钟舞部遍饰纹饰，仅纽所在部位空白（图三十三，4、5）。侯马铸铜遗址中小型纽钟的组装模，舞部分成四个分区，在中心线处设两个小圆圈，以便组装纽范，显然和此不同，应该是铸造技法的一种变化（图三十五，2）。

　　纽钟出现后，钟体泥芯常自带定位用的泥质芯撑，使芯的装配较为简便可靠，铸后常在舞部、钲部形成透空的窄缝（图三十五，3）。仙人台6号墓最小的第9号钟（M6:18）腔内舞底中心尚存有凸起的圆形垫片，随后的仙人台5号墓多数纽钟钟腔两面上部有两个对称的长条形芯撑范孔，内大外小，有透有不透；舞面中心也有1个范孔（图三十一，3、7）。这应该是山东地区春秋早期至春秋晚期，纽钟铸造技术进步的一种体现。战国时期的诸城臧家庄纽钟舞部中心亦发现有芯撑范孔的痕迹。长期以来，存在一种误解，认为纽钟舞部、钲部常见的透或不透的槽孔是为调整音高而特意凿出的，并称之为"调音孔"或"音槽"。实际上，在春秋战国时期原始的技术条件下，要想从钟口对钟体上部槽孔所在部位作高准确度的腔内切削加工是绝无可能的（硬度达HB150）[1]。

[1]　华觉明、贾云福：《先秦编钟设计制作的探讨》，《自然科学史研究》1983年1期。

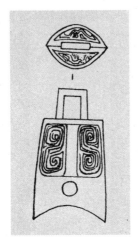

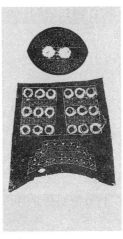

1　　　　　　　　　　2

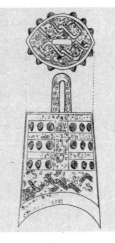

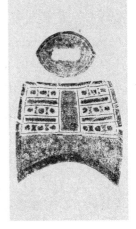

3　　　　　　　　4　　　　　　　　5

图三十三　纽钟铸造工艺（三）

1.嘴子前M4；　2.仙人台M5；　3.临沂凤凰岭；　4.诸城臧家庄；　5.商王村M2

编钟的模制本来就是经验性的，在铸造过程中又不可避免地有各种误差。因此，铸造的钟坯一般必须经过细致的调音，才能得到预期的音高和音响效果。编钟的调音方法并不复杂，但实行起来却不容易。两周之际临沂花园公社甬钟内壁调音槽2—10条不等，其中5号钟最多，多达10条。仙人台6号墓纽钟调音槽4处，主要锉磨部位为两正鼓、两铣角内4处，说明对调音规律的探索有一个过程，部位的选择愈来愈精确。挖隧是西周编钟大多采用的调音手法，春秋时期编钟铸造时开始出现音梁，通过对其内唇的锉磨来进行调音，并且此音梁结构从最初短小低平的雏形，逐步发展成为较为高耸的长条形音脊；战国时期编钟上则出现了宽厚的块状音源作为调音锉磨的预留壁厚[1]。山东地区纽钟铸造和调音的手法基本符合这一规律。春秋早期偏晚仙人台6号墓尚未发现音梁的痕迹，同一墓地春秋中期偏晚的5号墓纽钟四侧鼓内有音梁，音梁外端与

1

2

3

图三十四　纽钟铸造工艺（四）

1. 仙人台M5；　2. 滕州庄里西；　3. 郯城二中

[1]　王子初：《中国青铜乐钟的音乐学断代》，《中国音乐学》2007年1期。

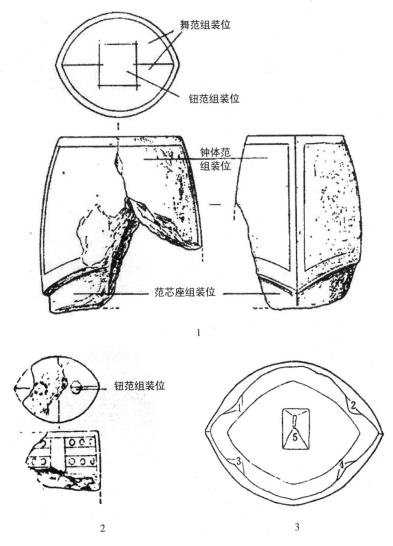

舞范组装位

钮范组装位

钟体范组装位

范芯座组装位

1

钮范组装位

2

3

图三十五 纽钟铸造工艺(五)

1.无枚纽钟组装模; 2.小型纽钟组装模; 3.纽钟的底视示意图〔1、2、3、4为音脊,5为舞部芯撑所在槽孔(均摘自李文)〕

内唇相接,里端呈半圆形,渐低平(图三十四,1)。到了春秋晚期的庄里西纽钟音梁低平(图三十四,2),自于口向内延伸,端渐尖细。战国早期的郯城二中,纽钟内腔均有音梁,音梁较长,楔形,两边起棱,应该就是前述的块状音源(图三十四,3)。

3. 镈钟

镈钟平口,兼采甬钟、纽钟铸法。山东地区,镈钟钮制可分为单钮和繁钮两类。第一类,单钮镈钟,铸法和纽钟相似,是这一地区的特色。春秋早期临淄河崖头镈钟、春秋中期嘴子前1号墓镈钟皆为方钮,内稍圆(图三十六,1、2)。春秋中期临沂刘家店子1号墓桥形钮饰蟠螭纹、春秋晚期凤凰岭桥形钮饰麻点纹(图三十六,3、6)。战国时期,镈钟单钮铸造又趋于简单化,如淄河店M2、女郎山、阳信西北村,皆为单环素钮(图三十六,7、8、9)。

第二类,繁钮。其中,春秋晚期苍山镈为抽象凤纹钮、春秋晚期滕州庄里西镈钟和鎛镈为双龙吞蛇繁钮、春秋晚期邾公孙班镈、战国早期淄河店2号墓和东夏庄6号墓编镈为双龙对峙中间方形钮、战国中期公孙朝子编镈为二蟠龙镂孔透雕钮,可以看出此类镈钟钟钮铸造工艺变化的过程(图三十七,1—6)。其中,淄河店2号墓镈钟繁钮显然是焊接而成,钮制铸造粗糙,多有断裂(图三十七,3);公孙朝子镈繁钮与舞部并未直接衔接,二者之间有4块铜块痕迹,应该是铸接而成(图三十七,6)。

另河崖头镈钟舞面中心有一圆孔,和前述上尚都纽钟相似,应是铸造初期技术尚未成熟的特征之一。嘴子前1号墓、临沂凤凰岭镈钟舞部皆有素带界格,钮处空白;臧家庄镈钟繁钮设计时也在舞部留出了空白带,更是在舞部和钲部内腔留下了范撑铸孔的痕迹(图三十八,1—3)。

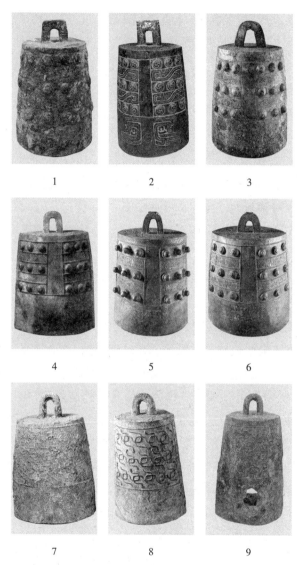

图三十六 镈钟铸造工艺（一）

1. 河崖头；　2. 嘴子前M1；　3. 刘家店子M1；　4. 莒南大店M1；　5—6. 凤凰岭；　7. 淄河店M2；　8. 女郎山；　9. 阳信西北村

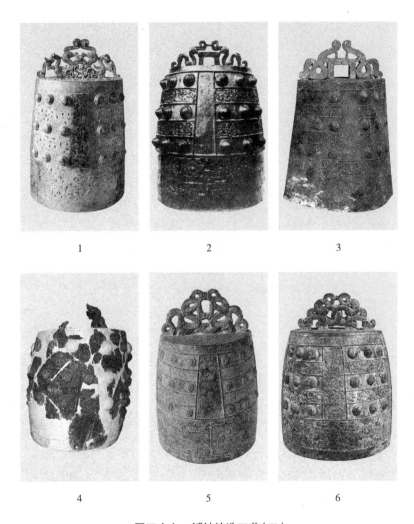

图三十七　镈钟铸造工艺（二）

1. 龢镈；2. 邾公孙班镈；3. 淄河店M2；4. 东夏庄M6；5. 滕州庄里西；6. 诸城臧家庄

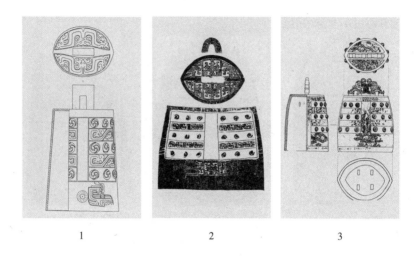

图三十八　镈钟铸造工艺（三）

1. 嘴子前M1；　2. 临沂凤凰岭；　3. 诸城臧家庄

　　侯马铸铜遗址镈钟双龙对峙繁钮钮模为5件残块，均为圆雕式；钮范亦见5件较好者，其中2件最好，基本都是由左右两块组成，山东地区春秋晚期和战国早中期镈钟繁钮的制作方法应该与此相似，可供参考（图三十九，1、2）。

　　侯马有4件枚模保存完好，除一件为圆形边线外，余均为方形边线，在翻制成枚范后，依照圆形或方形边线，切成圆锥形或方锥形枚范（图四十，1）。山东地区，有枚镈钟，春秋晚期苍山、莒南大店1号墓、凤凰岭第二组镈枚呈短二层台柱状，为全国仅见，很具地方特色（图三十六，4、5）。除此之外，春秋时期镈钟的枚多为乳突状，或饰螺旋纹（河崖头、凤凰岭一组），或饰同心圆纹（刘家店子），或饰旋涡纹（海阳嘴子前1号墓）。自春秋晚期庄里西镈钟以来，枚日渐繁缛，或装饰蟠蛇纹（庄里西），或装饰蟠螭纹（淄河店M2），或装饰蟠蛇加涡纹（诸城臧家庄）。战国时期，

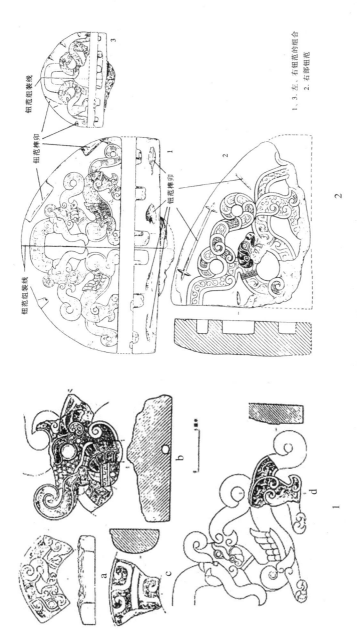

图三十九　铸钟铸造工艺（四）

1. 侯马铸钟钮模残块及复原图；　2. 侯马铸钟钮范及其组合（均摘自李文）

淄河店 2 号墓乙组、章丘女郎山、阳信西北村镈钟单环钮、无枚、钟面饰蟠虺纹。其中西北村镈钟内腔有窄细三棱状内唇，未见音脊和调音痕迹，器壁薄，壁厚仅 0.2 厘米，D、E 两镈制作粗劣，铸疵未作修磨，腔内均残留少量范土，为铸造之不能发音的明器[1]（图三十六，9）。

镈钟体积庞大，平口而非于口内凹，调音往往不易。李纯一认为，中原编镈自春秋中期开始向歌钟方向发展，后继诸镈强烈地表现出各自的地区特点，如齐公孙朝子镈的五声宫调[2]。从铸造角度观察，山东地区有关镈钟调音设置的例子仅见于春秋晚期滕州庄里西。编镈四侧鼓内有短阔音梁，与于口内唇相接，梁端呈圆弧形，镈00611音梁中心有楔形凹陷，用意不明（图四十，2）。经测音，除了最大的一件已经破裂之外，余三件发音清悠绵长，悦耳动听。

《考工记·攻金之工》载："金有六齐，六分其金而锡居一，谓之钟鼎之齐。" 对于这段文字，历来存在不同的理解，一说含锡量为16.6%，一说为14.3%。华文汇集了14例殷商以来铃、钟的化学分析数据指出，大体上来说，早期的乐钟由锡青铜铸成，锡含量不高，未加入铅，也有用纯铜铸造的。战国时期的9件钟都属于含铅的锡青铜，锡含量为12.49%—15.9%，平均含量14.08%，和上说第二说基本相同[3]。山东地区，两周青铜乐钟尚未见相关的金相分析数据，我们仅从现存钟的颜色进行简单的概述。高至喜在《商文化不过长江辩——从考古发现看湖南的商代文化》一文中，指出"湖南所出商代青铜器绝大多数光绿极佳，不是黑漆发亮的'黑漆古'，便是翠绿如玉的'绿

[1] 周昌富、温增源：《中国音乐文物大系·山东卷》，第54页，大象出版社，2001年。

[2] 李纯一：《中国上古出土乐器综论》，第174页，文物出版社，1996年。

[3] 华觉明、贾云福：《先秦编钟设计制作的探讨》，《自然科学史研究》1983年1期。

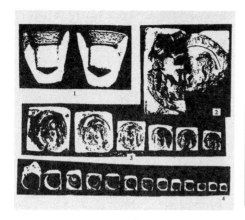

1　　　　　　　　　　　　　2

图四十　镈钟铸造工艺（五）

1.侯马枚范（摘自李文）　2.滕州庄里西音脊

漆古'，这与湖南的酸性土壤有关。而北方的青铜器多作黄灰色，或
浅蓝色，或蓝褐色，表面较粗糙，这应是北方的碱性土壤长期侵蚀的
结果。除此之外，合金成分也有区别"[1]。在此，我们采用此说，认为海
阳嘴子前镈钟、上尚都纽钟表面多呈现较为精细的墨绿色，而刘家店
子、凤凰岭镈钟表面则呈现相对粗糙的黄褐色，应该与埋葬土壤环境
的不同有很大关系。而战国中期公孙朝子编镈、编钟呈现的铁黑色，
是不是与这一时期镈钟铸造时加入铅元素有关，还有待考证。

　　此外，庄里西、臧家庄编镈铸造精美，蟠龙钮制繁缛，腔内上部
皆有芯撑铸孔的发现（图三十八，3），有铭文，有音梁结构，音乐性
能好，在此附以侯马东周铸铜遗址繁钮镈钟范模的组合情况，供参
考（图四十一，1）。

---

[1]　高至喜：《商文化不过长江辩——从考古发现看湖南的商代文化》，《求索》
　　1981年2期。

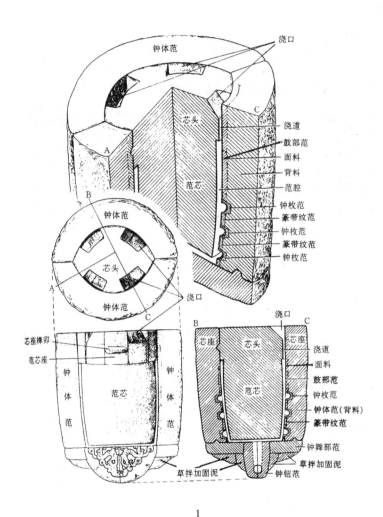

1

图四十一　镈钟铸造工艺（六）

1.侯马双龙繁钮镈钟合范复原示意图（摘自李文）

第二节　各部位纹饰的设计和铸刻

青铜乐钟的纹饰构成可分成甬部或钮部、舞部、界栏、篆部、钲间、枚、正鼓部、侧鼓部，有的还包括钲四周、两栾和内腔。在侯马东周铸铜遗址中见到的编钟单个泥质模和范块，其中有：甬范、钮模和范、篆纹模和范、篆纹框模和范、枚模和范、舞部花纹模和范、鼓部花纹模和范等。还发现有组装后的残范块，实为铸造使用后的残范。枚、篆纹、边框纹、鼓部纹块的周边，均在浇铸时被烧开裂，可以看出各范块之间的空间填泥粘合剂，全是使用的泥范面料。编钟模与范的制作顺序，首先是制造各部和各组花纹的模块、翻范，其次是制组装模，最后是制专铸钟腔的范芯等（图四十一，1）。而编钟各部位和其上的花纹，都制定有标准尺度，据此可分别在制泥模、精雕花纹后烧成陶质模。然后使用特殊炼制的泥质范料（面料或曰精料），翻印出各部的花纹范块，经烘烤后以备组装[1]。

1. 甬部或钮部花纹

山东地区，甬钟甬部多素面。除前述西周晚期和平村、上尚都的绹索形斡，春秋时期花园公社、仙人台 M6、刘家店子的四乳钉纹旋，春秋晚期章丘小峨眉山、战国时期淄河店 M2、大夫观的鸟形斡之外，铸有纹饰的一类是春秋中期嘴子前 M4 甬钟旋部的重环纹、春秋晚期邾公华钟、邾公钲钟旋部的龙纹且间以扁圆乳钉，另一类就是己侯钟、鲁原钟、邹城城关镇甬部的多层纹饰（图四十二，1—3）。纹饰复杂，制作就相对繁缛，如甬

---

[1]　李京华：《东周编钟造型工艺研究》,《中原文物》1999年2期。

部多层或多组纹饰需要多组花纹范组装（图三十一，1），因此一定程度上能体现甬钟器主的等级较高。如己侯钟、邿公华钟器主是国君级别，鲁原钟的器主与鲁大宰原父毁的器主遵父为同一人。

　　纽钟的钮部制法相对简单，自两周之际上尚都纽钟开始，纽钟的钮多为素面。春秋中晚期大埠二村、刘家店子M1、仙人台M5、邿太宰钟、都吉台的钮呈绚索状（图三十一，5—9）。而春秋晚期的庄里西、战国时期的郯城二中、臧家庄、商王村纽钟钮部均有纹饰，或几何纹，或卷云纹，或蟠螭纹，纹饰布局连续规则，应为模印而成（图三十二，3、4、7、8）。

　　镈钟钮的制法和纽钟相似，但是更为繁缛。山东地区，单钮镈钟刘家店子1号墓和凤凰岭一组铸有纹饰，前者蟠螭纹，

1	2	3

图四十二　山东地区两周乐钟纹饰设计（一）

1.己侯钟；　2.鲁原钟；　3.邹城城关镇

后者麻点纹。双龙繁钮的制法较为复杂。前述侯马东周铸铜遗址出土镈钟双龙对峙钮范，基本是左右两块组成，有钮范组装线和钮范榫卯（图三十九，1—2）。滕州庄里西、邾公孙班镈、齐鞄镈、临淄淄河店2号墓甲组镈钟双龙繁钮的铸造工艺应与此相似，其中淄河店镈钟钮部因铸造不牢，甚至从中间断开，可作为两块范组装的证据之一（图三十七，3）。公孙朝子编镈钮部是先分铸，再与钟体铸接而成，二蟠龙镂孔透雕，且蟠龙身躯缠绕，无明显一分为二制范的迹象，因此铸造方法可能有别（图三十七，6）。

2. 舞部花纹

战国之前，甬钟甬部和钟体是分范浑铸而成。舞部纹饰多分成四块范，左右上下两两对称，中间留出甬范组装位。其中，归城和平村（图四十三，1）、上尚都、花园公社、刘家店子1号墓乙组铸成阴线卷云纹，鲁原钟、莒县天井汪、嘴子前M4铸成两头龙纹，仙人台M6、刘家店子M2、邾公华钟、邾公针钟、邾公轻钟铸成蟠螭纹或蟠虺纹。战国早期淄河店M2、大夫观甬钟甬部经焊接而成，前者舞部遍铸浮雕蟠螭纹，后者素面成菱形，分范模式有待商榷。

侯马东周铸铜遗址纽钟组装模舞部中刻划出正方形方框，是钮范的组装位；或在中心处设两个小圆圈，以便组装钮范（图三十五，1—2）。山东地区，刘家店子M1纽钟舞部铸浮雕蟠虺纹，仅留出钮处的两个小圆圈。嘴子前M4、仙人台M5、凤凰岭、庄里西纽钟舞部中间有素带界格（图四十三，2—6）。战国时期，臧家庄、商王村纽钟舞部遍铸变体龙纹或凤鸟纹且有底纹，纹饰连贯，仅留出钮范组装位（图四十三，7—8）。此外，舞部素面是本区纽钟的特色，例如海阳上尚都、仙人台M6、柳格庄M6、大埠二村、淄河店、西北村等。

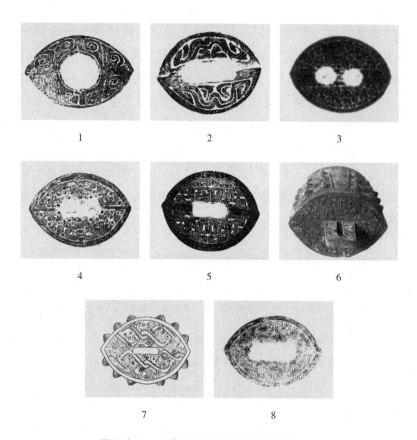

图四十三　山东地区两周乐钟纹饰设计（二）

1. 归城和平村甬钟； 2. 嘴子前M4纽钟； 3. 仙人台M5纽钟； 4. 莒南大店M1纽钟； 5. 凤凰岭纽钟； 6. 庄里西纽钟； 7. 诸城臧家庄纽钟； 8. 临淄商王村M2纽钟

　　镈钟舞部的情形似于纽钟。素面者仅见于战国时期淄河店M2乙组、女郎山和阳信西北村无枚明器镈钟。其余舞部皆为变形龙纹或蟠螭纹、蟠虺纹，两两对称，上下左右分为四组，如嘴子前M1、临沂凤凰岭、庄里西（图四十四，1、2、4）。以上几例，除庄里西外，皆为单纽镈钟。春秋晚期庄里西和战国时期淄河店M2甲组、

1　　　　　　　　2

3　　　　　　　　4

图四十四　山东地区两周乐钟纹饰设计（三）

1. 嘴子前M1镈钟；　2. 凤凰岭镈钟；　3. 臧家庄镈钟；　4. 庄里西镈钟

公孙朝子镈钟为双龙繁钮，舞部钮处有素带界格，纹饰分成四组或两两对称（图四十四，3、4）。

3. 篆部与界栏（边框纹）纹饰

侯马篆带纹和边框纹模范，均是长条形而易折断，所以完整者极少。因钟体由大到小而为两种型式，一是纯篆带纹和纯边框纹的模和范，二是篆纹与边框纹相结合的模和范。前者用于铸造大中型钟，后者用于铸造小型钟[1]（图四十五，1）。

华文指出，曾侯乙中层甬钟篆带纹饰有甲、乙两种，甲种由6个相同的花纹单元正倒相间地组成，乙种由5个这样的单元加上左右各一个1/2单元组成。它们其实出自同一范盒，只是因裁切部位不

[1]　李京华：《东周编钟造型工艺研究》，《中原文物》1999年2期。

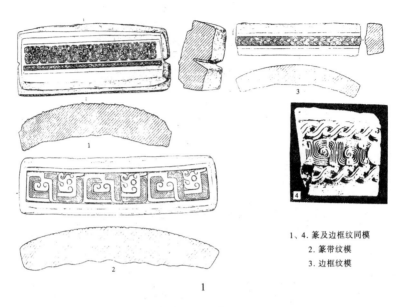

1、4.篆及边框纹同模
2.篆带纹模
3.边框纹模

1

图四十五　山东地区两周乐钟纹饰设计（四）

1.侯马篆带纹和边框纹模范（摘自李文）

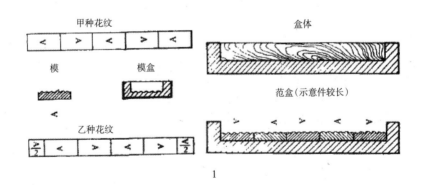

1

图四十六　山东地区两周乐钟纹饰设计（五）

1.曾侯乙中层甬钟篆带花纹的制作及模具（摘自华文）

同而成为两种纹样。他进一步指出所用范盒的花纹应是由若干阳文陶模拼成,而这些陶模又出自同一阴文模盒[1](图四十六,1)。

　　山东地区,篆带纹与边框纹相结合的模和范见于刘家店子M1铃钟、大埠二村纽钟、莒南大店M2游钟、郳叔之伯钟、滕州庄里西纽钟和郯城二中纽钟。它们皆为绹索状界栏(边框纹),刘家店子和大埠二村的无枚,绹索纹框内铸以浮雕蟠虺纹;其余几件绹索边框纹内铸以模印而成的蟠螭纹或龙纹,其中游钟和郳叔之伯钟线刻,庄里西和郯城二中是浮雕(图三十一,5)。关于编钟钲部最常出现的圆梗阳文界栏的形成,华文是这样说的,"钲部各分范的接缝在整修后,还要用模具压印花纹并使接缝消失,铸后即成为凸起的界划。压印次序是先横向再纵向,故后者叠压于前者之上"[2]。如此这般,山东地区己侯钟、鲁原钟、仙人台M6、城关镇、郳公华钟、郳公釰钟、章丘小峨眉山、大夫观、淄河店M2甬钟、凤凰岭、郳太宰钟、臧家庄、商王村纽钟,凤凰岭、庄里西、莒南大店M1、郳公孙班镈、淄河店M2、臧家庄镈钟,钲部篆枚分范的接缝应该是经过细致的整修,而和平村、嘴子前等阴线界栏分隔钲篆部的编钟则没有进行此道工序。至于仙人台M6纽钟枚和枚之间的间隔,应该也是未进行修整的原因所致(图三十一,3)。我们还发现,用陶模和范盒等翻范模印产生的篆部纹饰,最早见于春秋早期偏晚的仙人台6号墓,和蟠螭纹、蟠虺纹等开始盛行的年代相当,到春秋晚期达到高峰,例如凤凰岭、庄里西、莒南大店、郳公华钟、郳公釰钟、郳公孙班镈等。战国中晚期公孙朝子和商王村编钟,繁缛的变形动物纹饰和几何底纹相间的篆部装饰,又是另外一种铸造工艺和方法。

---

[1]　华觉明、贾云福:《先秦编钟设计制作的探讨》,《自然科学史研究》1983年1期。
[2]　华觉明、贾云福:《先秦编钟设计制作的探讨》,《自然科学史研究》1983年1期。

4. 枚部纹饰

前面已经叙述,枚的分范都是从枚范翻制,干燥后置于模上,其旁加泥成为枚部分范。这里我们讨论一下枚的花纹。枚间的花纹可以在钟体铸范成形后,再用模具印制。枚范端部能修得很薄,所以,枚间花纹有时几乎和枚相接[1](图四十一,1)。甬钟的二层台柱状枚,因枚较长,枚范制好后模印纹饰着实不易,目前未见装饰者。海阳嘴子前M1甬钟,其枚是乳突状,铸有十字形纹(图二十九,6)。山东地区,纽钟枚部纹饰以螺旋纹最为常见,如仙人台M6、柳格庄M6、庄里西、莒南大店M2等。仙人台M5和邾太宰钟是同心圆枚。郯城二中纽钟装饰漩涡状纹。战国时期,公孙朝子纽钟枚饰蟠蛇纹和涡纹,商王村纽钟饰贝壳形枚,罕见的是这两者枚和枚之间亦饰以繁缛的卷云纹等(图三十二,7、8)。另莒南大店M1和临沂凤凰岭纽钟,铸二层台柱状短枚,是地区特色所在。镈钟形体巨大,枚多有装饰。李文曾指出,枚范中小型者是完整的个体,大型者分左右两块组成,这里我们还不能从枚部的装饰加以区分,只能概论介绍枚部纹饰呈现出来的特点。莒南大店M1、凤凰岭二组、苍山镈钟的枚是二层台柱状短枚,刘家店子M1、黏镈的是同心圆乳状枚,河崖头、凤凰岭一组、邾公孙班镈铸的是螺旋形乳状枚,嘴子前M1镈钟的枚饰涡纹。形制较为复杂的是庄里西、淄河店M2甲组和公孙朝子编镈。前两者皆是蟠螭纹乳状枚,后者泡形枚饰蟠蛇纹及涡纹,纹饰繁缛对称,枚范可能分为左右两块。

5. 钲间铭文

侯马铸铜遗址编钟钲间可分为有铭文和素面两种。凡是有

---

[1] 华觉明、贾云福:《先秦编钟设计制作的探讨》,《自然科学史研究》1983年1期。

铭文的钲间与其他花纹部位一样，专门制作出铭文的模具，翻制成钲范后进行组装；若为素面者，则在组装枚、篆及边框纹之时，用范泥（面料）填平钲的空间，自然形成素面而无需专制模和范[1]（图三十一，3）。山东地区，钲间除这两种情况之外，还有一种即装饰纹饰。和平村甬钟钲间有族徽（图二十九，1）、上尚都甬钟钲部铸有变形蝉纹（图二十九，2）、长清仙人台6号墓甬钟钲间遍饰蟠虺纹。而像嘴子前M1甬钟无钲间上下界格的形制（图二十九，6），应该即是铸范时用范泥填充钲间而非专制模范的典型案例。从海阳上尚都无枚纽钟到山东省博物馆藏凤纹纽钟，钲间的设计有一个从无到有的过程，应该是纽钟形制演变的特征之一。公孙朝子和商王村纽钟钲间遍铸纹饰，前者铭文被挤到于口一宽带上，后者钲间有一明显的长方形框，框内铸有纹饰（图三十二，8）。商王村纽钟钲间情形，应该是组装枚、篆及边框纹之时，用范泥（面料）填平钲的空间，自然形成素面而后又在其上模印纹饰所致，和枚范纹饰的制作方法相似。镈钟和纽钟钲间相似，春秋早期河崖头镈钟尚无明显的钲间结构；春秋晚期庄里西镈钟钲间铸有铭文；战国中期公孙朝子编镈钲间遍饰变形龙纹和几何形底纹，当为专门制作的钲间模和范，铭文则位于于口条带上（图三十七，6）。山东地区，钲间铸有铭文的乐钟有：滕州庄里西镈钟、鼃镈、邾公孙班镈；邾太宰纽钟、莒南大店M2、临沂凤凰岭纽钟（铭文戗去）；邾公牼钟、鲁原钟、刘家店子M1甲组甬钟正面（铭文戗去）、齐罂氏钟、邾公华钟、邾公钆钟。

6. 鼓部纹饰

侯马铸铜遗址中鼓部模范的花纹基本都是龙纹，从鼻的中心

[1] 李京华：《东周编钟造型工艺研究》，《中原文物》1999年2期。

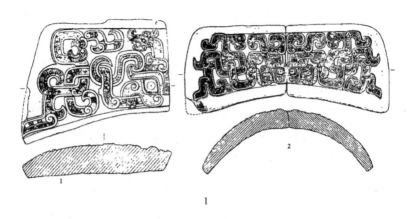

图四十七　山东地区两周乐钟纹饰设计（六）

1. 侯马鼓纹模，三角处是组合缝线（摘自李文）

线分成左右两块，组装后成为完整的龙形鼓纹（图四十七，1）。

　　山东地区，无论是甬钟、纽钟还是镈钟，正鼓纹饰基本都是左右对称分布的。滥觞期的和平村、上尚都、己侯钟、花园公社是对称阴线卷云纹，鲁原钟、嘴子前M1、嘴子前M4、刘家店子M1甲组、苍山甬钟、齐鞶氏钟是对称的顾龙纹，邾公华钟和邾公钊钟是大牙兽面纹（顾龙纹的变形），其中鲁原钟侧鼓有龙纹，嘴子前M4甬钟侧鼓部有鸾鸟纹作为第二基因的标志（图四十八，1、2）。春秋中晚期蟠螭纹、蟠虺纹的盛行在甬钟正鼓部亦得以体现。如仙人台6号墓（图四十八，3）、刘家店子M2、邾公轻钟正鼓铸以带三对犄角的两两对称的蟠螭纹或蟠虺纹，纹饰所占面积较大，纹饰内填以卷云纹等，当与纹饰模印技术的使用有关。战国时期，浮雕蟠螭纹等兴起，淄河店M2甬钟即是其例。早期纽钟如仙人台M6、柳格庄M6、刘家店子M1、嘴子前M4正鼓饰圆圈纹或圆涡纹，前两者右侧鼓部还有圆圈纹作为第二基因的标志，这些简单的装饰使用的应该是一块鼓纹饰范。仙人台5号墓正鼓凸字形框内铸几何纹，正中间

1　　　　　　　　2　　　　　　　　3

图四十八　山东地区两周乐钟纹饰设计（七）
1. 鲁原钟；　2. 嘴子前 M4 甬钟；　3. 仙人台 M6 甬钟

有同心圆。同为凸字形框的郊太宰钟和郯城大埠二村纽钟,框内铸以浮雕蟠螭纹。莒南大店 M1 和 M2、临沂凤凰岭正鼓饰带三对犄角的左右对称的蟠螭纹或变形兽面纹,正鼓纹饰所占面积较大。庄里西和郯城二中则铸以楚钟最为流行的浮雕蝶形蟠螭纹,仔细辨别,也是左右上下两两对称构成。到战国臧家庄和商王村纽钟,纹饰遍布整个鼓部,有主纹,有底纹,甚为繁缛,应该是纹饰制作技术的一种进步。镈钟正鼓纹饰铸法基本和甬钟、纽钟相似,河崖头素面,嘴子前 M1 顾龙纹中间饰以涡纹,刘家店子 M1 和凤凰岭饰带三对犄角两两对称的变形兽面纹,庄里西阴刻中间分开左右对称的大牙兽面,淄河店 M2 浮雕蟠螭纹,公孙朝子镈钟变形龙纹和几何底纹遍铸整个鼓部。

　　小结: 本章我们从铸造方法和范的设计、纹饰的设计与铸刻两个方面对山东地区两周甬钟、镈钟和纽钟进行了铸造工艺的初步研究(附表五、六、七)。无论是乐钟的铸造方法还是纹饰的铸刻,整体上的工艺都是不断进步的。具体说来，滥觞期的甬钟尚未封衡，甬中空与体腔相同，钲部所占面积较大，二层柱状枚尖细，舞部、篆间、鼓部纹饰以简单的卷云纹为主，偶有两两对称的顾龙纹；镈钟舞部中心有圆孔，设计时钲间和枚区尚未分隔开，正鼓无纹饰；纽钟钮制外方内圆，舞部中心铸有圆孔，无枚，钟面铸四组对称顾龙纹，正鼓素面。发展繁荣期的甬钟甬上下封衡，留有泥芯，枚二层柱状，钲部上缩，鼓部面积加大，于口内壁铸有音脊，模印纹饰广泛采用，多例甬钟专门制作钲间范来铸刻铭文；镈钟单钮铸刻纹饰，出现分范制作的双龙繁钮，舞部中间多有素带界格，正鼓面积加大，于口内壁铸刻音脊，枚制多样，晚期枚上模印盘蛇纹（庄里西），浮雕、模印纹饰出现，3例钲间铸刻铭文；纽钟多设计成方钮或绹索环钮，分无枚、24枚和36枚钟，钲部上缩，正鼓面积大，舞范多一分为四，舞或钲上部见垫片或芯撑铸孔痕迹，于口内壁铸有音脊，采用浮雕或模印纹饰，绹索界栏显示边框和篆带同范制作的痕迹，6例钲间铸有铭文。衰落期的甬钟多明器化，制作粗糙，甬部加长，或呈八棱、六棱柱状，斡鸟形或兽形，甬和钟体有明显的焊接痕迹；镈钟亦多明器化，繁钮和钟体焊接或铸接而成，钟体薄，但臧家庄镈钟铸造精美、钟钮蟠龙缠绕、枚模印蟠龙和涡纹、钟体钲鼓和两栾遍铸纹饰、纹饰分主纹和地纹、舞部和内壁见芯撑铸孔、于口铸有铭文，体现了工艺的进步；纽钟一部分明器化的同时，另一部分工艺更加精湛，钟钮加长并模印纹饰，郯城二中纽钟于口内壁铸有块状音塬，臧家庄纽钟钟体遍饰主地纹结合的龙纹等、枚模印盘蛇和涡纹、于口铸有铭文，商王村M2纽钟长梯形钮、钲间模印长方形纹带、半圆形贝纹枚，钟体遍铸繁缛凤鸟纹、钟腔内壁亦有凤鸟纹，此外，商王村2号墓纽钟精准的设计和铸造工艺使得该套纽钟达到了同时期纽钟音乐性能的制高点。

第四章　两周乐悬制度的演变

西周的礼乐制度是一套十分严密的封诸侯、建国家的等级制度。根据这套制度，西周的各级贵族在使用的配享、列鼎、乐悬、乐曲、舞队规格、用乐场合等方面，皆有严格的规定。可以说，乐悬制度，是西周礼乐制度的重要组成部分，也是西周礼乐制度的具体体现[1]。东周时期诸侯林立，乐悬制度在各个诸侯国的发展演变有着自己的轨迹，在各个地区的发展也存在着差异。所谓礼崩乐坏，从西周初期礼乐制度的制定，到春秋战国礼乐制度的发展衰落，山东地区的乐悬制度究竟经历了一个怎样的变化过程，这是本章尝试探讨的问题。

乐悬，是指必须悬挂起来才能进行演奏的钟磬类大型编悬乐器[2]。乐悬一词，最早出现于《周礼·春官·小胥》，即"正乐悬之位，王宫悬，诸侯轩悬，卿、大夫判悬，士特悬，辨其声"[3]。而对于"乐悬"所指乐器种类的理解，有钟、磬说[4]，钟、磬、镈说[5]，钟、磬、

---

[1] 王清雷：《西周乐悬制度的音乐考古学研究》，第1页，文物出版社，2007年。

[2] 王子初：《中国音乐考古学》，第143页，福建教育出版社，2003年。

[3] 汉·郑玄注、唐·贾公彦疏：《周礼注疏》卷二十三，《十三经注疏》，第795页，中华书局，1980年。

[4] 汉·郑玄注、唐·贾公彦疏：《周礼注疏》卷二十三，《十三经注疏》，第795页，中华书局，1980年。

[5] 汉·郑玄注、唐·贾公彦疏：《仪礼注疏》卷十四，《十三经注疏》，第1014页，中华书局，1980年。

镈、鼓说[1]，乐队说[2]几种。结合考古发现来看，我们采用第二种观点，即钟、磬、镈类乐器说[3]，其中的钟镈包括甬钟、纽钟和镈钟，磬主要指编磬[4]。乐悬制度作为一种社会等级制度的重要载体，并非仅仅是钟磬类礼乐器本身，它所涉及乐悬制度的用器、摆列和音列制度等几个重要方面。此外，它所体现的性别差异和墓葬中簨虡的相关情况，也是与此密切相关的内容，本章结合山东地区的考古发现情况，一并加以阐述。

第一节　乐悬的用器制度

《周礼·春官·小胥》郑玄注："钟磬者，编悬之，二八十六而在一虡谓之堵。钟一堵，磬一堵，谓之肆。半之者，谓诸侯之卿、大夫、士也。诸侯之卿、大夫，半天子之卿、大夫，西悬钟，东悬磬。士亦半天子之士，悬磬而已。"[5]《仪礼·燕礼》贾公彦疏云："天子宫悬，诸侯轩悬，面皆钟、磬、镈各一虡；大夫判悬，士特悬，不得有镈。"[6]可见，郑玄和贾公彦认为：天子、诸侯的乐悬配置为编钟、编磬、镈俱全；天子诸侯之卿、大夫有钟有磬，但不得有镈钟；天子之士亦有钟有磬，而诸侯之士只有磬一堵。历代学者多从郑贾之说。

[1] 汉·郑玄注、唐·贾公彦疏：《周礼注疏》卷二十三，《十三经注疏》，第795页，中华书局，1980年；江藩：《乐县考》（卷下），《粤雅堂丛书》，咸丰甲寅（1854）刻本；曾永义：《礼仪乐器考》，第116—117页，中国东亚学术计划委员会年报第六期抽印本（台北），1967年。
[2] 王光祈：《王光祈音乐论著选集》中册，第183页，人民音乐出版社，1993年。
[3] 王清雷：《西周乐悬制度的音乐考古学研究》，第2—6页，文物出版社，2007年。
[4] 王子初：《中国音乐考古学》，第164页，福建教育出版社，2003年。
[5] 汉·郑玄注、唐·贾公彦疏：《周礼注疏》卷二十三，《十三经注疏》，第795页，中华书局，1980年。
[6] 汉·郑玄注、唐·贾公彦疏：《仪礼注疏》卷十四，《十三经注疏》，第1014页，中华书局，1980年。

又《仪礼·乡射礼》郑玄注："陔夏者，天子诸侯以钟鼓，大夫士鼓而已。"王国维、杨华等据此认为只有天子、诸侯可以享用编钟，大夫士鼓而已[1]。今人曾永义根据《仪礼·大射》的记载，认为天子和诸侯之卿大夫、士的乐悬配置均为钟、磬、镈钟俱全，他们之间的等级区别只在于规模大小而已[2]。

山东地区，计有镈钟22批共72件，其中出自墓葬或窖藏等地点明确的有15批65件，除了临淄大武镇东夏庄4号墓出土陶质镈钟7件、6号墓修复陶质镈钟2件以外，余皆青铜质。本文统计山东地区出土地点明确的乐钟共49批341件，镈钟占总批次的31%、总件数的19%。其中滥觞期1例1件，发展繁荣期8例30件，衰落期6例34件。滥觞期1例为临淄河崖头出土，为镈钟1件，发现于淄河岸边，镈钟舞中有圆孔、钲间尚未形成，呈现镈钟早期的形制特点，另该地点发现了盂、簠等铜器，河崖头一带曾发现一座殉马145匹之多的大型殉马坑，报告称河崖头镈钟等可能与祭祀齐侯墓地有关或因战争原因埋藏[3]。发展繁荣期有5例属于国君级别的墓葬，分别是刘家店子M1、纪王崮、莒南大店M1、临沂凤凰岭和滕州庄里西。庄里西未见正式报道，我们根据其镈钟4件、纽钟9件、石磬13件以及铜玉器若干的规模和乐钟的精美程度，判断很可能为一国君级别的墓葬。刘家店子1号墓和沂水纪王崮均是镈钟、甬钟、纽钟俱全，莒南大店1号墓和临沂凤凰岭使用的是镈钟和纽钟。卿大夫级别的墓葬出土镈钟的有4例，它们是海阳嘴子前M1、莒县天井汪、鼏镈和邾公孙班镈，其中嘴子前1号墓和天井汪均出土甬钟和镈钟。这一阶段，士一级别的贵

[1] 王国维：《释乐次》，《观堂集林》卷二，第101页，中华书局，1959年；杨华：《先秦礼乐制度》，第113页，湖北教育出版社，1997年。

[2] 曾永义：《礼仪乐器考》，第128—129页，中国东亚学术研究计划委员会年报第六期抽印本（台北），1967年。

[3] 齐文涛：《概述近年来山东出土的商周青铜器》，《文物》1972年5期。

族墓如仙人台M5和郯城大埠二村M2并没有镈钟的发现,前者纽钟9件、石磬14件,后者纽钟残存4件、石磬残片2件。第三阶段也就是衰落期,没有发现国君级别的墓葬,属于卿大夫级别的墓葬出土镈钟的有5例,分别是临朐扬善公社、临淄淄河店M2、临淄大武镇东夏庄M4和M6、章丘女郎山、诸城臧家庄,其中镈钟、甬钟、纽钟种类齐全的只有淄河店2号墓,扬善公社、女郎山和臧家庄出土镈钟、纽钟和石磬,东夏庄4号和6号墓分别见陶质镈钟、纽钟和陶质甬钟、镈钟。战国晚期偏晚阶段临淄商王村M2,墓葬规格很高,墓主可能为齐国上卿或王室成员,出土铜鼎2件、盘2件以及金银器等,乐器见有纽钟14件、石磬19件,没有镈钟。阳信西北村陪葬坑出土鼎2件、豆2件、壶2件等铜礼器,镈钟和纽钟均为铸造粗糙的明器,另有石磬14件,我们推测是齐国士一级别贵族墓葬的陪葬坑[1]。战国早期郯城二中1号墓发现铜鼎1件、纽钟8件和陶磬13件,我们推测是郯国士一级贵妇人墓,亦未见镈钟。

　　由此可见,从山东地区墓葬中乐悬配置情况来看,和文献记载的出入还是很大的。因镈钟和纽钟在这一地区的出现年代是在两周之际,西周时期,诸侯之卿大夫使用的只有甬钟,如归城和平村、烟台上夼村。两周之际,只有诸侯使用镈钟(临淄河崖头);诸侯之卿大夫使用甬钟和纽钟(上尚都);诸侯之士使用甬钟(花园公社),且以上两个阶段各个级别的墓主人都没有随葬石磬。春秋时期,诸侯级别的乐悬配置有镈钟、甬钟、纽钟俱全的(刘家店子M1、纪王崮),有镈钟、纽钟的(莒南大店M1、凤凰岭、庄里西),有甬钟、纽钟的(仙人台M6),有只有甬钟(刘家店子M2)或纽钟的(柳格庄M6、莒南大店M2);卿大夫的乐悬配置有镈钟、甬钟的(嘴子前M1、天井汪),有

[1] 惠民地区文物普查队、阳信县文化馆:《山东阳信城关镇西北村战国墓器物陪葬坑清理简报》,《考古》1990年3期。

甬钟、纽钟的(嘴子前 M4)，有只有纽钟的(都吉台)；士一级的乐县配置只有纽钟和石磬(仙人台 M5 和大埠二村 M2)。战国时期，卿大夫享用的是镈钟、甬钟、纽钟(淄河店 M2)，或镈钟、纽钟(扬善公社、女郎山、臧家庄)，或陶质镈钟、纽钟(东夏庄 M4)和陶质镈钟、甬钟(东夏庄 M6)，或只有纽钟和石磬(商王村 M2)；士一级贵族享用的是纽钟、陶磬(郯城二中 M1)或镈钟、纽钟、石磬(西北村)。因此，山东地区，两周时期，诸侯、诸侯之卿大夫、诸侯之士皆可以享用编钟和编磬。具体说来，滥觞期，只有诸侯可以享用镈钟；发展繁荣期，诸侯和卿大夫可以享用镈钟；衰落期，诸侯、卿大夫和士均可以享用镈钟，呈现一个等级区别逐渐缩小的趋势。而甬钟、纽钟、磬的等级区别并不明显，其中石(陶)磬的使用频率和数量呈上升的趋势。

第二节　乐悬的摆列制度

1. 钟磬编悬之制

《周礼·春官·小胥》载："正乐悬之位，王宫悬，诸侯轩悬，卿、大夫判悬，士特悬，辨其声。"[1]这是古文献中关于乐悬摆列制度唯一较为系统的记载。郑玄注："郑司农云：'宫悬四面悬，轩悬去其一面，判悬又去其一面，特悬又去其一面。四面象宫室四面有墙，故谓之宫悬；轩悬三面其形曲，故《春秋传》曰：'请曲悬，繁缨以朝'，诸侯礼也。……玄谓轩悬，去南面辟王也；判悬左右之合，又空北面；特悬悬于东方或于阶间而已。"[2]由此可见，根据等级的不同，文献

---

[1]　汉·郑玄注、唐·贾公彦疏：《周礼注疏》卷二十三，《十三经注疏》，第795页，中华书局，1980年。

[2]　汉·郑玄注、唐·贾公彦疏：《周礼注疏》卷二十三，《十三经注疏》，第795页，中华书局，1980年。

中记载两周乐悬的摆列分为四种：周天子宫悬，四面摆列；诸侯轩悬，东、西、北三摆列，空南面；卿、大夫判悬，东西两面摆列，空南、北两面；士特悬，摆列于东面或阶间。至于每一面的规格，结合《周礼·春官·小胥》郑玄之注"钟磬者，编悬之，二八十六而在一虡谓之堵。钟一堵，磬一堵，谓之肆。半之者，谓诸侯之卿、大夫、士也。诸侯之卿、大夫，半天子之卿、大夫，西悬钟，东悬磬。士亦半天子之士，悬磬而已"[1]和《仪礼·燕礼》贾公彦之疏"天子宫悬，诸侯轩悬，面皆钟、磬、镈各一虡；大夫判悬，士特悬，不得有镈"[2]一说，天子、诸侯之乐悬，每面都由钟、磬、镈各一架组成；天子之大夫和士的乐悬没有镈，每面由钟、磬各一架组成；诸侯之卿、大夫的乐悬为西面一架编钟，东面一架编磬；诸侯之士只有一架编磬[3]。对于以上观点，曾永义根据《仪礼·乡饮酒礼》中的记载不认同郑贾所谓的诸侯之士为特悬，有磬无钟之说，而认为是钟磬俱全的判悬之制[4]。

山东地区，能够进行乐悬摆列制度分析的墓葬，滥觞期3例，分别是上夼村、上尚都和花园公社墓葬；发展繁荣期15例，分别是仙人台M6和M5、柳格庄M6、嘴子前M1和M4、刘家店子M1和M2、纪王崮、天井汪、莒南大店M1和M2、大埠二村M2、凤凰岭、庄里西和都吉台；衰落期10例，扬善公社、淄河店M2、东夏庄M4和M6、女郎山、郯城二中M1、站马张家村、西北村、臧家庄、商王村M2。先来看滥觞期，西周晚期己侯之弟之上夼村墓葬，墓向向东，

[1] 汉·郑玄注、唐·贾公彦疏：《周礼注疏》卷二十三，《十三经注疏》，第795页，中华书局，1980年。

[2] 汉·郑玄注、唐·贾公彦疏：《仪礼注疏》卷十四，《十三经注疏》，第1014页，中华书局，1980年。

[3] 王清雷：《西周乐悬制度的音乐考古学研究》，第9—10页，文物出版社，2007年。

[4] 曾永义：《礼仪乐器考》，第126—127页，中国东亚学术研究计划委员会年报第六期抽印本（台北），1967年。

甬钟1件位于墓室西南角,和铜礼兵器分开。因甬钟尚未成编,谈不上摆列制度(图四十九)。两周之际上尚都墓葬,出土甬钟1件、纽钟4件,和上例相似,不成编。春秋早期,临沂花园公社,发现铜鼎3件、鬲1件等,墓主人可能是郯国士一级贵族,出土编甬钟9件,大小相次,但是前五钟和后四钟大小差别较大[1](图五十),若是一虡悬挂,当成特悬之制。

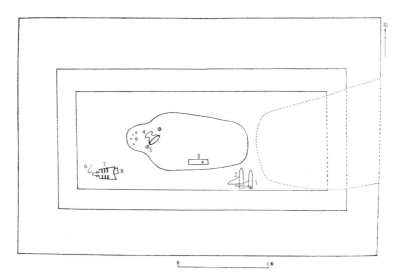

图四十九 烟台上夼村墓葬平面图

图五十 临沂花园公社甬钟

---

[1] 周昌富、温增源:《中国音乐文物大系·山东卷》,第60页,大象出版社,2001年。

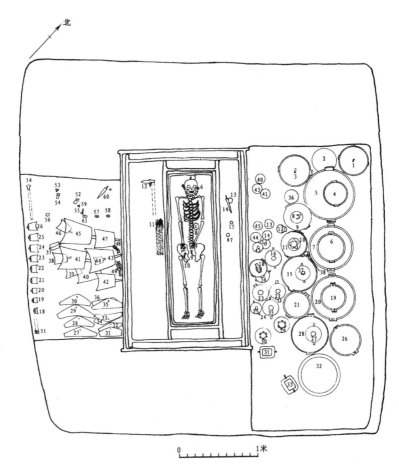

图五十一　长清仙人台 M6平面图

　　发展繁荣期国君级别的墓葬有仙人台M6、柳格庄M6、刘家店子M1和M2、纪王崮、莒南大店M1和M2、凤凰岭、庄里西，下面分别加以介绍。仙人台6号墓墓向西北，出土铜鼎15件、簋8件等，两棺一椁，墓主人是邿国一代国君。乐器出土于南边箱，东半部的上部倒放11件甬钟，出土时大小套在一起。甬钟的南边，紧贴南壁横排着一套纽钟,共计9件,从大到小一字排开。上有一根断面呈圆形的横梁,应为悬挂纽钟的梁架。最底部平铺着一层编磬[1](图五十一)。若按甬钟一虡、纽钟一虡、石磬一虡摆列,此墓当成轩悬之制。

　　柳格庄M6,墓主头向东,有车马坑和殉人,规格较高,可能为胶东某一古国国君墓。北侧二层台上出土山字形座钟架一具,悬挂纽钟9件,由大而小自东而西依次排列,特悬之制。钟架附近有木琴、木鼓之类的痕迹[2](图五十二)。春秋中期刘家店子1号墓是莒国国君墓,2号墓是国君夫人墓,头皆向东,墓葬形制基本一致,1号墓规模大于2号墓,随葬铜鼎16件、鬲9件,殉人35—39具等;2号墓随葬铜鼎9件等。1号墓北库放置乐器,有甬钟19件、镈钟6件、纽钟9件、镎于2件、钲1

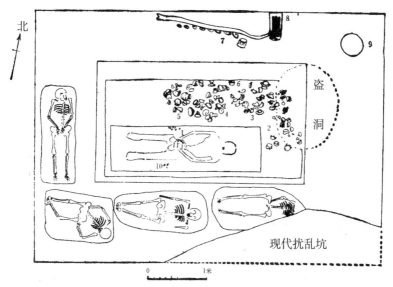

图五十二　蓬莱柳格庄M6平面图

[1]　山东大学考古系:《山东长清仙人台周代墓地》,《考古》1998年9期。

[2]　烟台市文物管理委员会:《山东蓬莱县柳格庄墓群发掘简报》,《考古》1990年9期。

图五十三　滕州庄里西编钟悬挂复原图

件;2号墓仅有纽钟9件[1]。前者应为三面悬挂之轩悬之制,后者应为单面悬挂之特悬之制。沂水纪王崮材料尚未发表,墓主头向东,二椁二棺,有车马坑和殉人,随葬铜鼎7件、鬲7件等,发掘者认为属于莒国国君或夫人墓(有争议)。乐器位于北边箱,计有甬钟10件、镈钟4件、纽钟9件、石磬10件、镎于2件、瑟1件,若按甬钟、镈钟、纽钟和石磬各一虡摆列,则成四面悬挂的宫悬之制;若按滕州庄里西复原之纽钟和镈钟上下两梁,同在一虡的悬挂方式,则是轩悬之制(图五十三)。

　　莒南大店M1和M2,皆为莒国国君墓,墓葬形制也基本一致,头向东,北为椁室,有殉人10具,南为器物坑。乐器位于器物坑内,M1出土镈钟1件、纽钟9件,M2出土纽钟9件、石磬12件,同为判悬之制(M1出土镈钟1件,很可能和曾侯乙墓相似,属于特镈的情况)。临沂凤凰岭墓葬是郹国国君墓,头向东,主墓有殉人,北有器物坑,西北有车马坑。器物坑随葬鼎7件、簋2件等,南侧编纽钟9件,自西向东、由大到小依次排

---

[1]　罗勋章:《山东沂水刘家店子春秋墓发掘简报》,《文物》1984年9期。

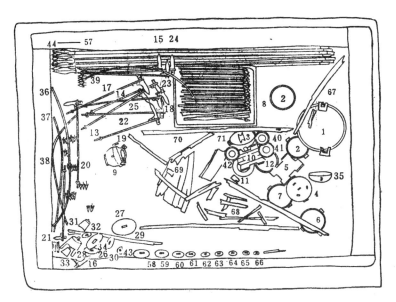

图五十四　临沂凤凰岭器物坑平面图

图五十五　固始侯古堆镈架复原图

列;西南角编镈两套计9件,较小者套于大者之内。镈钟9件,按大小和形制分为两组,一组5件,一组4件[1](图五十四)。因此按照固始侯古堆镈钟的悬挂方式(图五十五),该墓当为三面悬挂之轩悬之制。

春秋晚期滕州庄里西墓葬,未见正式报道,所出乐器有镈钟4件、纽钟9件、石磬13件,且镈钟和纽钟铸造异常精美,音质优美,又传出铜器、玉器若干,我们推测可能为滕国一国君墓。若此猜测不错,镈钟、纽钟、石磬各一虡,当成诸侯之轩悬之制,但是博物馆复原图是镈、纽钟在一虡、上下两层悬挂(图五十三),和石磬成判悬之制,可备一说[2]。

诸侯之卿大夫级别的墓葬有嘴子前M1和M4、天井汪、都吉台。嘴子前1号墓和4号墓同属春秋中期,形制相似,头向东,前者一棺二椁、随葬铜鼎1件和簋2件等;后者一椁二棺、随葬铜鼎7件和甗1件等,都是胶东古国卿大夫级别的墓葬。其中M1镈钟2件、甬钟5件,位于北侧二层台,由大到小依次排放;M4甬钟7件、纽钟2件,位于北侧二层台,悬于架上,自东向西、由大到小依次排列(11号甬钟例外),因此M1和M4可能分别是曲尺形悬挂的判悬和单面悬挂的特悬之制(图五十六)。莒县天井汪,出土铜鼎5件、有盖鼎1件、罍2件等,又按其所在地理位置判断,可能属于莒国卿大夫级别的墓葬[3]。该墓出土镈钟3件、甬钟6件,属于两面悬挂的判悬之制。春秋晚期诸城都吉台墓葬,出土了车马器、鼎、鬲、盘、壶及一套完整的编钟[4]。编纽钟1组9件,出土时按大小顺序依次排列,是特悬之制。村东有一高台,名曰"斗鸡台",《史记·鲁周

[1] 山东省兖石铁路文物考古工作队:《临沂凤凰岭东周墓》,齐鲁书社,1987年。
[2] 周昌富、温增源:《中国音乐文物大系·山东卷》,第95页,大象出版社,2001年。
[3] 齐文涛:《概述近年来山东出土的商周青铜器》,《文物》1972年5期。
[4] 周昌富、温增源:《中国音乐文物大系·山东卷》,第100页,大象出版社,2001年。

图五十六　海阳嘴子前 M1 平面图

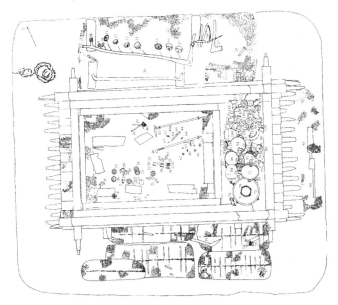

图五十七　海阳嘴子前 M4 平面图

《公世家》所载鲁昭公二十五年（前517），鲁大夫季孙意如（即季平子）与鲁大夫后恶（即郈昭伯）在此斗鸡，与此时代相符。

这一阶段，诸侯之士一级别的墓葬有仙人台M5和郯城大埠二村M2。长清仙人台5号墓，头向西北，一棺一椁，随葬铜鼎3件、敦2件等，编钟一套9件、编磬一套14件位于中部，呈一字排开，很有规律；编钟、编磬东侧有一木质乐器，从其形状分析，可能属于瑟一类的乐器[1]（图五十八）。墓主为女性，是邦国士一级的贵妇人，编纽钟、编磬构成两面摆列的判悬之制。

春秋中期郯城大埠二村2号墓，头向东，有殉棺和器物箱，墓葬基本被破坏殆尽，残存纽钟4件、石磬残片2件，属于判悬之制。因

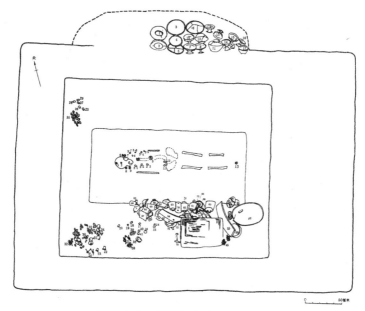

图五十八　长清仙人台M5平面图

[1]　山东大学考古系：《山东长清仙人台五号墓发掘简报》，《文物》1998年9期。

其和M1是夫妻并穴合葬,M1随葬铜鼎2件、鬲1件等,我们推测2号墓墓主是郯国士一级贵族[1]。

　　第三阶段也就是衰落期,没有发现国君级别的墓葬,卿大夫级别的有临朐扬善公社、淄河店M2、东夏庄M4和M6、女郎山、臧家庄陪葬坑、商王村M2,士一级别的有郯城二中M1和阳信西北村陪葬坑,站马张家村战国墓墓主级别可能更低。春秋晚期临朐扬善公社,出土列鼎5件、平盖鼎2件、敦2件等,墓主为齐国上卿。随葬乐器有镈钟1件、纽钟5件,石磬件数不详,编钟皆为明器,按嘴子前M1镈钟2件和甬钟5件合为一编曲尺悬挂的情况,我们认为此墓属于钟磬组成的轩悬之制。临淄淄河店M2,战国早期,甲字形土坑积石木椁墓,一

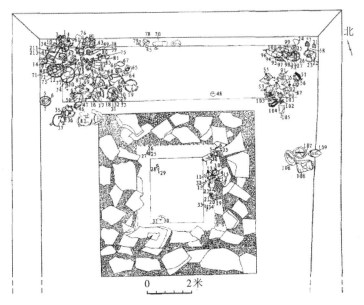

图五十九　临淄淄河店M2平面图

[1]　山东省文物考古研究所等:《郯城县大埠二村遗址发掘报告》,《海岱考古》第四辑,第105—140页,科学出版社,2011年。

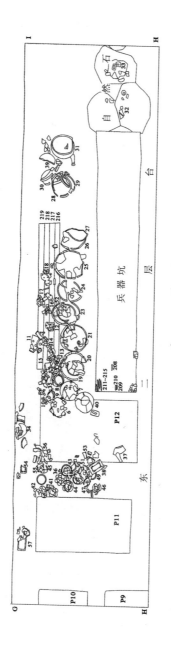

图六十　临淄大武镇东夏庄 M4 东二层台随葬器物分布图

椁二棺，有多人殉葬，墓主是齐国国氏上卿。镈钟二组8件、甬钟二组16件、纽钟14件、石磬三组24件，分置于东二层台、椁室和陪葬坑东北角。此墓乐钟出土数量庞大，若仅按摆列等划分，无疑属于僭越用制的宫悬之制。但是镈钟、甬钟、纽钟皆为明器，具备实用演奏功能的只有石编磬3组24件，每组8件，大小相次，磨制精细，所以墓主身前用器情况，很可能是仅使用石磬的特悬用制[1]（图五十九）。

临淄大武镇东夏庄M4和M6，属于齐国大夫级贵族墓葬，墓室甲字形，一棺一椁，有陪葬坑。随葬仿铜陶礼器，乐器也是陶制，4号墓有镈钟7件、纽钟7件（图六十）；6号墓有甬钟7件、镈钟若干（被压碎），分别位于两者墓室的东或北二层台上。乐器虽均为

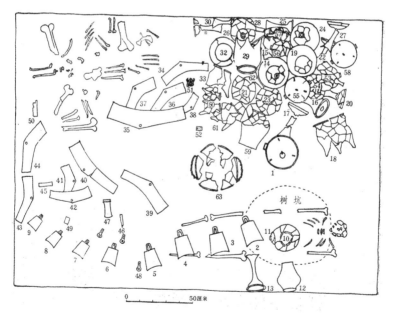

图六十一　郯城二中M1平面图

[1]　山东省文物考古研究所：《临淄齐墓》（第一集），第302—382、419—442页，文物出版社，2007年。

图六十二　章丘女郎山椁室器物分布图

明器,但从其所代表的乐悬级别看,当属于两面悬挂的判悬之制。

章丘女郎山,墓葬头向北,甲字形,二椁一棺,有陪葬棺5座,随葬铜鼎5件、豆4件等,属于齐国卿大夫级贵族。乐器主要放置在东北角和西南角的内外椁之间,计有纽钟7件、镈钟5件以及钟架;东二层台上石磬2套(图六十二),纽钟、镈钟、石磬构成三面悬挂的轩悬之制[1]。战国中期诸城臧家庄陪葬坑出土镈钟7件、纽

[1]　济青公路文物考古队绣惠分队:《章丘绣惠女郎山一号战国大墓发掘报告》,《济青高级公路章丘工段考古发掘报告集》,第115—149页,齐鲁书社,1993年。

钟9件、石磬13件，乐悬摆列是轩悬之制。主墓头向东，一棺一椁，有青膏泥，东南和西北各有一陪葬坑，随葬铜鼎5件、豆5件等，墓主人是莒国末世国君之后或齐国卿大夫。

临淄商王村2号墓，时代已是东周末期，墓主头向北，墓内随葬铜鼎2件、盘2件、铜灯1件以及金银玉器等，从墓葬位置和规模看，墓主人很可能是齐上卿以上的贵族或王室成员。椁外东部南端放置石磬19件，按大小次序分两组东西排列，一组10件，另一组9件；中部有铜编钟14件，大小相套，分东、西、中三排并列放置[1]（图六十三）。纽钟14件，分大小相次的两套，可成曲尺悬挂，加上上下两层一虡悬挂的编磬，该墓使用的是三面悬挂的轩悬之制。郯城二中M1，墓主为女性，头向东，随葬铜鼎1件以及仿铜陶礼器，出土乐器编钟9件，置于墓南部，部分压在骨架之上；陶磬13件分置在中部和西部（图六十一）。磬为明器，墓主生前使用的仅有纽钟9件，属于特悬之制，与其身份符合。墓中摆列是纽钟、陶磬构成两面悬挂的判悬之制，或是死后身份追加一级，或是僭越之礼。阳信西北村陪葬坑随葬铜礼器有鼎2件、豆2件、壶2件、敦4件等，乐器有镈钟5件、纽钟9件和石磬13件。其中镈钟和纽钟皆为明器，具有实用意义的只有13件编磬，因此陪葬坑主墓之墓主人生前使用的应该是悬磬一虡的特悬之制。最后看一下这一阶段级别更为低下的蓬莱站马张家村战国墓，一棺一椁，棺底有腰坑，墓主头向东，随葬品以木器为大宗，数量较多的木豆为刻制而成，不是实用器。铜器数量较少，只有1件铜纽钟和车马器。纽钟为不能敲击的明器，2只鸟形木支座南北向放置，相距1.4米，附近还有一段雕刻精细的木杆，木杆及支座均有华丽的朱绘纹饰，应为钟

---

[1]　淄博博物馆：《临淄商王墓地》，齐鲁书社，1997年。

北

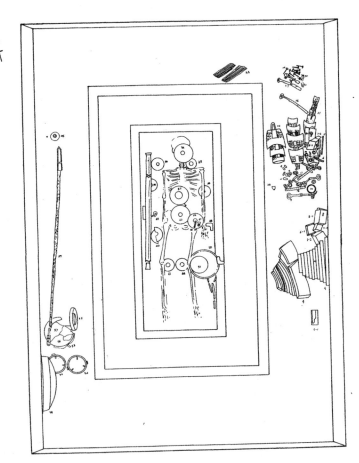

图六十三　临淄商王村 M2 平面图

磬架或鼓架。椁室东端还有 1 件带穿棍的木鼓（图六十四）。由此可以看出，尽管使用的棺椁和随葬品种类都显示出该墓等级较高，但墓中并未出土更多的随葬品，这可能反映出这座墓更多的只是在形式上依礼而葬[1]。

---

[1]　林仙庭、闫勇：《山东蓬莱市站马张家战国墓》，《考古》2004 年 12 期。

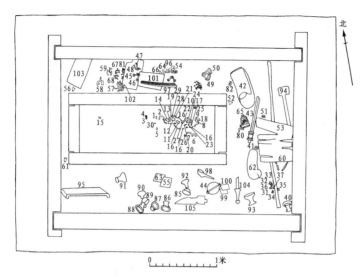

图六十四　蓬莱站马张家村战国墓平面图

小结：本段分析乐悬的摆列制度，采用的都是墓葬材料。受墓葬空间等诸多因素的限制，墓葬中随葬的乐器只能一定程度上反映两周乐悬制度的情况，所以本文在分析时特别强调专为死者而作明器乐器的使用，因为这意味着墓主生前的乐悬使用情况可能并非如此，需区别对待。山东地区，西周时期，上兹村、上尚都墓葬中乐钟并未成编，不能探讨其乐悬摆列制度。属于滥觞期的花园公社，已经进入春秋早期，甬钟9件成编，与墓主作为诸侯之士采用特悬的身份相符。进入春秋以后的发展繁荣期，诸侯等级的墓葬4例采用的是轩悬之制（仙人台M6、刘家店子M1、纪王崮、庄里西），其中仙人台M6没有镈钟，刘家店子M1没有石磬；3例采用的判悬之制（莒南大店M1和M2、凤凰岭），其中大店M1和凤凰岭是镈钟和纽钟，大店M2是纽钟和石磬；2例采用的是特悬之制（柳格庄M6、刘家店子M2），前者仅见纽钟，后者仅见甬钟。卿大夫等级的墓葬4例,嘴子前M1和天井汪采用的是镈钟和甬钟曲尺悬挂的判悬之制,嘴子前M4和都吉台采用的是特悬之制,前者甬钟和纽钟成一虡,后者纽钟9件成一虡。士一级别的墓葬2例,采用的均是判悬之制(仙人台M5和郯城大埠二村),皆是纽钟和石磬的组合。第三阶段,也就是春秋晚期战国早期以后的衰落期,墓葬中随葬明器乐钟的数量急剧增加。若不考虑明器的因素,卿大夫级别的淄河店M2采用的是四面悬挂的宫悬之制;扬善公社、女郎山、臧家庄、商王村M2采用的是三面悬挂的轩悬之制;东夏庄M4和M6采用的是两面悬挂的判悬之制。士一级别的阳信西北村采用的是轩悬之制;郯城二中M1采用的是判悬之制。若将明器和实用器区分开来讨论,卿大夫级别的淄河店M2、扬善公社和女郎山,墓主生前使用的均是特悬之制,且三者只见石编磬;而东夏庄M4和M6的墓主生前并不具备使用乐悬的资格,因为墓中随葬的均是不能实用的陶质乐器;士级别的郯城二中M1和阳信西北村墓主使用的均是悬挂石磬的特悬之制。

　　如此说来,我们认为《周礼·春官·小胥》郑玄注,"正乐悬之位,天子宫悬,四面悬挂;诸侯轩悬,三面悬挂;卿、大夫判悬,两面悬挂;士特悬,单面悬挂"[1]的说法基本符合山东地区两周墓葬中乐悬摆列制度的现状。不完全相符者,多是采用低于其级别的乐悬悬挂制度,原因可能是各国之间财力的悬殊。真正僭越的只有诸城臧家庄、临淄商王村M2、仙人台M5和郯城大埠二村,但是需要考虑到前两者一个是莒国国君后裔,一个是齐国王室成员,级别堪比国君级;郯城大埠二村被盗,墓主级别尚待商榷等因素。当然,因为春秋晚期战国早期以后明器乐钟的大量使用,"礼崩乐坏"在衰落期诸墓葬中已经体现得十分明显了。

---

[1] 汉·郑玄注、唐·贾公彦疏:《周礼注疏》卷二十三,《十三经注疏》,第795页,中华书局,1980年。

2. 堵、肆

堵肆是乐悬摆列制度中的重要内容。《周礼·春官·小胥》:"凡悬钟磬,半为堵,全为肆。"[1]但究竟何为堵,何为肆,历来争论不一。《周礼·春官·小胥》郑玄注:"钟磬者,编悬之,二八十六而在一虡谓之堵。钟一堵,磬一堵,谓之肆。"[2]唐人孔颖达比较认同郑氏之说。《左传·襄公十一年》载:"郑人赂晋侯以师悝……歌钟二肆,及其镈磬,女乐二八。"杜预注:"肆,列也。悬钟十六为一肆,二肆三十二枚。"[3]其后陈旸、孙诒让、徐元诰、杨伯峻、陈双新均支持杜预的观点[4]。所谓堵,《周礼·春官·小胥》贾公彦疏:"云堵者,若墙之一堵"[5],王国维的观点与此接近。今人黄锡全、于炳文则云:"所谓'钟一肆',可能指大小相次的编钟一组,多少不等……所谓'堵',可能就是一虡(一排,似一堵墙),由上下三层或二层……"[6]李纯一的观点与诸家均不同,"其实先秦时期的堵肆并无严格区别,一套大小相次的编钟既可称之为堵,又可称之为肆"[7]。而关于堵肆的分组标准及组成件数,也因为堵、肆概念的不清,颇具争议。容庚以铭文之长短为肆[8],杨伯峻对此有不同看法[9],陈

[1]　汉·郑玄注、唐·贾公彦疏:《周礼注疏》卷二十三,《十三经注疏》,第795页,中华书局,1980年。

[2]　汉·郑玄注、唐·贾公彦疏:《周礼注疏》卷二十三,《十三经注疏》,第795页,中华书局,1980年。

[3]　晋·杜预注、唐·孔颖达等义正:《春秋左传正义》卷三十一,《十三经注疏》(下),第1951页,中华书局,1980年。

[4]　陈旸:《周礼·小胥》训义,《乐书》卷四十五,1876年刊本;孙诒让:《周礼正义》,第1831页,中华书局,1987年;徐元诰撰:《国语集解》,第413—414页,中华书局,2002年;杨伯峻:《春秋左传注》,第991—992页,中华书局,1990年;陈双新:《两周青铜乐器铭辞研究》,第24页,河北大学出版社,2002年。

[5]　汉·郑玄注、唐·贾公彦疏:《周礼注疏》卷二十三,《十三经注疏》,第795页,中华书局,1980年。

[6]　黄锡全、于炳文:《山西晋侯墓地所出楚公逆钟铭初释》,第175页,《考古》1995年2期。

[7]　李纯一:《中国上古出土乐器综论》,第288页,文物出版社,1996年。

[8]　容庚、张维持:《殷周青铜器通论》,第74页,科学出版社,1958年。

[9]　杨伯峻:《春秋左传注》,第991—993页,中华书局,1990年。

双新也予以否定,"从出土实物看,堵、肆与编钟全铭的组合形式无多大关系,如子犯钟两组十六件,每组八件合为全铭;晋侯苏钟两组十六件,合为一篇全铭;新出楚公逆钟一组八件,每钟全铭"[1]。关于堵肆的组成件数,郑玄认为"二十六在一虡谓之堵"[2],杜预认为"悬钟十六为一肆"[3]。近人唐兰对郑、杜之说表示认同[4],但多数学者如王国维、杨伯峻、李纯一、黄翔鹏等提出质疑[5],黄指出"这些说法对于西周从三件一套到八件一套,春秋的九件一套,十三件一套,竟然到了无一数字相合的程度。说明它们并无多少实际根据,既非西周制度,也不是春秋制度"。

　　考察这个问题,不光要从编钟或编磬的件数入手,更多的应该从多少件编钟或编磬组成一虡进行悬挂入手。上文已经叙述,山东地区西周时期墓葬或窖藏等没有发现石磬,乐钟也不成编,其中和平村井中出土甬钟2件、上夼村墓中出土甬钟1件、河崖头窖藏中出土镈钟1件、上尚都墓中出土甬钟1件和纽钟4件。进入春秋早期的临沂花园公社,甬钟9件成编。发展繁荣期的镈钟有:镈钟5+4构成曲尺形篯虡,如凤凰岭;6件成编,如刘家店子M1;4件成编,如纪王崮、庄里西;镈钟3+甬钟6成编,如天井汪;镈钟2+甬钟5成一虡,如嘴子前M1;1件特镈,如莒南大店M1。甬钟有:甬钟12+7构成两梁一虡或曲尺形篯虡的,如刘家店子M1;11件成编,如仙人

[1]　陈双新:《两周青铜乐器铭辞研究》,第27页,河北大学出版社,2002年。

[2]　汉·郑玄注、唐·贾公彦疏:《周礼注疏》卷二十三,《十三经注疏》,第795页,中华书局,1980年。

[3]　晋·杜预注、唐·孔颖达等正义:《春秋左传正义》卷三十一,《十三经注疏》(下),第1951页,中华书局,1980年。

[4]　唐兰:《古乐器小记》,第77页,《燕京学报》第14期。

[5]　王国维:《汉南吕编磬跋》,《观堂集林》(别集卷二),第1217页,中华书局,1959年;杨伯峻:《春秋左传注》,第993页,中华书局,1990年;李纯一:《中国上古出土乐器综论》,第288页,文物出版社,1996年;黄翔鹏:《新石器和青铜时代的已知音像资料与我国音阶发展史问题》,《溯流探源——中国传统音乐研究》,第57页,人民音乐出版社,1992年。

台M6；10件成编，如纪王崮；9件成编，如刘家店子M2；4件成编，如小峨眉山；甬钟5＋镈钟2成编，如嘴子前M1；甬钟7＋纽钟2成编，如嘴子前M4；甬钟6＋镈钟3成编，如天井汪。纽钟有：9件成编，如仙人台M6和M5、柳格庄M6、刘家店子M1、纪王崮、莒南大店M1和M2、凤凰岭、庄里西、都吉台；纽钟2＋甬钟7成编，如嘴子前M4。石磬有：14件成编，如仙人台M5；13件成编，如庄里西；12件成编，如莒南大店M2；10件成编，如仙人台M6、纪王崮。

　　衰落期的镈钟有：8件成编，如淄河店M2、臧家庄（原为8，现存7）；7件成编，东夏庄M4；5件成编，如章丘女郎山；镈钟1？＋纽钟5成编，如扬善公社。甬钟有：8＋8成一虡，如淄河店M2；7件成编，如东夏庄M6。纽钟有：14件成编，如淄河店M2、商王村M2；9件成编，如郯城二中M1（现存8件）、西北村、臧家庄；7件成编，如东夏庄M4、女郎山；纽钟5＋镈钟1？成编，如扬善公社；1件，站马张家村。石（陶）磬有：石磬8＋8＋8成一虡，如淄河店M2；石磬9＋10成一虡，如商王村M2；石磬8＋8成一虡，如大夫观；石磬7＋7？（存1）成一虡，如女郎山；石磬13件成编，如西北村、臧家庄；陶磬13件成编，如郯城二中M1。

　　小结：山东地区，除了纽钟多为9件成编、石磬数量和套数呈上升趋势以外，镈钟、甬钟和石磬在三个时期的套、件数都没有固定的规律可循，因此郑玄等所注"二八十六而在一虡谓之堵"、"悬钟十六为一肆，二肆三十二枚"至少在山东地区是不符合考古实际的。鉴于此，笔者倾向于同意黄锡全、于炳文的观点，"所谓'钟一肆'，可能指大小相次的编钟一组，多少不等……所谓'堵'，可能就是一虡（一排，似一堵墙），由上下三层或二层……"[1]

---

[1] 黄锡全、于炳文：《山西晋侯墓地所出楚公逆钟铭文初释》，第175页，《考古》1995年2期。

第三节　乐悬的音列制度

《周礼·春官·大司乐》载:"凡乐,圜钟为宫,黄钟为角,太蔟为徵,姑洗为羽……函钟为宫,太簇为角,姑洗为徵,南吕为羽……黄钟为宫,大吕为角,太簇为徵,应钟为羽……"[1]郑玄注:"此乐无商者,祭尚柔,商坚刚也。"郑玄所论只是一种说法,对于西周编钟音列五声缺商的原因,历代论述颇多,至今仍是聚讼不已。《国语·周语下》载:"钟尚羽,石尚角,匏竹利制,大不逾宫,细不过羽。"[2]这里,关于钟乐的宫调和旋宫转调问题,黄翔鹏通过对出土实物的测音分析认为:"钟尚羽"还是有些道理,而"大不逾宫,细不过羽"未必完全是西周钟乐制度,"大不逾宫"可能是东周人对西周人的片面看法;西周时期并不存在同一套编钟内完成旋宫的可能性;春秋时期的钟、磬乐音阶,比前述的西周情况发生了明显而较大的变化,等等[3]。今人对于乐悬的音列研究,黄先生的几篇文章外,《西周乐钟的编列探讨》[4]、《两周编钟音列研究》[5]很具代表性。其中,探讨山东地区的有《山东地区两周编钟的初步研究》[6]和《诸城公孙朝子编钟及其相关问题》[7],前者集中梳理了山东地区两周乐钟的音列演变过程,后者就战国中期诸城臧家庄出

---

[1]　汉·郑玄注、唐·贾公彦疏:《周礼注疏》卷二十三,《十三经注疏》,第789—790页,中华书局,1980年。

[2]　徐元诰撰:《国语集解》,第110页,中华书局,2002年。

[3]　黄翔鹏:《新石器和青铜时代的已知音像资料与我国音阶发展史问题》,《溯流探源——中国传统音乐研究》,第25、41、52页,人民音乐出版社,1992年。

[4]　陈荃有:《西周乐钟的编列探讨》,第29—42页,《中国音乐学》2001年3期。

[5]　孔义龙:《两周编钟音列研究》,中国艺术学院2005届博士论文。

[6]　王清雷:《山东地区两周编钟的初步研究》,《文物》2006年12期。

[7]　温增源:《诸城公孙朝子编钟及其相关问题》,《齐鲁艺苑》1992年1期。

土编钟的测音、编列等进行分析。

　　受到乐钟保存情况的影响，一套编钟的测音数据很多不完整。山东地区，西周时期，仅见甬钟，且不成编列，故本文不探讨西周编钟音列五声缺商等问题，而着重从测音数据和调音痕迹考察春秋以后乐钟音列、音阶等的变化。滥觞期的临淄河崖头，属于春秋早期，镈钟内腔平整，无音梁，正鼓音b+23，侧鼓音含混。发展繁荣期：春秋中期嘴子前M1，镈钟2件，内壁右鼓部各有1条调音槽，正鼓音分别是140.99和361.94，侧鼓音含混；春秋中期刘家店子M1，镈钟6件，4件保存基本完整，2件只残存钮部，于口内未见调音槽，其中2件正鼓音分别是158.69、202.03，侧鼓音含混，1件正侧鼓音分别是249.02和261.84；春秋晚期滕州庄里西，镈钟4件，侧鼓有低平音梁结构，音梁上有调音磋磨痕迹，除了最大的一件已经破裂外，余3件发音清悠绵长，正侧鼓音分别是330.81和408.94、406.49和475.07、496.83和561.52；春秋晚期临沂凤凰岭，第一组4件，第二组5件，其中第一组前3件残破失音，最后一件与第二组的音列就差两音（徵曾、宫曾）即构成完整的半音阶[1]，在春秋时期是十分罕见的。战国时期，乐钟的发展进入衰落期，镈钟也以明器居多。诸城臧家庄，镈钟7件，除一件残破、一件侧鼓音含混外，余皆正侧鼓音俱全，但是音高不成规律，正鼓音分别是134.28、141.6、181.88、221.56、337.52，侧鼓音分别是388.18、156.25、200.81、236.21、361.94，发音效果不佳。

　　滥觞期的上尚都甬钟1件，时代属两周之际，正鼓音b+48，侧鼓音含混；春秋早期花园公社，甬钟9件，内壁调音槽2—10条不等，分别位于正、侧鼓部内壁，为典型的西周编钟的调音手法。发展繁荣期：春秋早期晚段仙人台M6，甬钟11件，四侧鼓内有音梁，

---

[1]　王清雷：《山东地区两周编钟的初步研究》，《文物》2006年12期。

但内唇上无调音磋磨痕，音质较差，音列无序；春秋中期嘴子前M1，甬钟5件，3号钟钟腔内壁正鼓部有调音槽1条、侧鼓部2条，4件钟的测音数据正鼓音为247.8、469.36、548.71、654.91，侧鼓音为266.72、478.52、675.66、743.41；春秋中期沂水刘家店子M1乙组甬钟可在同一八度内构成完整的五声音阶[1]，音质良好。衰落期的淄河店M2、大夫观，甬钟皆为明器，不具备音乐功能。

一般认为，纽钟是甬钟的钟体和铜铃的纽相结合而派生出来的新式钟类乐器[2]。与甬钟和镈钟相比，纽钟形体上小很多，这样它的延音就相对短一些，旋律性能较好，可以演奏较快的旋律和简单的旋宫转调[3]。山东地区，滥觞期的纽钟出土于两周之际的上尚都墓葬，4件，1件残裂，1件正鼓音545.65、侧鼓音含混，另2件正鼓音分别为193.48和715.94、侧鼓音分别为281.37和954.59。发展繁荣期的纽钟编列多为9件一组，从测音数据看，它们的音域为g^1—g^4，非常适合演奏旋律声部[4]。举例如下：春秋早期仙人台M6，于口内唇上多有调音磋磨痕一周，音列可在同一八度内构成完整的清商七声音阶，可见清商七声音阶在当时已经产生[5]；春秋中期晚段仙人台M5，9件，四侧鼓有半圆形音梁，内唇上多有调音磋磨痕一周，主要磋磨部位为两正鼓、两铣角内4处，音列可在两个八度内构成完整的六声新音阶；春秋中期刘家店子M1铃钟，于口内有调音槽，可作为编钟曾作为实际演奏的证据；春秋晚期莒南大店M2游钟，腔体内壁留有调音槽，3件破裂，余6件测音数据为

[1] 王清雷：《山东地区两周编钟的初步研究》，《文物》2006年12期。
[2] 王子初：《中国音乐考古学》，第173页，福建教育出版社，2003年。
[3] 王清雷：《山东地区两周编钟的初步研究》，《文物》2006年12期。
[4] 王清雷：《山东地区两周编钟的初步研究》，《文物》2006年12期。
[5] 王清雷：《山东地区两周编钟的初步研究》，《文物》2006年12期。

正鼓音695.71、744.49、1 028.25、1 248.99、1 608.94、2 227.91，侧鼓音826.9、913.69、1 254.85、1 590.2、1 978.37、2 744.75，音质优美；春秋晚期凤凰岭、庄里西，纽钟皆为9件，音列均可在两个八度内构成完整的五声音阶，其中庄里西纽钟侧鼓有低平音梁。衰落期的纽钟，扬善公社、淄河店M2、女郎山、西北村皆为明器。战国早期郯城二中纽钟，8件，音梁较长，成楔形，各钟的正、侧鼓音音阶分别为：徵—变、羽—羽角、宫—角、商—中、羽—宫、商—和、角—徵、徵—闰，根据以上编钟的音列，可知其第4、5钟间尚缺一钟，其正、侧鼓音的音高为"角—徵"，因此全套编钟的编制应为9件[1]。而战国中期诸城臧家庄9件公孙朝子纽钟，除两件破损外，其余7件均具有较好的声音品质。敲击正、侧鼓部位，均可发出呈大二度或小三度音程关系的两个乐音，全套纽钟的音域达两个多八度[2]。战国晚期的临淄商王村M2, 2组14件，无论是与五度相生律相比，还是与纯律相比，平均差值均为12音分，在这一时期编钟的音乐水平中是最高的，与曾侯乙编钟产生的时代也是较为一致的[3]。

　　山东地区，滥觞期没有出土石磬。发展繁荣期的春秋早期晚段仙人台M6，石磬10件，音质较好，在一个半八度内构成完整的五声或六声音阶，发音较为准确；春秋中期偏晚仙人台M5石磬，14件，自大至小构成徵、羽、宫、商、角、徵、羽、宫、商、角、中、徵、羽、宫音列，在两个半八度内构成完整的五声或六声音阶，于至今出土的先秦编磬中仅见，极为难得[4]；春秋晚期滕州庄里西石编磬，13件，曾经磬师调音，音列以宫商角徵羽五正声为主，为当时用于演奏的实

[1]　周昌富、温增源：《中国音乐文物大系·山东卷》，第102页，大象出版社，2001年。

[2]　温增源：《诸城公孙朝子编钟及其相关问题》，《齐鲁艺苑》1992年1期。

[3]　王清雷：《山东地区两周编钟的初步研究》，《文物》2006年12期。

[4]　周昌富、温增源：《中国音乐文物大系·山东卷》，第143页，大象出版社，2001年。

用乐器[1]。衰落期的淄河店 M2,石磬 3 组 24 件,每组 8 件,每组编磬均大小相次,磨制较精,造型规范,未进行测音,应为实用器[2];临淄大夫观,石磬共 16 件,分 2 组,各 8 件,皆为实用器,甲组耳测音高为徵、商、角、徵、变宫、角和变徵,乙组 1 件残,余测音数据为 827.64、777.81、968.02、1 177.98、1 832.28、2 663.57 和 2 642.82[3];阳信西北村,石磬 13 件,耳测其音列在两个八度内重复徵、商、角、和,很可能具有音阶实践方面的深意,音乐性能较佳;公孙朝子石编磬,13 件,完好的两件音质清纯;战国晚期商王村 M2,石磬 19 件,1 组 10 件,1 组 9 件,每组都是用同一块石料,按大小顺序,依次取料加工而成,以此确保每枚石磬在整套编磬当中音质准确一致,现敲击时仍可发出音质准确、乐律分明、清脆悦耳的音乐,为墓主生前的实用器[4]。

　　小结:山东地区,滥觞期的镈钟和纽钟处于起步阶段,侧鼓音未能很好地进行利用(河崖头、上尚都),而甬钟已成编列且进行细致的调音(花园公社)。发展繁荣期,也就是春秋早期晚段至春秋晚期,镈钟和甬钟达到了两周时期乐钟音乐水平的制高点,前者以凤凰岭镈钟为代表,后者以刘家店子 M2 乙组甬钟为代表。纽钟和石磬在这一阶段急速发展,其中纽钟 9 件成编,凤凰岭、庄里西纽钟的音列均可在两个八度内构成完整的五声音阶;石磬件数不一,到春秋中期偏晚仙人台 M5 纽钟,可在两个半八度内构成完整的五声或六声音阶,于至今出土的先秦编磬中仅见。到了战国

[1] 周昌富、温增源:《中国音乐文物大系·山东卷》,第 150 页,大象出版社,2001 年。

[2] 周昌富、温增源:《中国音乐文物大系·山东卷》,第 174—175 页,大象出版社,2001 年。

[3] 周昌富、温增源:《中国音乐文物大系·山东卷》,第 158—159 页,大象出版社,2001 年。

[4] 《音乐文物大系》中载:石磬 16 件,分 2 组,每组 8 件,大小相次,磨制较精,造型规范,乙组测音数据为 694.95、839.83、790.89、985.77、1 198.08、1 870.44、2 713.30 和 2 828.33,可能有误。

时期，镈钟和甬钟明器化，进入了名副其实的衰落期；明器纽钟和陶编磬虽也已出现，但是纽钟和石磬的音乐性能还在进一步发展，到战国晚期临淄商王村M2达到了顶峰，其纽钟2组14件，无论是与五度相生律相比，还是与纯律相比，平均差值仅为12音分，在这一时期编钟的音乐水平中是最高的。

第四节　乐悬制度中的性别差异

女性是否可以在乐制之下用钟，雍颖认为"钟是礼仪活动中非常重要的礼器，晋侯死后也要随葬，但他们的夫人却不能享受这种待遇，因此钟磬只是晋国男性贵族权力和权势的标识"[1]。印群也认为西周时期开始到春秋中期使用金石之乐是男性的专利[2]。常怀颖从张家坡M163井叔夫人随葬编钟以及金文证据考察，认为"西周男女于乐制存在性别差异，西周时期女子在周系乐制中的确不占重要地位，但在具体实施过程中，似乎不是严格执行的。现有材料无法支持晚期以后不用乐器的说法。在东周，性别差异之于乐制恐怕更加松散"[3]。

在我们统计的列表中，山东地区，随葬乐器的墓主性别能确定或者可能为女性的有5例，它们分别是刘家店子M2、纪王崮墓葬、仙人台M5、郯城二中M1、站马张家村战国墓。前三者属于春秋时期，后二者属于战国时期。其中，刘家店子M2和刘家店子M1是夫妻异穴合葬，M1是莒国国君，M2是国君夫人，从随葬乐器的数

---

[1] 雍颖：《晋侯墓地性别、地位、礼制和葬仪分析》，《性别研究与中国考古学》，科学出版社，2006年。

[2] 印群：《黄河中下游地区的东周墓葬制度》，第248页，社会科学文献出版社，2001年。

[3] 常怀颖：《西周钟镈组合与器主身份、等级研究》，《考古与文物》2010年2期。

量和种类来看,M1有甬钟19件、镈钟6件、纽钟9件、錞于2件、钲1件,M2只有甬钟9件,远低于M1(图六十五)。纪王崮正式发掘报告尚未发表,随葬乐器有甬钟10件、镈钟4件、纽钟9件、石磬10件、錞于2件、瑟1件,因墓中出土带铭文的媵器一件,发掘者等认为可能为女性墓。仙人台M5,随葬纽钟9件、石磬14件、瑟1件,无论是铜礼器还是乐器数量均低于同一墓地的春秋早期晚段邿国国君墓M6,墓主人是邿国士一级的贵妇人(图五十八)。郯城二中M1,随葬纽钟8件(原为9件)、陶磬13件,铜礼器有鼎1件,未见兵器,纽钟纹饰带有明显的楚式风格,墓主可能是已经被楚国所灭的郯国士一级贵妇人(图六十一)。站马张家村战国墓,墓主级别较低,随葬品以明器木器为大宗,铜纽钟一件,亦为明器,因墓中多有玉器饰件而没有发现兵器,我们推测墓主可能为一女性(图六十四)。

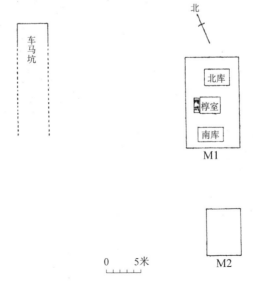

图六十五　刘家店子M1和M2位置图

　　夫妻合葬墓自西周开始出现,此种墓葬安排形式对我们探讨乐悬制度中的性别差异有着重要的意义,因此接下来我们将分析一下山东地区几例夫妻合葬墓中乐器的出土情况。除了上述刘家店子M1和M2外,它们分别是发展繁荣期的仙人台墓地M6和M4,嘴子前M4和M6,郯城大埠二村M1和M2,衰落期的淄河店M2和M3,大武东夏庄M4和M5,商王村M1和M2。仙人台墓地按年代的先后顺序看,墓葬排列是自东向西、先左后右的,其中M4和M6南北并列,似为夫妻并穴合葬,年代均为春秋早期偏晚阶段。M6随葬铜礼器35件,其中鼎15件、簋8件;乐器有甬钟11件、纽钟9件、石磬10件,规格最高,应为邦国国君墓。M4出铜礼器22件,其中鼎5件、簋4件,无乐器,规格次之[1](图六十六)。嘴子前墓群各墓是依

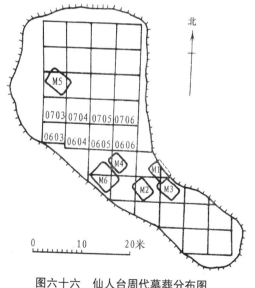

图六十六　仙人台周代墓葬分布图

---

[1] 山东大学考古系:《山东长清县仙人台周代墓地》,《考古》1998年9期;任相宏:《山东长清县仙人台周代墓地及相关问题初探》,《考古》1998年9期。

时代早晚，先西北后东南布局的，又按身份的高低先左后右排列的（存疑）。墓葬方向大致一致，M4和M6靠在一起，时代基本相同，应为春秋时期流行的夫妻并穴合葬墓。M4，一棺二椁，随葬铜礼器鼎7件、甗1件、盆2件、簋2件、方壶2件等，乐器甬钟7件、纽钟2件，是嘴子前墓群中规格最高的一座墓，墓主可能是胶东古国某一卿大夫。M6，一棺一椁，随葬铜鼎1件、盆1件、钘1件，无乐器，不见戈、镞之类兵器，推测是规格次之的女性墓[1]（图六十七）。

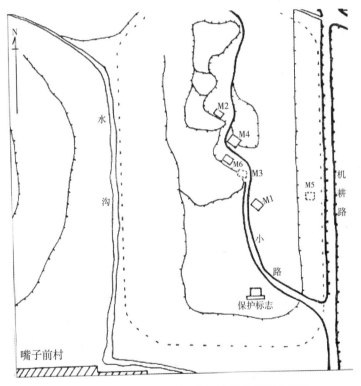

图六十七　海阳嘴子前墓群范围及部分墓葬分布图

[1] 海阳县博物馆等：《山东海阳嘴子前村春秋墓出土铜器》，《文物》1985年3期。

郯城大埠二村M1和M2，呈南北向排列，M1位于M2北侧，其南打破M2，两座墓葬形制与规模基本一致。M1，一棺一椁，殉棺4具，北器物箱随葬铜鼎2件、鬲1件、罐2件，无兵器。M2较M1略浅，破坏殆尽，仅器物箱采集到铜纽钟4件、石磬残片2件以及铜矛、铜镞等。从两座墓的分布及结构分析，M1和M2属于郯国士级贵族夫妻合葬墓，其间的打破为有意打破，其中M1为女性，无乐器；M2为男性，随葬编钟、石磬[1]（图六十八）。

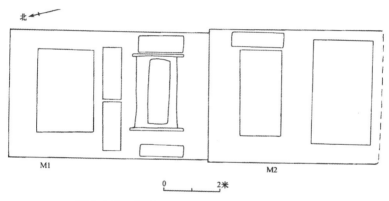

北

M1　　　　　　　　　　　　M2

0　　　　　　2米

图六十八　郯城大埠二村M1和M2平面分布图

临淄淄河店墓地，发掘7座大型战国墓和1座车马坑。M2位于墓地的东北部，东与M3相邻，后有一条长达45米的大型殉马坑，属于M2。M2和M3均为甲字形土坑积石木椁墓，都有陪葬坑，其中M2葬具是一椁二棺，随葬铜镈钟8件、甬钟16件、纽钟14件、戈9件、矛4件以及石磬24件等，1件有铭铜戈铸有"国楚造车戈"，因此墓主应是齐国国氏卿大夫级别的贵族；M3葬具是一棺

[1]　山东省文物考古研究所等：《郯城县大埠二村遗址发掘报告》，《海岱考古》第四辑，第105—140页，科学出版社，2011年。

一椁,墓主无乐器和兵器随葬,从随葬品的特征看墓主可能为女性,或为M2墓主的夫人,级别略低于M2[1](图六十九)。

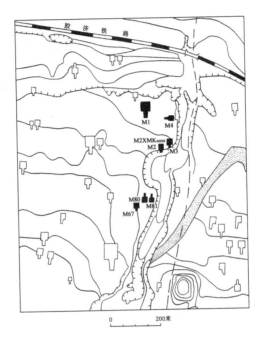

图六十九　淄河店墓地墓葬分布图

东夏庄墓地位于临淄大武镇东夏庄西南的棉花山北麓,其间散布着六座有封土的墓葬。M4和M5在同一封土下,属于夫妻异穴并葬。两墓一大一小,相差悬殊,西墓M4规模较大,M5规模较小,居于东面。M4为甲字形土坑积石竖穴墓,墓主一棺一椁,二层台上19个陪葬坑,因被盗,只发现了陶鼎30余件、簋11件和陶质镈钟7件、纽钟7件,另有铜兵器等。身份当为齐国卿大夫一级的贵族;

---

[1]　山东省文物考古研究所:《临淄齐墓》(第一集),第300—418页,文物出版社,2007年。

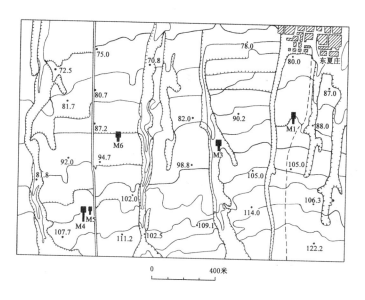

图七十　东夏庄墓地墓葬分布图

M5亦为甲字形土坑积石竖穴墓，墓主一棺一椁，二层台上有2个陪葬坑，椁室被盗，但是仍出土铜盖鼎2件、盖豆2件、豆3件、敦1件、舟1件等，无乐器和兵器，身份当为M4的夫人[1]（图七十）。商王墓地位于山东淄博市临淄区永流乡商王村西侧，北距齐国故城遗址约5公里，战国时期，两座中型墓M1和M2位于发掘区西北部，两墓东西并列，未经盗扰，随葬品丰富。M1和M2均随葬铜器、铁器、陶器、金银器、玉石器、玻璃器等，其中M1随葬金银器12件、铜器128件、玉器37件，其中不乏艺术瑰宝，但无兵器和乐器。M2随葬铜礼器有鼎2件、盘1件；兵器有铍1件、弩机1件；金银器有银匕1件；乐器有铜纽钟14件、石磬19件，玉石器也较为丰富。两墓随葬的雁足灯、银匜、编钟及石磬木架的铜饰等七件器物上均有刻铭"越陵

[1]　山东省文物考古研究所：《临淄齐墓》（第一集），第51—135页，文物出版社，2007年。

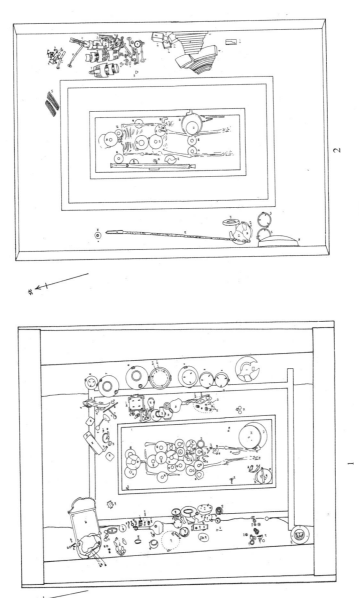

图七十一 临淄商王村 M1 和 M2 平面图

夫人",据此可知M1的墓主人是具有较高身份的贵族之妻,M2有玉具铁剑1件,墓主人可能就是"越陵",身份是卿大夫以上的官职。如此说来,M1越陵之妻的墓中,随葬品更为丰富,其身份应高于男性,很可能是齐王或某一重臣的公主、贵戚,但是未见乐器随葬(图七十一,1、2)。

小结:山东地区,目前所发现西周至春秋早期滥觞期的墓葬,乐器的墓主人皆为男性。已侯钟、鲁原钟金文内容也未提及女性。春秋早期晚段以后的发展繁荣期,17例墓葬或窖藏中,有3例墓主性别是或者可能是女性,分别为刘家店子M2、纪王崮墓葬和仙人台M5,前两者身份可能是国君夫人,后者是士一级贵妇人。9例传世乐钟的铭文材料中,只有1例提及女性,即鼄镈:"……作子仲姜宝镈。用祈侯氏永命万年……用享用孝于皇祖圣叔、皇妣圣姜、于皇祖又成惠叔、皇妣又成惠姜、皇考齐仲、皇母"[1]。3例夫妻合葬墓中,即仙人台墓地M6和M4、嘴子前M4和M6、郯城大埠二村M1和M2,分别代表诸侯、卿大夫、士三个级别男性墓主人的墓葬,规格均高于女性,且只有男性墓有乐器随葬。春秋晚期战国早期以后衰落期的11例墓葬中,有2例墓主人可能是女性,分别是郯城二中M1和站马张家村战国墓,身份是士一级的贵妇人或者更低;有1例钟磬架铜质构件上铸有"越陵夫人"的字样,即临淄商王村M2。3例卿大夫级别的夫妻合葬墓中,即淄河店M2和M3、大武东夏庄M4和M5、商王村M1和M2,亦只有男性墓主出土有乐器,身份规格高于其夫的商王村M1墓主人,随葬品更为丰富,但是也没有出土乐器。由此,我们可以推测,山东地区,西周时期女子在周系乐制中不占重要地位。春秋时期,国君、卿大夫、士级别的贵妇(夫)人也能享用乐

---

[1] 中国社会科学院考古研究所:《殷周金文集成释文》一,图二七一,中华书局,1984年;常怀颖:《西周钟镈组合与器主身份、等级研究》,《考古与文物》2010年2期。

器，但是使用比例和规格远远低于男性。战国时期，士一级或者更低级别的女性也可以享用钟磬，但是比例还是极低，即使身份已至公主或贵戚的商王村M1墓主人，如此丰富的随葬品中，也不见乐器的踪影。如果说东周因为"礼崩乐坏"，乐制松动，个别女性可以使用乐器，那么在体现乐制性别差异的男女合葬墓中，男性还是占了绝对的统治地位，乐悬制度的性别差异还是比较严格执行的。

第五节　簨　虡

簨虡，同"栒虡"，亦作"笋虡"，是古代悬挂钟磬的支架。《周礼·春官·典庸器》："及祭祀，帅其属而设笋虡。"郑玄注："笋读为博选之选。横者为笋，纵者为镶。"《周礼·考工记·梓人》："梓人为簨虡。"郑玄注："乐器所悬，横曰笋，植曰虡。"作为悬挂钟磬的支架，簨虡是乐悬摆列制度的直接体现者，正如《周礼·春官·小胥》载"正乐悬之位，王宫悬，诸侯轩悬，卿、大夫判悬，士特悬，辨其声"[1]，天子、诸侯、卿大夫以及士之间，乐悬摆列等级的不同，与簨虡梁柱结构等是密切相关的。簨虡本身还与钟磬肆、堵密切相关，例如《周礼·春官·小胥》郑玄注："钟磬者，编悬之，二八十六而在一虡谓之堵。钟一堵，磬一堵，谓之肆。"[2]再者，簨虡的有无与判断钟磬明器是否有关。《礼记·檀弓上》："有钟磬而无簨虡。其曰明器。神明之也。"目前，关于簨虡各部位的装饰，诸家争议较大。《礼记·明堂位》："夏后氏之龙簨虡，殷之崇牙，周之璧翣。"郑玄注："簨虡，所以悬钟磬也。

---

[1]　汉·郑玄注、唐·贾公彦疏：《周礼注疏》卷二十三，《十三经注疏》，第795页，中华书局，1980年。

[2]　汉·郑玄注、唐·贾公彦疏：《周礼注疏》卷二十三，《十三经注疏》，第795页，中华书局，1980年。

横曰簨,饰之以鳞属。植曰虡,饰之以嬴属羽属,簨,以大板为之,谓
之业。殷又于龙上刻画之为重牙,以挂悬纮也。周又画缯为翠,戴
以璧,垂五采羽于其下,树于簨之角上,饰弥多也。"郑说中,涉及簨
虡装饰的若干构件"业"、"崇牙"、"璧翠"。何谓"业",《诗经·周
颂·有瞽》:"有瞽有瞽,在周之庭。设业设虡,崇牙树羽。"毛《传》:
"业,大板也,所以饰枸为县也。捷业如锯齿,或曰画之。"《诗经·大
雅·灵台》:"虡业维枞,贲鼓维镛。"毛《传》:"业,大版也。"《说文》:
"业,大版也,所以饰悬钟鼓,捷业如锯齿,以白画之,象其鉏铻相承
也。"《释名·释乐器》:"筍上之板曰业,刻为牙,捷业如锯齿也。"近
期有学者根据考古实物,认为"汤家山所出青铜'牌饰'的形制与
'板'(或'版')相合,而牌饰下端的凸榫更显示它可能是用于饰悬
钟鼓的'业'"[1]。

　　山东地区,两周时期,我们统计的有明确钟磬出土地点的33例考
古发现中,7例随葬簨虡或其构件,它们分别是发展繁荣期的仙人台
M6、柳格庄M6、刘家店子M1、嘴子前M4,衰落期的章丘女郎山、站马
张家村、临淄商王村M2。进入西汉早期,章丘洛庄汉墓乐器坑钟磬
簨虡保存较好,这里一并囊括介绍。另临沂凤凰岭东周墓器物坑中
发现铜枹1件,铜质,半球形,素面,有一方形穿孔;半球中镶以木球,
过穿孔装一木柄,枹球半径为4.5厘米,应该是敲击鼓类乐器的工具,
这里不作讨论(图七十四)。春秋至西汉的这8例中,5例保存相对完
好,横梁(簨部)和立柱(虡部)均为全木结构,只有女郎山簨部两端
嵌套2只带圆环的铜质鋬形构件。其一,春秋中期柳格庄6号墓。北
侧二层台上有编钟9只,由大而小、自东而西依次排列,挂于木质钟架
上。钟木架已朽,仅漆皮附土保存,知为两端双立柱,立柱高约75厘

[1]　郎剑锋:《试论繁昌汤家山出土"鸟形饰"的用途》,《江汉考古》2011年4期。

米,中部略粗,底部为"山"字形座。横梁较长,左端为龙头形。短角,上下唇皆上卷。右端被另一木器所压,形制不明,梁总长约为180、宽约5厘米,着红漆,上绘黑色曲尺纹,若鳞状[1](图七十二)。

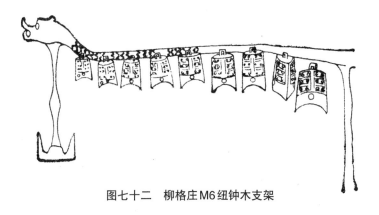

图七十二　柳格庄M6纽钟木支架

其二,海阳嘴子前4号墓。墓圹北二层台上南北并排立放两支木架,结构基本相同,均为二柱单梁的全木结构,立柱皆为长方体,通体髹漆,漆为黑地红彩。北木架悬挂编钟9件,最西端的2件纽钟还在原位挂于木架上。横梁通长266、最宽处10.4厘米,仅在东端残存不甚连贯的勾连纹;东立柱高69、宽7厘米,中部雕刻成云朵状;长方形底座,长58、宽22、厚9厘米。南木架无任何悬挂物,横梁长190厘米,最宽处约6厘米;虡部立柱宽9厘米,长方体底座长62、宽20、厚17厘米,底座底部有两只矮足,底座东侧保留着一块带花纹的漆皮,纹样为较繁细的变体龙纹(图七十三)。该墓同时还发现木槌2件,大小各一,大木槌通长75厘米,呈"7"字形;小木槌槌长30、柄长41厘米,呈T字形,是钟磬槌常见的形制。与以往不同的是,这两件

___

[1]　烟台市文物管理委员会:《山东蓬莱县柳格庄墓群发掘简报》,《考古》1990年9期。

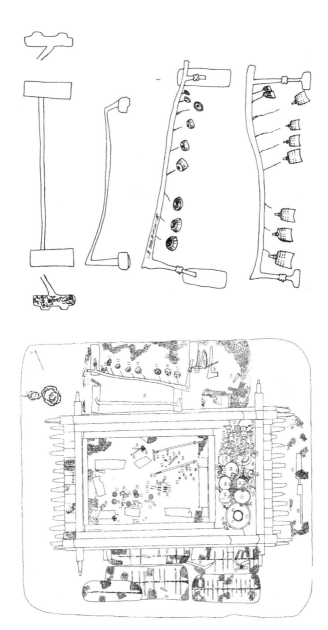

图七十三　海阳嘴子前 M4 平面图及钟磬木架

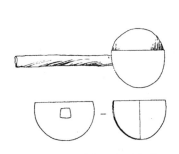

图七十四　临沂凤凰岭铜枹　　　图七十五　嘴子前M4大木槌和小木槌

木槌并未经过精细加工,都是用自然树杈制成(图七十五)。

其三,战国早期章丘女郎山墓葬。纽钟架一副、镈钟架一副,分别出土于内外椁之间的东北角和西南角,形制基本相同。钟架由两根立柱和一根横梁组成,木质柱身呈圆柱状,上细下粗,有方形底座,柱的上端插入一顶部带圆环的铜质銎形构件中,木质横梁穿入铜构件的圆环中[1]。

其四,蓬莱站马张家村战国墓。椁室东部纽钟两端南北向放置2只鸟形木支座,一只长65、宽18厘米,另一只长47、宽15厘米,底部均有二只长方体矮足。两底座相距1.4米。附近还有一段雕刻精细的木杆,木杆(残长68厘米)及支座均有华丽的朱绘纹饰,因纽钟东侧有一件带穿棍的木鼓的发现,报告认为"应为钟架或鼓架"[2](图七十六)。

其五,章丘洛庄汉墓14号乐器坑。编钟1套19件,位于C区北部西侧,原悬挂于木架上,现已朽。钟架由基座、立柱和横梁构成,基座为覆斗长方形,长44、宽24厘米;中间卯口为方形,边长6厘米,以承接立柱。立柱上下为方形,中间削为八棱形;顶端有两层

[1]　济青公路文物考古队绣惠分队:《章丘绣惠女郎山一号战国大墓发掘报告》,《济青高级公路章丘工段考古发掘报告集》,第115—149页,齐鲁书社,1993年。
[2]　林仙庭、闫勇:《山东蓬莱市站马张家战国墓》,《考古》2004年12期。

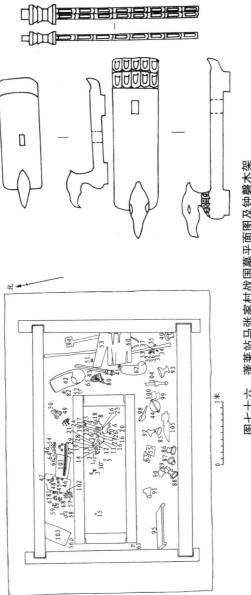

图七十六　蓬莱站马张家村战国墓平面图及钟磬木架

图七十七　章丘市洛庄汉墓14号陪葬坑钟磬架出土情况（西→东）

横木，由榫卯结构与立柱相接，残高约80厘米。上层横木残长约240、宽11厘米，髹以黑漆，在横梁下侧开槽，将钟钮插入槽内并用销钉固定，其上悬挂14件纽钟。下层横木残长195厘米，髹以黑漆，其上悬挂5件甬钟。钟体上有大量白色丝织品痕迹，亦应为覆盖物（图七十七）。石编磬6套共107件。其中每套20件的共4套、14件的1套、13件的1套。6套编磬中有1套位于编钟对面东侧，其余5套在坑内分两列向南依次陈列。所有编磬原来均悬挂于木架上，木架已朽，从清理出的痕迹看，磬架也由基座、立柱和横木组成。基座有方形和长方形两种，其他部分结构相同。如第一套的基座为方形，边长27、高6厘米，立柱残高86、边长约10厘米，除上、下端为方形外，中间部分也为八棱形，横木残长约230、宽10厘米。从石编磬上遗留的黑色痕迹推测，应为皮条所系挂。多数编磬表面残存有丝织物痕迹，推测这些编磬在入葬时均用丝绸覆盖[1]。

---

[1] 济南市考古研究所、山东大学考古系等：《山东章丘市洛庄汉墓陪葬坑的清理》，《考古》2004年8期。

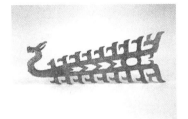

图七十八　大云山汉墓钟架

图七十九　刘家店子M1（上）和
仙人台M6（下）牛首凤鸟饰

　　8例中，仅剩簨虡铜质构件的有3例。其中仙人台6号邦国国君墓和刘家店子1号墓莒国国君墓各出土2只牛首凤鸟形构件（图七十九），铜质，头颈为圆雕，尾部较薄，镂空。牛头高昂，凤尾散开，极富动感，仙人台M6：N48，通长24厘米[1]。"周之璧翣"，牛首凤鸟构件均出土于编钟附近，两两相对，和江苏盱眙大云山汉墓钟架横梁两端鸟形装饰相似（图七十八），应是编钟簨部两端属于璧翣之类的扇形装饰构件。

　　战国晚期临淄商王墓地2号墓，墓室东部钟磬附近出土筒状六面体铜质构件8件，两两相对，内镶方木，每对构件大小一致，形制、纹饰相同，且纹饰均用银平拓而成，在没有纹饰的一面，往往有方孔以镶木架竖木，并刻有"越陵夫人"的铭文。8件可分为

---

[1]　山东大学考古系：《山东长清仙人台周代墓地》，《考古》1998年9期。

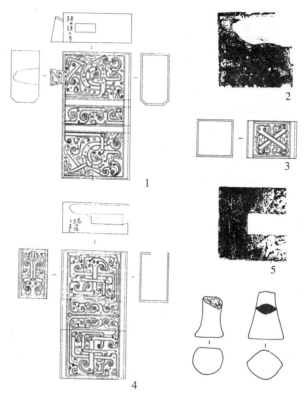

图八十　临淄商王墓地M2钟磬簨虡铜质构件

3型，Ⅰ型2件，长方体，一端有长方形銎以镶木架横木，另一端饰蝴蝶形卷云纹，M2：3长10.3、高6.2、卯孔长9.7、宽5.7厘米（图八十，2、4）；Ⅱ型2件，筒状六面体，一件有榫，一件有卯，榫卯平面呈燕尾形，后端渐细成楔形，榫卯扣合严密，且扣合后纹饰亦连贯统一，M2：8—1有榫，长17、宽6、高10.5厘米，M2：8—2有卯，长14.6、宽6、高10.5厘米（图八十，1、5）；Ⅲ型4件，两件较大，另两件较小，长方筒状，四面纹饰一致，均饰卷云纹，四周饰宽带弦纹，

图八十一　曾侯乙墓曲尺形钟架和双层磬架

M2：6长8.5、宽7.2、高7.2厘米，M2：7长8.7、宽7、高7厘米（图八十，3）。商王村2号墓出土纽钟2组14件，每组7件，大小相次，音质优美；石磬2组19件，1组9件，1组10件，是实用器。结合以上簨虡构件的发现，我们推测Ⅰ型和Ⅱ型较大型者是用于编钟横梁两端的构件，编钟簨虡呈曲尺形结构，Ⅱ型榫卯构件用于连接曲尺形的两根横梁，Ⅰ型2件分别位于曲尺形横梁的两端，形制类似曾侯乙墓钟架（图八十一，上）；石磬19件分上下两层一虡悬挂，Ⅲ型4件构件正好用于上下两层横梁的两端，大的在上，小的在下，亦可参见曾侯乙墓磬架（图八十一，下）。

　　小结：从5处簨虡保存相对完整以及3处出土铜质构件的墓葬

沂南北寨乐舞百戏图画像石

女郎山乐舞俑　　　　　　　无影山杂技俑

图八十二　陶俑及画像石中的乐者

可以看出,除洛庄汉墓编钟簨虡是两梁一柱的木质结构外,春秋战国的4例均是一梁一柱的木质结构,髹以黑漆红地或朱绘或黑漆,簨部通长140—266、宽5—11厘米,虡部通高69—80、宽7—10厘米,从尺寸方面看比较适合跽坐演奏[女郎山乐舞俑、无影山杂技俑、沂南北寨乐舞百戏图画像石上敲钟者呈站立之姿,敲磬者跽坐(图八十二)]。簨部两端或为龙头形(柳格庄M6),或装饰鸟形璧翣类构件(仙人台M6和刘家店子M1),或嵌套长方筒形铜质构件(商王村M2),或嵌套带圆环的铜质构件(女郎山),且这几例的墓葬级别都很高,墓主人是一国国君或卿大夫的身份,更多的簴部应该是简单的带有卯孔的木质横梁,上面绘以纹饰,如嘴子前M4北架横梁东端的勾连纹、站马张家村战国墓木杆上的重环纹。虡部立柱或是中间粗两端细(柳格庄M6),或中部雕刻成云朵状(嘴子前M4北架),或上细下粗(女郎山);底座有长方形或方形(站马张家村、嘴子前M4、女郎山),有山字形(柳格庄M6),有覆斗形(洛庄汉墓)。这里有一个有意思的现象,嘴子前M4北二层台南北向并列放置木架两具,北木架悬挂编钟9件,长方形底座;南木架无任何悬挂物,底座底部有两只矮足(图七十三)。南木架亦无悬挂物摩擦的痕迹,我们推测这非实用器,而是为了依礼而葬,墓主拥有编钟一虡的同时,象征着亦拥有编磬一虡,因为墓主人身份是与田齐密切相关的胶东古国卿大夫,如此摆列,与周礼所载"卿大夫判悬,两面悬挂"是密切相关的[两件自然树权制成的敲击工具,未经精细加工,也是佐证之一(图七十三)]。另外,站马张家村战国墓,墓主级别较低,整体上都是依礼而葬,出土一件纽钟,也是不能演奏的明器,因为纽钟附近有建鼓,所以报告指出2只鸟形底座和一只木杆当为钟架或鼓架。但是仔细观察,可以发现,和嘴子前M4南木架相似,2只鸟形底座的底部也分别有两只矮足(图七十六),鉴于此,既然纽钟仅一件且是明器,没有悬于簴虡的必要,我们大胆推测鸟形底座和朱绘木杆均是象征磬架的构件而非钟架,更非鼓架。

《礼记·檀弓上》:"有钟磬而无簴虡。其曰明器。神明之也。"山东地区两周时期出土乐器的33例考古发现中,仅7例随葬簴虡或其构件。这7例中,章丘女郎山墓中镈钟和纽钟均为明器,却有簴虡出土。嘴子前M4和站马张家战国墓簴虡本身即是依礼而葬的非实用器。可见,在墓葬中,簴虡的有无并不能作为判断钟磬是否为明器的唯一证据。

第五章　以乐钟为中心的音乐文化分区

　　山东地区是以泰沂山系为中心，包括周围小块平原与胶东丘陵的一个相对独立的地理单元，在自然地理上统称为山东丘陵。这种地理上的统一性，使得山东地区两周时期的音乐文化面貌上呈现较强的趋同性[1]。但是在这一相对独立的地理单元内，一是高山大川和湖泊沼泽的阻隔，二是周初分封政策使得古国林立，因此又可以将其音乐文化划分为四个区域：中部高耸的泰沂山系将整个地区一分为二，北部淄河、潍河等呈扇形分布，形成东西狭长的鲁北地区，这里曾是齐、纪、谭等国的分布之地。南部汶河、泗河流域的鲁南地区，曾是鲁、薛、邾、小邾等国的分布之地；沂河、沭河流域的鲁东南地区，曾是莒、向、鄅、郯等国的分布之地。以胶莱河为主的数条南北向河流，将胶东半岛分割为一相对封闭的小单元，即胶东地区，此地曾是莱、过、夷等国的分布之地[2]。鉴于此，本章即在前几章分析的基础上，结合文献记载，以甬钟、镈钟、纽钟三类乐钟为中心，尝试探讨各地区的音乐文化特征（图八十三）。

---

[1]　方辉：《岳石文化区域类型新论》，《山东地区青铜时代考古》，第142页，山东大学出版社，2007年。

[2]　王青：《山东地区周代墓葬》，第95—186页，山东大学出版社，2002年。

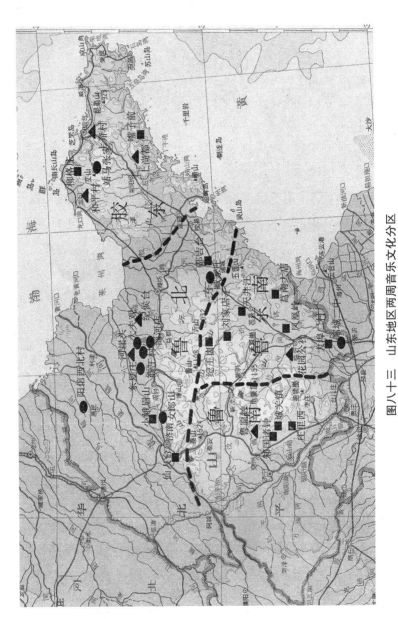

图八十三 山东地区两周音乐文化分区

▲滥觞期（西周—春早） ■发展繁荣期（春秋） ●衰落期（战国）

第一节　鲁北音乐文化区

截至日前,鲁北文化区青铜乐钟出土地点计有17处,包括3例传世乐钟,即己侯钟、齐鎛镈和齐鲁氏钟,地域上集中在临淄、济南、章丘、诸城、阳信等地。据文献记载,本地区曾是齐、纪、谭、郱[1]等国的分布范围,其中齐国势力最强。春秋早期,齐先后吞并纪、谭,前567年攻莱,疆土扩大到胶东半岛。至战国时期,田氏代齐,虽有所衰落,仍是七雄之一。

纪在今山东寿光县东南,和齐一样是姜姓国,曾经是比较重要的诸侯国。春秋初,纪还曾与周王室通姻,不久即为齐国所灭[2]。清乾隆年间山东寿光纪侯台[3]发现己侯钟一件,现藏日本京都泉屋博古馆。出土时保存完好。铭文位于左侧鼓,"己侯疕作宝钟" [4]。甬封衡,饰波浪纹、云纹,旋饰重环纹,二对称半环形幹,粗阳线界格钲篆部,篆饰斜角云纹,鼓饰工字形云纹,二层台平头圆柱状枚,钲部占体高约2/3,郭沫若将此钟定为昭穆时器,并据铭文字体的差异将另一件传世"己侯殷"定为厉宣时器[5]。据形制纹饰观察,己侯钟和现藏日本泉屋博古馆的叔钟相似,甬部环带纹与波浪纹亦见于虢叔旅钟,叔钟为西周中期器[6],而虢叔旅钟为西周晚

---

[1]　任相宏:《山东长清县仙人台周代墓地及相关问题初探》,《考古》1998年9期。

[2]　李学勤:《东周与秦代文明》,第101页,文物出版社,1984年。

[3]　郭沫若:《两周金文辞大系图录考释》(八)199,科学出版社,1957年;容庚、张维持:《殷周青铜器综论》,文物出版社,1984年;曾毅公:《山东金文集存·先秦编》,北京市图书业公会出版,1940年。

[4]　中国社会科学院考古研究所:《殷周金文集释文》一,图一四,中华书局,1984年。

[5]　郭沫若:《两周金文辞大系考释》,第423页,《郭沫若全集·考古编》第八卷,科学出版社,2002年。

[6]　王世民等:《西周青铜器分期断代研究》,第173页,文物出版社,1999年。

期器,故邿侯钟的年代可暂定为西周晚期[1]。本区滥觞期的第二例铜钟出自临淄河崖头村。河崖头村位于临淄齐故城大城东北角,1965年在村东的淄河岸边发现春秋早期镈钟1件,通高40、钮高6厘米,重13.5千克,乳状枚36个,装饰三条波状纹(圆圈纹),篆饰变形龙纹[2],平舞,舞面中心有一孔,扁钮作方形,纹饰漫漶,腔面不分隔钲间和枚区,鼓部较窄,纹饰不辨[3]。河崖头村一带曾发现石椁大墓、大型殉马坑等,参照《左传·襄公二十五年》"崔氏侧庄公于北郭"的记载,春秋时代齐国最高统治者的墓地可能就在此,因此这件镈钟可能与祭祀齐侯墓地有关[4]。

据考证,邿国之周代封地当在今长清南大沙河上游一带,疆域很小。邿于鲁襄公十三年被鲁所取,之后不久可能又被齐所取而成为齐之部邑[5]。长清县城东南20公里处五峰镇北黄崖村南的仙人台遗址,发现了6座邿国贵族墓葬,其中M6位于遗址中部,是面积最大、出土文物最丰富、规格最高的一座,为邿国国君之墓。南边箱内主要放置乐器,东半部的上部倒放11件甬钟,出土时大小套在一起。甬钟的南边,紧贴南壁横排着一套纽钟,共计9件,从大到小一字排开。上有一根断面呈圆形的横梁,应为悬挂纽钟的梁架。最底部平铺着一层编磬。甬钟铜质较差,钟体多见砂眼,各钟甬端皆封衡。圆柱形甬,带锥度。旋饰有四乳钉,斡中间凸起方棱。舞饰云纹,钟腔正面篆部饰多组斜角龙纹,钲间遍饰蟠

[1] 郭沫若:《两周金文辞大系考释》,第423页,《郭沫若全集·考古编》第八卷,科学出版社,2002年。

[2] 临淄区志编纂委员会:《临淄区志》,第545页,国际文化出版公司,1989年。

[3] 周昌富、温增源:《中国音乐文物大系·山东卷》,第38页,大象出版社,2001年。

[4] 齐文涛:《概述近年来山东出土的商周青铜器》,《文物》1972年5期;朱凤瀚:《中国青铜器综论》,第1683页,上海古籍出版社,2009年;李剑、张龙海:《临淄出土的几件青铜器》,《考古》1985年4期。

[5] 任相宏:《山东长清县仙人台周代墓地及相关问题初探》,《考古》1998年9期。

觥纹,鼓饰带三对犄角双目乳钉凸起的变形兽面。背面篆、钲、鼓部素面。腔壁至于口渐厚内敛似内唇。四侧鼓内有音梁,但内唇上无调音磋磨痕迹,钟体较薄,音质较差,音列无序,是专用于陪葬的明器。纽钟钟面似经镀铅,置螺旋形枚24个,各枚间仍留有长方形界格。最小的第9号钟(M6︰18)腔内舞底中心尚存有凸起的圆形垫片。阴线界格钲篆部,篆部饰窃曲纹,鼓部中心饰一圆圈纹,为正鼓部敲击点的标志。余各部素面。第5(M6︰22)、第6(M6︰21)号钟除了鼓中之外,右侧鼓部也有一圆圈纹标志,作为侧鼓音的敲击点标志。于口内有窄小内唇,四侧鼓内无音梁。内唇上多有调音磋磨痕一周,主要磋磨部位为两正鼓、两铣角内4处。四侧鼓部也有调音磋磨,很规范,4个最小的钟特别清楚。音列可在同一八度内构成完整的清商七声音阶,可见清商七声音阶在当时已经产生[1]。石磬音质较好,在一个半八度内构成完整的五声或六声音阶,发音较为准确。M5位于墓地最西端,编钟一套9件、编磬一套14件位于墓室棺椁之间南侧的中部,呈一字排开,很有规律;编钟、编磬东侧有一木质乐器,从其形状分析,可能属于瑟一类的乐器。纽钟多数钟钟腔两面上部有两个对称的长条形芯撑范孔,内大外小,有透有不透;舞面中心也有1个范孔。舞平,上置环形钮,合瓦形腔体,于口弧曲较大。阴线界格钲篆枚区,乳状枚36个。舞饰钩形云纹;篆饰菱形几何纹,内填以卷云纹;正鼓饰以阴线"凸"形纹,内填以连续的卷云纹和三角纹,正中间一圆圈纹。于口有内唇,四侧鼓内有音梁,音梁外端与内唇相接,里端呈半圆形,渐低平。内唇上多有调音磋磨痕一周,主要磋磨部位为两正鼓、两铣角内四处,音列可在两个八度内构成完整的六声新音

---

[1] 王清雷:《山东地区两周编钟的初步研究》,《文物》2006年12期。

阶。石磬则自大至小构成徵、羽、宫、商、角、徵、羽、宫、商、角、中、徵、羽、宫音列,在两个半八度内构成完整的五声或六声音阶,于至今出土的先秦编磬中仅见,极为难得[1]。从邿公典盘铭分析,墓主应是春秋中期晚段某一姜姓国女嫁给邿国王室为妻者[2],身份属于士一级贵妇人。鲁北文化区春秋晚期青铜乐钟遗址出土2例,传世2例。其一,在诸城市区北25公里渠河与荆河汇流处,有一名叫都吉台的村庄,村东有一高台,名曰"斗鸡台",《史记·鲁周公世家》所载鲁昭公二十五年(前517),鲁大夫季孙意如(即季平子)与鲁大夫后恶(即都昭伯)在此斗鸡,村名因台名谐音而得。1983年,在遗址北部一处春秋墓中,出土了一套完整的编钟。9件纽钟造型一致,纹饰相同,大小相次而成序列,是为一套。合瓦形钟体,平舞,铣棱斜直。腔面未设枚篆钲区,阳文框内统饰精细的蟠虺纹,纹饰四周留出素边。纽钟铸型和战国时期的淄河店M2、章丘女郎山和阳信西北村战国墓纽钟一脉相承,因此我们将此墓纳入鲁北音乐文化区的范畴。其二,章丘小峨眉山遗址。小峨眉山位于章丘县城明水镇东南部,此处未发现墓葬及居住遗迹,但陆续出土了甬钟4件、句鑃22件等铜器。甬钟形体巨大,均已不同程度残损,较完整的1件钟甬高27.6、铣长46.8、舞径21.6—27、于宽39厘米,重18.5千克。甬粗硕,中空,饰两组云纹,旋饰三角云纹,鸟形斡饰三角纹。舞、篆饰变形龙纹,鼓饰浮雕蟠螭纹。另共存句鑃为合瓦形体,平舞、侈铣、曲于,内壁光平,通体光素无饰;柄短小,为一面平一面圆的半圆柱状,中部有一周凸棱[3]。体扁而腔壁极薄,

---

[1]　周昌富、温增源:《中国音乐文物大系·山东卷》,第143页,大象出版社,2001年。

[2]　山东大学历史文化学院考古系:《长清仙人台五号墓发掘简报》,《文物》1998年9期;方辉:《邿公典盘铭考释》,《文物》1998年9期。

[3]　周昌富、温增源:《中国音乐文物大系·山东卷》,第35—36页,大象出版社,2001年。

和甬钟同为明器。句鑃原产吴越，而出土于齐地，共存甬钟的形态又和吴者减钟类似，足见当时齐鲁地区和吴越地区音乐文化关系相当密切[1]。其三，清同治九年（1870），山西荣河后土祠出土春秋晚期齐鎛1件，又名齐子中姜鎛，现藏于国家历史博物馆。共存乐器有春秋晚期晋国制品邵黛编甬钟。鎛钮为透雕云顶吞噬飞龙座，这种云顶就是由两条吞噬飞龙的尾端连接在一起构成的。舞、篆、鼓饰平雕凸边变形蟠螭纹（蟠龙纹）。枚饰圆圈纹。钲篆以粗阳弦纹为界。鎛的正面有铭文175字（内重文2，合文1）。行款是起自右栾而右侧鼓，而钲间，而左侧鼓，终于左栾[2]。此鎛自名为宝鎛，又是全铭，有人认为是特鎛[3]。齐鎛是山东诸多鎛器中最为著名的一例，此系春秋齐国鲍叔之孙鎛作器，记鎛的祖先鲍叔有功于齐国，桓公赐他采邑的史实。鲍叔因荐管仲相桓公而使齐国称霸于天下，因而为齐之重臣。鎛形体特大，高65.8厘米，重65.2千克，于（清）同治九年四月在山西荣河县出土，不知何故入晋，然当为齐器无疑[4]。其四，齐鎛氏钟。同于鎛鎛，鎛氏即鲍叔，故此钟亦为鲍叔之后所作。铭文52字（又重文2），行款自正面钲间，而右鼓，而反面左鼓，而钲间，而右鼓，终于正面左鼓，"唯正月初吉丁亥齐鲍氏孙□择其吉金自作穌钟卑鸣攸好用享以孝于怡皇祖文考用宴用喜用乐嘉宾及我倗友子子孙孙永保鼓之"[5]。正鼓装饰对称顾龙纹，喙侧有粗鼻，目纹近于尾端的蛇角，背上饰目纹，蛇角上增足作龙形，下体在腿裆处断开，足形纹饰略微向下并外移，通体施

[1] 李纯一：《中国上古出土乐器综论》，第332页，文物出版社，1996年。
[2] 中国社会科学院考古研究所：《殷周金文集成释文》一，图二七一，中华书局，1984年。
[3] 李纯一：《中国上古出土乐器综论》，第159、161页，文物出版社，1996年。
[4] 林济庄：《齐鲁音乐文化源流》，第118页，齐鲁书社，1995年。
[5] 中国社会科学院考古研究所：《殷周金文集成释文》一，图一四二，中华书局，1984年。

以较繁缛的细阴线二层花纹。李纯一认为齐鎛氏钟属于春秋中晚期，与春秋楚王领钟相比，该钟龙纹两侧有涡纹，而楚钟没有，二者的区别有可能是地区和时代导致的差异[1]。值得注意的是，山西荣河后土祠邵黛钟正面鼓饰下方正中处亦缀有一个浅浮雕涡纹[2]，上例齐鑫鎛又与晋邵黛编甬钟同出，可见此时齐晋两国之间应有密切的联系。

　　进入乐钟整体发展的衰落期，鲁北文化区8例乐钟中，5例来自临淄，可见齐文化的绝对统治地位。第1例，出于战国早期淄河店M2。淄河店墓地位于泰沂山脉北麓的山前坡地上，南依山岭，北临平原，墓地西北侧不远即为淄河。1990—1993年，山东省文物考古研究所先后对淄河店墓地进行了两次发掘和一次大规模的文物勘探。M2位于墓地的东北部，南临断崖，后部有一条长达45米的大型殉马坑。从清理的情况看，铜、石乐器大多成组放在一起。4件大型鎛钟放置在东二层台上的中部，呈菱形东西并排在一起。甬钟、石磬集中放于二层台北部与陪葬坑东侧上部。16件甬钟根据特征可分为两组，每组8件。石磬共有三组，每组共8件，按大小顺序叠放在一起，并用细绢绳捆扎。在陪葬坑东北角还有一组环纽小鎛钟，也为4件。椁室清理出小纽钟14件，主要出于椁室东北角外棺和内棺之间。此墓甬钟甬部和大型鎛钟钮部皆是和钟体焊接而成，脱落迹象明显。甬钟、鎛钟和纽钟均是不能实用的明器，石磬3组24件，每组8件，每组编磬均大小相次，磨制较精，造型规范，未进行测音，应为实用器[3]。M2出

[1]　李纯一:《周代钟鎛正鼓对称顾龙纹断代》，见《李纯一音乐学术论文集》，第173—192页，上海音乐学院出版社，2004年。

[2]　中国社会科学院考古研究所:《殷周金文集成释文》一，图二二五至二三七，中华书局，1984年。

[3]　周昌富、温增源:《中国音乐文物大系·山东卷》，第174—175页，大象出版社，2001年。

土1件有铭铜戈,戈铭为"国楚造车戈",齐之国氏为齐国望族,
世为齐国上卿。此墓如此之规模,随葬陶礼器、编钟、编磬之丰
富,并有车马坑和殉人,可见二号墓墓主国楚的地位甚高,属于
齐国卿大夫之类的上层贵族,亦证明战国早期前段国士在齐国
仍具有一定的势力,并袭有"国子"称号[1]。第2例,出于战国早期
齐国卿大夫之墓临淄大夫观。1978年淄博市临淄区大夫观村古
墓中出土铜甬钟8件、石编磬16件。甬钟形制相同,大小依次排
列,是为一套[2]。腔体合瓦形,略修长,平舞曲于,铣棱斜直,近于
口处形成凸尖。圆梗式阳文框分隔枚区,二节圆柱形枚。钲部较
宽,鼓部偏狭,长甬粗硕,最上边有凹弦纹一周,有旋有幹。通体
无纹饰。此套编钟有内唇,无音梁,无调音痕迹,音质极差,当为
明器[3]。因该墓伴出器物经报道的只有石磬16件,给断代造成一
定的难度,因其铣有尖角、甬部粗硕、鸟钩形幹等特征和章丘小峨
眉山、临淄淄河店M2所出甬钟接近,所出编磬2组16件皆为实
用器且测音数据显示应为战国时期,所以我们将此墓定为战国早
期。第3例和第4例,出于战国早期齐国大夫级贵族墓临淄大武
镇东夏庄M4和M6。东夏庄墓地位于临淄区大武镇东夏庄西南
的棉花山北麓,北距胶济铁路1.5公里,东北距临淄齐国故城遗址
约13公里。在这片山坡上,有数条被山洪冲刷而形成的南北向
冲沟,其间散布着六座有封土的墓葬。M4和M5同在一座封土
下,M6与M3呈等腰三角形分布。M4二层台的兵器坑东侧,有
陶纽钟7件、陶镈钟7件。镈钟形制相同,大小有别。复式钮,体

---

[1] 山东省文物考古研究所:《临淄齐墓》(第一集),第302—382、419—442页,文物出版社,2007年;山东省文物考古研究所:《山东淄博市临淄区淄河店二号战国墓》,《考古》2000年10期。

[2] 临淄区志编纂委员会:《临淄区志》,第545页,国际文化出版公司,1989年。

[3] 临淄区志编纂委员会:《临淄区志》,第67、158—159页,国际文化出版公司,1989年。

呈椭圆形合瓦式,两侧中腰略鼓,平口微敛,泡形枚,枚上饰卷云纹。纽钟长方形扁钮,钟体作合瓦形,舞窄口宽,两侧中腰微弧,弧口内敛,素面无枚。乐器下放置四块两长两短的方木板,板上有红、白、蓝三色彩绘纹饰,这些方木当是供悬挂乐器的簨虡。从朽木灰痕测得,长板3米,短板2.18米,边宽均为0.13米。M6陶编镈和编钟置于北二层台上,镈多被压碎,甬钟大部得以保存。7件甬钟形制相同,大小相次。甬与腔体分体,钟体作合瓦形,弧口,二层台柱形枚,舞顶中央有一圆孔以纳甬,甬自旋以上作多角形(八棱、六棱),干作兽首形,甬下端有凸榫纳入舞顶圆孔,榫部有一横穿用以贯销,使甬与腔体合二为一。结合两座墓有墓道、封土、积石椁、多组陶礼器组合等现象,墓主身份当为齐国大夫一级的贵族[1],但是只能享用陶质编钟,且作为夫妻并穴合葬之女性墓的M5,不能享用。第5例出于战国晚期晚段的临淄商王村M2。商王墓地位于山东淄博市临淄区永流乡商王村西侧,北距齐国故城遗址约5公里,西距临淄区政府驻地2公里。4座战国晚期墓葬中,仅M2出土乐器。墓室东部椁外南端放置石磬19件,按大小次序分两组东西排列,一组10件,另一组9件。中部有铜编钟14件,大小相套,分东、西、中三排并列放置。从编钟的形制和排列位置分析,编钟当分两组,每组7件。在编钟、编磬附近,有8件方形铜构件,刻有"赵陵夫人"的铭文字样。构件原镶于木质钟磬架横木两端,横木朽毁后铜构件散落于墓底,构件内尚残留横木朽迹。根据编钟、编磬和铜构件的出土位置推断,当时并没有将编钟、编磬悬挂于木架之上,主要原因是受椁室外空间所限,只能将编钟、编磬集中堆放并将木架象征性放置于墓

[1] 山东省文物考古研究所:《临淄齐墓》(第一集),第51—136、419—442页,文物出版社,2007年。

室之中。我们根据铜质构件的型式不同，复原钟磬的架构，其中编钟呈曲尺形单梁三柱簨虡，编磬呈上下两梁在一虡的结构，墓主使用的是三面悬挂的轩悬之制，可见其身份的高贵，很可能是齐国卿大夫以上的官职或王室成员。两组编纽钟14件，皆为合范铸成，钟舞部和鼓部均有合范痕迹。每组大小相次，形制和纹饰相同。长方形钮，略呈梯形，铣部内敛，鼓栾，于作弧形。腔面枚、篆、钲各部界格分明，设半球形枚36个。钮、篆和枚间饰三角云纹和卷云纹，枚上铸旋纹，舞、钲和鼓部饰变体凤鸟纹，羽尾勾卷，突出钟面，凤羽之内填以细线纹、羽状重环纹和圆圈纹，钟腔内壁也有模印的卷云纹和凤鸟纹，纹饰清晰，与钟面纹饰相同，其细微之处甚于秋毫，铸造技艺高超。经测音，均为实用器，且发音准确，但其腹微鼓、铣部内敛等特征，已呈现出青铜乐钟衰落期的特征。临淄商王村M2与其东侧的M1为并穴合葬墓，M2墓主人为男性，M1墓主人为女性，从用鼎数量等来看，M2的规格低于M1女性墓，但是只有M2出土了铜石乐器。

本地区衰落期余3例分别出自春秋晚期临朐扬善公社，战国早期章丘女郎山和战国中期阳信西北村。一，1963年，在临朐扬善公社一个水利工程中发现了一批铜器，计有编钟一组5件、编镈1件、石磬等。编镈完整者1件，高22厘米，制作轻薄，舞、鼓为素面，篆为龙纹，以浅刻圆圈仿枚的形状。编钟最大者高18.5厘米，最小者高16.6厘米，纹饰与编镈同。这批编钟、编镈制作轻薄、简陋，应属随葬用的明器。一壶有铭，言"公孙窜立事岁"，公孙窜即齐景公时代的公孙灶，当权年代为公元前545至前539年，明器钟镈的年代应比作为媵器的公孙窜壶的铸造年代为晚[1]。

---

[1]　齐文涛：《概述近年来山东出土的商周青铜器》，《文物》1972年5期。

二, 1990年春, 济青高级公路工程文物考古队在章丘市绣惠镇的女郎山东、西、南坡济青公路工程的取土场共发掘了120余座历代墓葬, 一号战国大墓是这次发掘的唯一的大墓。乐器主要放置在该墓东北角和西南角的内外椁之间, 计有纽钟7件、镈钟5件以及钟架2副。另东二层台上存两套石编磬, 其中有一套似装于匣内。镈钟和纽钟均单钮、无枚, 腔体饰浅浮雕蟠虺纹, 同为明器。2副钟架形制相同, 皆由两根立柱和一横梁组成, 木质柱身呈圆柱状, 上细下粗, 有方形底座, 柱的上端插入一顶部带圆环的铜质銮形构件中, 木质横梁穿入铜构件的圆环中。此外, 1号陪葬墓的二层台上出土彩绘乐舞陶俑38件, 其中乐器4件, 包括大建鼓1件、小建鼓1件、编钟一组2件, 挂在长方形钟架上, 右边的为镈钟, 左边的为纽钟, 钟架下部有两个禺形支座, 通高7.9厘米; 编磬一组2件, 置于磬架上, 通高6.1厘米。战国时期, 章丘一带属于齐国的疆域, 墓主很可能是齐大夫一级的人物。三, 1988年10月山东省阳信县城关镇西北村一平面2×2米的土坑内出土一批重要文物。礼乐器放置在坑的中部, 有铜纽钟9件、镈钟5件、石磬13件。与器物坑相距20米处有一座土台, 已探明下面有一座墓葬, 据此分析, 该坑为墓葬的陪葬坑。5件镈钟形制相同, 纹饰一致, 大小相次, 当同属一个编列。镈钟胎极薄, 仅0.2厘米左右, 制作粗劣, 铸疣未作修磨, 内腔虽有窄细三棱状内唇, 但无调音锉磨痕, 为明器。9件纽钟亦是如此, 无枚, 单钮, 腔体饰头尾相交的蟠虺纹, 和章丘女郎山所出纽钟极为相似, 时代可能稍晚, 应属于战国中期齐器[1]。

鉴于以上分析, 两周时期, 鲁北地区以乐钟为中心的音乐文化区的特征可总结如下(表二):

---

[1] 惠民地区文物普查队、阳信县文化馆:《山东阳信城关镇西北村战国墓器物陪葬坑清理简报》,《考古》1990年3期。

表二

	甬　钟	镈　钟	纽　钟
形制特征	BⅠEⅠFⅣHⅠHⅡ, 48件	AⅠEⅡFⅠFⅡGⅠGⅡGⅢ, 37件	CⅠDⅡFⅡFⅢFⅣHⅡ, 83件
	乐钟数量多，计162件；种类齐全，甬钟、镈钟和纽钟各占4型。		
铭文	滥觞期1例，位于左鼓，仅6字。发展繁荣期2例，位于钲间＋两栾＋两鼓或正反钲间＋两鼓，内容皆是追孝祈福，前者172字、后者52字。衰落期3例，位于口或簨虡构件上，内容简省。		
铸造工艺	明器达116件，时代自春秋早期至战国中期。滥觞期甬中空或外方内圆钮，鼓饰云纹或纹饰漫漶，形制原始。发展繁荣期形制多样，甬钟甬部锥形或粗硕，方斡中间起棱或鸟形斡；镈钟饰透雕双龙繁钮；纽钟分无枚、24枚或36枚三种，正鼓盛行顾龙纹、圆圈纹、凸字纹、模印或浮雕蟠螭纹或素面。衰落期材质分青铜和陶质两种，甬钟长甬焊接或榫卯结构，流行鸟形斡；镈钟繁钮多焊接或铸接；明器纽钟皆无枚，钟面浮雕蟠螭纹；实用器纽钟长条或梯形环钮，后者两栾微鼓，钮、篆、枚、钲、鼓甚至内壁遍饰凤鸟纹、云纹等，衰落特征明显。		
乐悬	镈钟数量多，钟磬组合为主，亦有甬钟和句鑃的组合。因明器乐钟的大量使用，僭越用制明显。17例中，仅1例拥器者为女性。纽钟和石磬的音乐性能呈上升趋势，达到了同时期的最高水平。随葬簨虡者，墓主级别较高，且多铜质构件。		
文化属性	器主人以齐国为主，另有纪国、邿国、鲁国、莒国等。乐钟本身兼具齐、楚、晋、吴越、郑、燕等国风格。		

　　西周晚期，纪侯台所出己侯钟除对称半圆形斡以外，风格和中原地区一致。滥觞期的河崖头镈钟，侧鼓音含混，外方内圆钮、舞部中心有圆孔、腔面不分隔钲部和枚区、纹饰漫漶等特征，虽显原始，已开始凸显一定的地区特色。春秋早期晚段的东夷古国邿国国君6号墓已采用11件明器甬钟随葬，以凑成诸侯

级别甬钟、纽钟和石磬三面悬挂的悬挂之制。春秋晚期的扬善
公社、小峨眉山，战国时期的淄河店、大夫观、女郎山、西北村，
全随葬的是明器青铜钟镈，而战国早期的东夏庄4号和6号墓，
使用的是陶质钟镈，可见大量采用明器乐钟随葬是本区最大的

己侯钟　　　　　　　临淄河崖头镈钟　　　　　　　齐鞪镈

仙人台M6甬钟、纽钟、牛首凤尾铜䍤及石磬

图八十四—1　鲁北文化区音乐文物

特色之一。正因为此,东周"礼崩乐坏"的现象在本区显现得
淋漓尽致,如淄河店M2出土甬钟2组16件、镈钟2组8件、纽钟
14件、石磬3组24件,数量庞大,早已超越了天子四面悬挂的宫
悬之制。另外,虽多为明器,但是本区镈钟发现数量较多,1件、
5件、7件、8件的均有,没有规律。编列中,镈钟多和石磬同出,

长清仙人台M5纽钟及石编磬

小峨眉山甬钟及句鑃　　　　都吉台纽钟　　　齐鲍氏钟

图八十四—2　鲁北文化区音乐文物

淄河店M2甲组镈钟、乙组镈钟、甬钟及纽钟

大夫观甬钟　　　　　　东夏庄M6甬钟和M4镈钟、纽钟

图八十四—3　鲁北文化区音乐文物

小峨眉山甬钟和句鑃同出，前者是晋地常用的组合，后者的句鑃是吴越常用的旋律乐器，加上前述齐黧镈出自山西荣河县、齐嬰氏钟正鼓涡纹见于晋邵黧甬钟，齐、晋、吴等国东周时期青铜乐钟方面的联系可见一斑。乐悬制度方面，本区一是簨虡发现数量稍多，或悬钟于其上（女郎山），或摆于乐器两侧（仙人台M6牛首凤尾铜璧翣），或置于乐器下（淄河店M2），或集中放于乐钟附近（商王村M2铜构件）；二是墓主仅一例是女性，余均是男性，即使级别高于其夫的商王村M1墓主人，也无一件铜石乐

女郎山纽钟、镈钟及乐舞俑

阳信西北村镈钟、纽钟　　　　　　　臧家庄纽钟

图八十四—4　鲁北文化区音乐文物

器随葬。音列方面,纽钟和石磬的音乐性能极佳,且呈现一个不断进步的趋势,如春秋早期仙人台M6,纽钟音列可在同一八度内构成完整的清商七声音阶[1];石磬在一个半八度内构成完整

---

[1]　王清雷:《山东地区两周编钟的初步研究》,《文物》2006年12期。

臧家庄镈钟 　　　　　　商王村M2纽钟及钟磬铜质构件

图八十四—5　鲁北文化区音乐文物

的五声或六声音阶。春秋中期晚段仙人台M5,纽钟四侧鼓有
半圆形音梁,音列可在两个八度内构成完整的六声新音阶;石
磬在两个半八度内构成完整的五声或六声音阶,于至今出土的
先秦编磬中仅见[1]。战国中期诸城臧家庄公孙朝子纽钟,全套
纽钟的音域达两个多八度[2]。战国晚期的临淄商王村M2,纽钟
2组14件,无论是与五度相生律相比,还是与纯律相比,平均差
值均为12音分,在这一时期编钟的音乐水平中是最高的[3];石
磬19件,分2组,一组9件,一组10件,大小相次,磨制较精,造
型规范。最后,无论是乐钟的数量、乐钟延续使用的时间,还是
乐钟铸造工艺的精湛、形制的兼容并包,本区在整个山东地区无
疑是最具代表性的。

---

[1]　周昌富、温增源:《中国音乐文物大系·山东卷》,第143页,大象出版社,2001年。

[2]　温增源:《诸城公孙朝子编钟及其相关问题》,《齐鲁艺苑》1992年1期。

[3]　王清雷:《山东地区两周编钟的初步研究》,《文物》2006年12期。

第二节　鲁南音乐文化区

　　鲁南文化区的青铜乐钟出土地点发现2例,余8件皆为传世有铭乐钟,1件鲁国器,7件邾(小邾)国器。根据古文献记载,本地区两周列国中最重要的是都于曲阜的鲁国。鲁国是西周初年周公的封国,周公留在朝中,由长子伯禽就国,是西周时期最重要的诸侯国。春秋时渐渐衰落,但鲁国保留周的文化传统最多,到公元前256年战国晚期,被楚伐灭。鲁国之南,有曹姓的邾、姬姓的滕和任姓的薛三个小诸侯国,其城址都已经发现。邾城俗名"纪王城",在今邹县南约10.5公里,邹峄山下;滕城在今滕县西南7公里的东、西滕城村一带;薛城在今滕县南20公里,官桥镇西南2公里[1]。

　　西周晚期鲁原钟,钲间载有铭文"鲁原作龢钟用享孝",另有鲁大宰原父毁传世,当为一人所作。郭沫若引《说文》,认为邍(原)与古山东高平(今属邹城)有关[2]。鲁原钟正鼓部饰有一对相背顾龙纹,侧鼓部亦有一顾龙纹作为第二基因的标志,龙尾上立有一细阴线象鼻纹是其特色所在。龙纹作为侧鼓音的标志,亦见于西周晚期柞钟[3]。

　　目前发现的发展繁荣期的乐钟都是春秋晚期的,其一,邹城城关镇甬钟。1970年,山东邹城城关镇郭庄村村民在村南挖井时,挖出铜钟一件。钟甬较长,上细下粗,饰细线阴刻三角勾连纹(可能为三角形环带纹,见于虢叔旅钟和己侯钟)与龙纹,平头二层台柱

[1]　李学勤:《东周与秦代文明》,第110—122页,文物出版社,1984年。

[2]　郭沫若:《两周金文辞大系图录考释》,见《郭沫若全集·考古编》七(第223页)、八(第417页),科学出版社,2002年。

[3]　中国社会科学院考古研究所:《殷周金文集成释文》一,图一八,中华书局,1984年。

状枚36个,舞、篆部均铸有窃曲纹,鼓光滑无纹饰。此钟形制颇为特殊,甬部加长是春秋中期以后楚钟和战国时期齐钟的特征,窃曲纹则流行于西周晚期和春秋早期,鼓部光素无纹饰的目前仅见于西周晚期烟台上夼村甬钟。钟高33厘米,重6.7千克,暂定春秋晚期。邹城春秋时期属于邾国。公元前488年,鲁国伐邾。战国时期,除了受到北方齐、鲁两国的侵略外,楚国成为其主要威胁。战国后期,被楚攻灭。鉴于此,我们推测邹城城关镇甬钟的特殊形制可能受到了齐鲁钟、楚钟等的影响。其二,滕州庄里西编钟。1982年冬,滕州姜屯镇庄里西村窑厂在取土时挖出一古墓,出土了编镈4件、纽钟9件、石磬13件,享用的是诸侯级别的轩悬之制。4件镈钟制作精细,腔体厚实,造型一致,大小相次。舞平,上植双龙吞蛇形繁钮;合瓦形腔体,铣棱略弧,于口平齐,有内唇。以高棱框隔枚、篆、钲区,舞、篆饰卷龙纹,鼓部由龙纹组成兽面,枚饰盘龙纹。正鼓纹饰和春秋晚期邾公华钟最为接近,整体用细或粗阳线勾勒,填以密集的细阳线连续三角云纹,兽面纹头大牙大,躯干简化成单体。腔体上部每面各有芯撑铸孔2—3个,未透。钲间和两栾铸有铭文。镈侧鼓有低平音梁结构,被磋磨,敲击发音悦耳动听。纽钟9件,扁方钮,以绳索纹框隔枚、篆、钲区,篆、钲、舞饰蟠虺纹,鼓部饰由蟠螭纹组成的兽面纹。此组正鼓纹饰亦称蝶形蟠螭纹,和淅川下寺M2王孙诰甬钟正鼓纹饰最为接近,是春秋后期楚钟特有的风格。编磬用青黑色的石灰岩精工磨制而成,造型基本一致,大小相次,是为一组,音列以宫商角徵羽五正声为主,为当时用于演奏的实用乐器[1]。滕州古属滕国,周公东征后封其弟错叔绣于滕,为滕侯。滕国与邾鲁关系密切,从滕州庄里西所出镈钟的双龙吞

[1] 周昌富、温增源:《中国音乐文物大系·山东卷》,第46、95、150页,大象出版社,2001年。

蛇繁钮和纽钟的浮雕蝶形兽面看，与楚可能也有一定程度的联系。
其三，传世邾国诸钟。1.20世纪初，"邾公轻钟"出土于邾地，见诸
典籍。曾为阮元旧藏，著录4件，现存3件，全组件数不详。春秋
晚期前段邾宣公（前573—556）所作。四件皆全铭，其中上海博物
馆所藏有铭文57字，行款由右栾而右鼓，而钲间，而左栾，止于左
鼓[1]。大意是：邾公轻作龢钟二堵，用以自乐及宴喜大夫诸士。甬
作圆柱状，但近顶部收敛成圆锥状；体较短，腹部略微鼓出，以致
口微内收而侈度较小，整个形体矮而宽。钲部占52.05%，平头二
层柱状枚稍短。上下封衡，旋饰4乳钉，方形斡中间起棱（见于仙
人台邾国贵族墓地M6甬钟），钲、篆边框为细阴线弦纹，舞、篆饰
细密的细阴线蟠虺纹。鼓饰大于一般，占满鼓面，为平雕二叠蟠
龙纹，填以细阴线云雷纹，六条龙绕结成长方块状，左右两侧各伸
出向上翘起的三个龙首[2]。此钟较为罕见，其形制和主要纹饰皆和
春秋中期吴器"者减钟[3]"相同。邾宣公在位期间（前573—556），
邾吴两国联系密切。《左传·襄公十年》载："十年春（前563），公
会晋侯、宋公、卫侯、曹伯、莒子、邾子、滕子、薛伯、杞伯、小邾子、
齐世子光会吴于柤。夏五月甲午，遂灭偪阳。"[4]《左传·襄公十四
年》载："十有四年春（前559），王正月，季孙宿、叔老会晋士匄、齐
人、宋人、卫人、郑公孙虿、曹人、莒人、邾人、滕人、薛人、杞人、小邾
人会吴于向。……十四年春，吴告败于晋。会于向，为吴谋楚故
也。"[5]由此可见在这些吴国发起的会盟出兵活动中，邾国是一个

---

[1] 中国社会科学院考古研究所：《殷周金文集成释文》一，图一五一，中华书局，1984年。

[2] 李纯一：《中国上古出土乐器综论》，第209页，文物出版社，1996年。

[3] 马承源：《关于翏生盨和者减钟的几点意见》，《考古》1979年1期；袁荃猷等编：
《中国音乐文物大系·北京卷》，第60页，大象出版社，1999年。

[4] 杨伯峻：《春秋左传注》，第1004—1005页，中华书局，1990年。

[5] 杨伯峻：《春秋左传注》，第973页，中华书局，1990年。

积极的参加者,其目的是为了取得大国的欢心与保护,以取得外交上的主动[1]。两钟的龙体上有不少的突起物,平整的带状躯干上每隔一小段有一个单面倾斜的小坡,这种突起物在战国器上就成为略呈旋转的羽翅纹,目前所见钟类乐器中只有齐鑅镈龙纹上才有与上述两钟相同的突起物。齐鑅镈是田齐以前的器,是春秋晚期较早的铸品,时代上与邾公牼钟亦较为接近。2. 邾公华钟。传山东邹县出土,纪昀、潘祖荫旧藏[2],全组件数不详。邾宣公之子邾悼公(前555—前541)所作。有铭文91字(又重文2),行款与邾公牼钟略有不同,由右栾而右鼓,而钲间,而左鼓,止于左栾。铭文大意是:邾公华作这套鯀钟,是为了祭祀宴享,并传给子孙。此铭文字体修长,圆中寓方,有圭角拗折但不坚强。邾国居于齐鲁之间而书风近齐,有齐国书风而乏其力。线条高度流走,字形匀美,已入潮流。且多异体,有文字的"华饰"现象,有的字体呈现繁化,与西周金文有别,体现了春秋以来金文的转化方为完整[3]。与邾公牼钟相比,栾微鼓,两铣下垂有凸尖是其共性;其不同之处在于阳线界格钲篆、枚的增长、体高和侈度的加大以及重量的减轻。3. 邾公钰钟,形制、纹饰和邾公华钟相似,鼓部饰变形龙纹。铭文:"陆融之孙邾公厥鯀钟用敬蛆盟祀祈年眉寿用乐我嘉宾及我正卿扬君灵君以万年。"行款自右栾,而右鼓,而钲间,而左鼓,终于左栾,共36字[4]。郭沫若定为邾定公时器(前613—573),似嫌过早[5]。马承源

[1] 聂凤峻等:《邾鲁春秋》,第246页,齐鲁书社,1993年。

[2] 容庚:《商周彝器通考》,附图九五四,哈佛燕京学社,1941年。

[3] 中国社会科学院考古研究所:《殷周金文集成释文》一,图二四五,中华书局,1984年。

[4] 郭沫若:《两周金文辞大系图编》,第171页,《郭沫若全集·考古编》第七卷,科学出版社,2002年;中国社会科学院考古研究所:《殷周金文集成释文》一,图一〇二,中华书局,1984年。

[5] 郭沫若:《两周金文辞大系考释》,第408—409页,《郭沫若全集》八,科学出版社,2002年。

同志定为邾桓公时器(前486—474),年代近似[1]。陈公柔提出"鈇字诸家解释各异,暂按旧释如此。此钟之国别字作朱,据《说文系传考异》:'朱,一曰鲁有小朱国',是此朱当为小朱(🔲)标识(邾公轻钟写作🔲)无疑。或以为此即鲁哀公八年左右之太子革,则将此钟作器者纳入朱的世系中,而不列为小朱之器是不恰当的"[2],即此钟应属小邾,可备一说。4.邾叔之伯钟。纽钟器身有伤孔,枚锈有剥落,形制亦较为罕见。钟体断面为椭圆形,两铣下垂有凸尖,口曲内凹呈弧形,钮作长方环形,枚呈同心圆乳状,此钟枚制亦见于仙人台邦国贵族墓地M5纽钟、刘家店子M1莒国镈钟和齐轑镈。绹索状阳线间隔钲篆区,前后两面共有36乳钉枚。舞、篆、鼓皆饰对首龙纹[3]。铭文34字(重文2),"唯王六初吉壬午🔲叔之伯□□择厥吉金用□其穌钟以作其皇祖皇考□用祈眉寿无疆子子孙孙永宝用享"[4]。行文始于右栾,而右鼓,而钲间,而左栾,终于左鼓,和邾公轻钟相似,当为春秋晚期器。5.邾太宰钟。铭文34字(重文2):"🔲太宰徥子懿自作其御钟□□吉金元吕懿用介眉寿多福万年无疆子子孙孙永宝用享。"行款自正面右栾,至钲间,至左栾,至反面右栾,至钲间,终于左栾[5]。形制似仙人台M5纽钟,绹索状长方环钮,钟体修长,两栾微鼓,两铣下垂有凸尖,口曲内凹呈弧形,阳线间隔钲篆,钲占约1/2,圆圈状枚36个。舞、篆饰阳线蟠虺纹;鼓饰凸字形蟠虺纹(见于春秋中期郑韩故城乐器坑所出纽钟)。仙人台M5为春秋晚期早段,此钟应该年代相当。传世有邾

[1]　马承源:《上海博物馆藏青铜器》附册84页,上海美术出版社,1964年。
[2]　陈公柔:《滕邾两国铜器及其相关问题》,见《中国考古学研究——夏鼐先生考古五十年纪念论文集》,第186页,文物出版社,1986年。
[3]　中国社会科学院考古研究所:《殷周金文集成释文》一,图八七,中华书局,1984年。
[4]　袁荃猷等编:《中国音乐文物大系·北京卷》,第56页,大象出版社,1999年。
[5]　中国社会科学院考古研究所:《殷周金文集成释文》一,图八六,中华书局,1984年。

太宰簠,当为一人制作[1]。6. 邾君钟。铭文存16字,行款自右栾,而钲间,而左栾,"龖君求吉金用自作其龢钟□铃用处大正□□"。此钟自名"钟铃"[2],应为纽钟,未见实物,《殷周金文集成》定为春秋晚期[3]。7. 邾公孙班镈。《梦郼草堂吉金图》上·三著录一件春秋晚期邾公孙班镈,其钮制和龢镈略同,但顶部两条龙尾之间有一根径约0.6、长约0.7厘米的短横梁,梁下方舞面上有一个三角云纹方钮[4]。双龙对峙、中间方框繁钮在战国早期的淄河店M2齐墓发现4件。该镈自名"龢镈",铭文45字(又重文2),行款亦同于龢镈,自右栾而右侧鼓,而钲间,而左侧鼓,终于左栾[5]。

根据以上分析,两周时期,鲁南地区以乐钟为中心的音乐文化特征可归纳如下(表三):

表三

形制特征	甬 钟	镈 钟	纽 钟
	DⅡⅢⅢFIGI,5件	EIFI,5件	DⅢEⅡGI,12件
	乐钟发现数量少,计24件,其中传世10件。		
铭文	有铭乐钟占总数的80%。滥觞期1例,位于钲间,仅8字。发展繁荣期8例,全是春秋晚期,排列形式多样,钲间+两栾+两鼓5例,占全国范围的50%。内容分追孝祈福和宴乐两种,字数34—91字不等,其中邾公华钟等字体繁化,有文字的华饰现象。		

[1] 郭沫若:《两周金文辞大系考释》,第411页,《郭沫若全集》八,科学出版社,2002年。
[2] 郭沫若:《两周金文辞大系考释》,第410页,《郭沫若全集》八,科学出版社,2002年。
[3] 中国社会科学院考古研究所:《殷周金文集成释文》一,图五〇,中华书局,1984年。
[4] 李纯一:《中国上古出土乐器综论》,第161页,文物出版社,1996年。
[5] 中国社会科学院考古研究所:《殷周金文集成释文》一,图一四〇,中华书局,1984年。

（续表）

铸造工艺	乐钟铸造异常精美，两铣下垂形成尖角是其突出的特点。滥觞期鲁原钟甬和旋皆有纹饰，正侧鼓皆饰顾龙纹。发展繁荣期，甬钟长甬装饰环带纹或锥形甬，旋饰扁圆乳钉或兽首，方斡中间起棱或呈兽首状，枚长，鼓饰占据面积大，平雕犄角蟠龙、大牙兽面纹等；镈钟皆双龙繁钮，枚呈锥形或饰盘蛇，鼓饰蟠螭、大牙兽面；钮钟长方环钮或绹索钮，鼓饰浮雕蝶形兽面、凸字框蟠虺纹或平雕犄角变形龙纹。
乐悬	滕州庄里西镈钟4、钮钟9、石磬13件构成三面悬挂的轩悬之制，符合滕侯的身份。镈钟和钮钟侧鼓有低平音梁，音乐性能好。拥器者全为男性。
文化属性	器主人以邾国为主，另有鲁国、滕国、小邾等。乐钟本身兼具邾、鲁、齐、吴、楚、郑等国风格。

　　鲁国是西周时期最重要的诸侯国，其大宰所作鲁原钟形制纹饰与关中、中原地区并无差别。春秋早中期，本地区暂无青铜乐钟的发现。春秋晚期除庄里西以外，余8例均与邾或小邾相关。庄里西镈钟、钮钟、石磬构成了符合滕侯身份的轩悬之制，其中镈钟4件合铭，山东地区仅此一例，铭文自右栾而钲间而左栾，主要内容是歌颂祖宗功德、追孝祈福。如此，庄里西镈加上7件邾（小邾）钟，有铭乐钟占了总数的80%，是鲁南地区的一大特色。邾（小邾）国诸器铭文行款由右栾而右鼓、而钲间、而左栾，止于左鼓（邾公轻钟、邾叔之伯钟），或由右栾而右鼓、而钲间、而左鼓、止于左栾（邾公华钟、邾公釛钟、邾公孙班镈），或正反右栾+钲间+左栾（邾太宰钟），或自右栾、而钲间、而左栾（邾君钟），前二种两栾+钲间+两鼓的铭文排列形式，全国10例中，本地区就占了5例。铭文内容除较常见的追孝祈福外，邾公轻钟、邾公华钟和邾公釛钟钟铭明言"以乐大夫，以宴庶士"等，而非仅仅歌功颂德。而邾公华钟的铭文线条高度流走，字形匀美，已入潮流。且多异体，有文字的

滕州庄里西镈钟、纽钟和石磬

鲁原钟　　　　　　城关镇甬钟　　　　　　邾公孙班镈

图八十五—1　鲁南文化区音乐文物

"华饰"现象,有的字体呈现繁化,与西周金文有别,体现了春秋以来金文的转化方为完整[1]。铭文之外,青铜乐钟铸造异常精美也是鲁南地区的特点。例如,鲁原钟、城关镇甬钟的甬部纹饰,邾公轻

---

[1]　中国社会科学院考古研究所:《殷周金文集成释文》一,图二四五,中华书局,1984年。

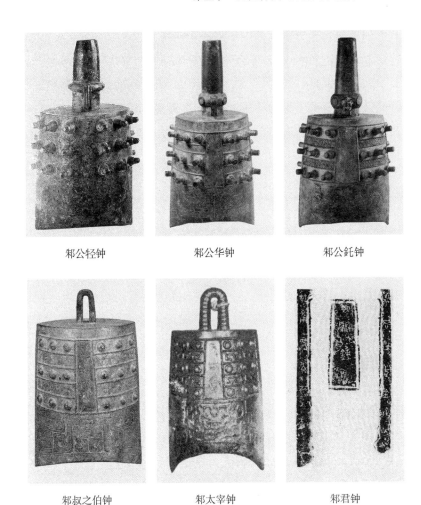

郳公轻钟　　　　　　　郳公华钟　　　　　　　郳公钛钟

郳叔之伯钟　　　　　　郳太宰钟　　　　　　　郳君钟

图八十五—2　鲁南文化区音乐文物

钟正鼓翘起三对龙首的平雕二叠蟠龙纹,郳公华钟、郳公钛钟的旋部装饰蟠螭纹间以扁圆乳钉、正鼓饰大牙变形兽面,郳公孙班镈、庄里西镈繁缛的双龙吞蛇或双龙对峙钟钮,等等,无一不体现了铸造工艺的高超水平。除此之外,郳公轻钟、郳公华钟、郳公钛钟、郳叔之伯钟和邾太宰钟两铣下垂形成尖角也是本地区青铜乐钟的独特形制。如此种种的特点，可能是春秋时期邾鲁等国积极加强与吴、楚、齐、邾等国联系的结果。最后，本地区滕州庄里西镈钟和纽钟侧鼓部皆有低平音梁结构，且音梁上有调音磋磨痕迹，其纽钟可在两个八度内构成完整的五声音阶，体现了铸师和调音师的娴熟技艺。

第三节　鲁东南音乐文化区

鲁东南文化区两周青铜乐钟出土地点共10例，其中滥觞期1例，发展繁荣期8例，衰落期1例，地域上集中在沂水、莒南、临沂、郯城等地。见于经传记载，这一带在东周时期有周族所立阳国，夷人所立颛臾、郯、郓、莒、向、根牟、鄬等国，其中嬴姓所立莒国是春秋时期鲁东南地区最为强大的一个国家，其鼎盛时期辖有安邱、诸城、沂水、莒县、莒南、日照等县地[1]。

属于滥觞期的临沂俄庄区花园公社，1966年，在城西涑河北岸距水边20米的地方，出土甬钟一组9件，最大者高39、最小者高22厘米[2]。编钟保存较好，器形完整，但是前五钟和后四钟的大小差别较大。腔体呈合瓦形，铣棱斜直，平舞，舞上置圆柱形甬。甬封衡、中空而与体腔相通。旋上饰四乳钉，方形斡。于口弧曲上凹，两铣下垂。钲篆部以阴线为界、二层柱状枚36个，钲部所占面积略少于2/3。舞、鼓饰阴线云纹，其中正鼓云纹呈工字形、有尾饰，篆饰三角云纹。内壁调音槽2—10条不等，其中5号钟最多，为

[1]　杨伯峻：《春秋左传注》，《隐公二年传》并注。

[2]　齐文涛：《概述近年来山东出土的商周青铜器》，《文物》1972年5期。

10条；8号钟最少，为2条，分别位于正鼓部、侧鼓部内壁，为典型的西周编钟的调音手法[1]。此套编钟9件成编，形制纹饰和陕西扶风强家村西周铜器窖藏出土的师𣪘钟相似[2]，时代当属于两周之际。临沂古属郯国，《水经·沂水注》："沂水又南径开阳县故城东，县故郯国野"，甬钟的出土地点城西涑河南岸即郯国故城所在地，因此花园村甬钟的主人可能是郯国贵族。

本地区发展繁荣期的青铜乐钟发现地点8例，其中莒国墓葬就占6例，分别是沂水刘家店子M1和M2，莒南大店M1和M2，莒县天井汪和纪王崮墓葬。刘家店子位于沂水县城西南20公里，地处沂蒙山区。两座春秋中期墓坐落在刘家店子村西一块高地的东部，一南一北，相距8.7米，其东壁同在一条直线上。1号墓是莒国国君墓，北库主要放置乐器，有铜甬钟19件、纽钟9件、镈钟6件、錞于2件、钲1件，属于诸侯级别三面悬挂的轩悬之制。甬钟分2组，1组12件，正鼓饰顾龙纹；1组7件，正鼓饰卷云纹。纽钟无枚，钟面浮雕蟠虺纹，正鼓旋涡纹作为敲击点的标志，正反两栾和于口铸有铭文"陈大丧史仲高作铃钟，用祈眉寿无疆，子子孙孙永宝用之"，另墓中随葬黄太子伯克盆，可见此墓与河南陈、黄两国关系密切，乐钟可能是通过战争、盟会、婚姻或馈赠的途径得来的[3]。2号墓是国君夫人墓，乐器有铜甬钟9件，属于单面悬挂的特悬之制，甬钟甬部还残留有泥芯，正鼓饰本地区常见的带三对犄角的变形兽面纹。"纪王崮"东南距沂水县城40公里，崮顶春秋墓于2012年发掘，正式报告尚未发表，其中北边箱出土甬钟一套10件，镈钟一套4件，纽钟一套9件，石磬一套10件，铜錞于2件，

[1]　周昌富、温增源：《中国音乐文物大系·山东卷》，第60页，大象出版社，2001年。
[2]　方建军等：《中国音乐文物大系·天津陕西卷》，第58页，大象出版社，1999年。
[3]　罗勋章：《山东沂水刘家店子春秋墓发掘简报》，《文物》1984年9期。

按级别享用的是诸侯之轩悬之制。纽钟方钮，24枚，阴线界栏，篆饰重环纹，鼓饰顾龙纹，形制似于仙人台6号邿国国君墓，纹饰似于刘家店子1号墓甲组甬钟。该墓级别较高，又出土带铭文滕器一件，因此墓主可能是春秋中晚期莒国国君夫人（待议）。1963年在莒县城东北的天井汪出土了一批铜器，其中有编镈3件、编（甬）钟6件，编钟和编镈未见图片报道，编镈通高38.3—34.3厘米，最大者篆饰斜角龙纹，舞、鼓饰龙纹；另两件篆饰三角云纹，鼓饰云纹，舞饰两头龙纹[1]。云纹镈在山东地区未见实物出土，变形龙纹镈见于苍山镈、莒南老龙腰及沂水刘家店子编镈[2]。6件编甬钟最大者高29.8、最小者高21.1厘米。篆鼓云纹则见于沂水刘家店子1号墓乙组甬钟。天井汪位于沭河支流袁公河的西岸，附近存在着古城的可能性，这批编钟可能是莒城或莒邑统治者的遗物[3]。大店镇位于莒南县城北19公里、莒县城南26公里，北濒浔河，东依群山，西距沭河约4公里。1975年春，大店公社老龙腰大队和花园大队在农田基本建设中，发现了两座莒国殉人墓。一号墓器物坑中部放置纽钟9件、镈钟1件。镈钟钟体粗硕，方环钮，阳线界格钲篆枚区，二层台柱状短枚36个，舞篆龙纹，鼓饰似于凤凰岭镈钟，为带三对犄角的变形龙纹。纽钟长方钮，阳线界栏，枚制特殊，二层台柱状短枚36个，而非纽钟常见的乳状枚，舞篆蟠螭纹、鼓饰角兽面，纹饰皆为浮雕，应是受楚文化影响所致。二号墓墓室南壁下放置铜纽钟9件，纽钟栾、钲、鼓部铸铭文"唯正月初吉庚午，莒叔之仲子平自作铸其游钟，玄镠镈鑢，乃为之音。央央

---

[1] 齐文涛：《概述近年来山东出土的商周青铜器》，《文物》1972年5期；朱凤瀚：《中国青铜器综论》，第1683页，上海古籍出版社，2009年；周昌富、温增源：《中国音乐文物大系·山东卷》，第80页，大象出版社，2001年。

[2] 周昌富、温增源：《中国音乐文物大系·山东卷》，第43—45页，大象出版社，2001年。

[3] 齐文涛：《概述近年来山东出土的商周青铜器》，《文物》1972年5期。

雝雝,聛于喂东,仲平善发瑔考,铸其游钟,以溹大酉,圣智龚娘,其受以眉寿,万年无谋,子子孙孙永保用之",这里的平也可能就是后来做了莒国国君的慈平公[1]。这两座墓葬均位于莒南县北部浔河南岸,距莒国故城约37公里,应在莒国的疆域内。本期出土乐钟的另有郳国国君墓一座、郯国贵族墓葬一座。凤凰岭东周墓位于临沂市相公公社王家黑墩村凤凰岭之巅,西距临沂市驻地12公里。该墓由三部分组成,有车马坑、器物坑与墓室。器物坑在墓室北25米处,坑内南侧编纽钟9件,自西向东、由大到小依次排列;西南角编镈两套计9件,较小者套于大者之内,两套乐器附近放铜枹1件。镈钟篆间及鼓部平雕蟠螭纹,一组4件,饰螺旋形枚;一组5件,二层台式柱状枚[2]。二层台状枚多见于甬钟,在镈钟上极为少见,目前全国仅见于凤凰岭和莒南大店M1(包括省博藏传苍山所出镈钟)。镈钟一组的最后一件与第二组的音列就差两音(徵曾、宫曾)即构成完整的半音阶,在春秋时期是十分罕见的。纽钟短柱状二层台36枚,舞、篆、鼓部亦饰蟠螭纹,钲部原铸有铭文,但被锉磨。典籍所载郳国都城启阳在沂州,今临沂北,凤凰岭与郳国故地所在最为接近,推测墓主人或为春秋晚期郳国国君的墓葬。郳在东夷族诸小国中,属卑尔小国,乃因被邾国侵略才见于经传。《左传·昭公十八年》:"六月,郳人借稻,邾人袭郳。"《左传·昭公十九年》:"郳夫人,宋向戌之女也,故向宁请师。二月,宋公伐邾,围虫。三月,取之,乃尽归郳俘。"据此推断,"此墓编钟铭文被锉磨,很有可能是昭公十八年邾人劫后所为。那么,这套编钟又在该墓中发现,应是昭公十九年宋国之师围虫败邾之后,责命

---

[1]　《春秋经传集释》僖公二十六年"春,王正月,公会莒兹丕公、宁庄子盟于向,寻洮之盟也。"杜注:"兹丕,时君之号。莒夷无谥,以号为称。"
[2]　周昌富、温增源:《中国音乐文物大系·山东卷》,第40—41页,大象出版社,2001年。

邾人归还的所谓'鄅俘'"[1]。郯城县位于山东省的最南端,南临江苏省。大埠二村2号墓葬于2002年进行了抢救性发掘,残存铜纽钟4件、石磬残片2件。纽钟形制纹饰基本一致,大小有别。合瓦形体,绚索状长方形环钮,无枚,但钲、篆、鼓部分界明显,舞素面,鼓饰蟠虺纹,其中1件鼓部正中饰涡纹,通高13.1—17.4厘米[2]。纽钟形制甚为特殊,但是凸字形的正鼓纹饰见于长清仙人台M5、郑韩故城祭祀坑以及邾太宰钟。少昊之后所立郯国,故墟在今郯城县西南附近。大埠二村在其辖地内,所出两座墓葬是夫妻合葬墓,M1未发现兵器,M2发现铜镞,故M2可能是郯国一男性贵族墓。

鲁东南地区衰落期墓葬仅1例出土乐钟,即1989年发现的郯城县第二中学战国早期墓葬。该墓编号M1,出土青铜编钟8件,置于墓南部,部分压在骨架之上;陶磬13件,分置在中部和西部。编纽钟造型一致,纹饰相同,大小相次。合瓦形体,长腔阔鼓,束舞扩于,于口弧曲上凹,两铣下垂。平舞,上饰方形环钮,略呈梯形。钲部饰带螺旋纹的乳钉状短枚36个,钟钮饰变形龙纹,舞、篆均是浮雕蟠螭纹,鼓饰楚钟常见的浮雕蝶形兽面纹。各钟音质良好,内腔均有音梁,音梁较长,楔形,两边起棱。根据测音可知,第4、5钟之间尚缺一钟,全套编钟应为9件[3]。郯国,在春秋时期系鲁之附属国,战国时期(前414)被越国所灭,其境入越;后楚灭越,其地属楚[4]。郯城M1纽钟带有明显的楚钟特色,时代亦与以上记载相符。

---

[1] 山东省兖石铁路文物考古工作队:《临沂凤凰岭东周墓》,第36页,齐鲁书社,1987年。

[2] 山东省文物考古研究所等:《郯城县大埠二村遗址发掘报告》,《海岱考古》第四辑,第105—140页,科学出版社,2011年。

[3] 周昌富、温增源:《中国音乐文物大系·山东卷》,第102—104页,大象出版社,2001年。

[4] 刘一俊、冯沂:《山东郯城县二中战国墓的清理》,《考古》1996年3期。

鉴于以上分析,我们总结周代鲁东南地区乐钟为中心的音乐文化特征如下(表四):

表四

形制特征	甬　钟	镈　钟	纽　钟
	AⅡAⅢEⅡFⅢ, 43件	DⅠDⅡ, 23件	DⅠEⅠEⅡFⅠGⅡ, 48件
	乐钟共114件,数量仅次于鲁北文化区。甬钟和纽钟形制比较多样。		
铭文	发展繁荣期4例,陈大丧史钟铭文位于正反栾部＋于口,23字,内容是追孝祈福;游钟铭文位于钲间＋两栾＋两鼓,64字,内容兼具宴乐和追孝祈福,二者墓主人皆为莒国国君。另外,刘家店子甬钟和凤凰岭纽钟铭文被戗去,当和战争等有关。		
铸造工艺	全是实用器,盛行犄角兽面纹。滥觞期,花园公社甬钟封衡,但是中空与体腔相同,内壁调音槽2—10个不等。发展繁荣期,甬钟正鼓饰工字云纹和犄角龙纹,前者属于西周早中期的常见纹样,当为好古现象;镈钟桥形钮,鼓模印犄角蟠螭纹;纽钟绹索钮或长方钮,分为无枚和36枚两种,钟面和正鼓浮雕蟠虺纹、蟠螭纹或模印犄角兽面,其中镈钟和纽钟的二层台柱状短枚是全国仅有的样式。衰落期,纽钟梯形钮且有纹饰,鼓浮雕蝶形兽面,内壁有楔形音梁(块状音源)。		
乐悬	享用镈钟者只有国君。诸侯均采用钟磬三面悬挂的轩悬之制,另外乐器组合中还加入了镈于、钲等。女性使用乐钟者3例,比例相对较高,其中1例规格堪比国君。所见乐钟全是实用器,音乐性能呈现一个不断发展的趋势,其中凤凰岭镈钟达到了山东地区同时期的最优音列。郯城二中纽钟音梁成楔形,山东地区仅此一例。簨虡数量少,仅有牛首凤尾铜璧翣2件和一件鼓枹。		
文化属性	器主人以莒国为主,另有郳国、郯国等。乐钟本身兼具楚、邾、郑等国风格。		

两周之际,花园公社仅见甬钟,编列9件不符合西周常制,但其形制纹饰与关中、中原地区并无差别。作为郳国士一级别的贵

族,采用的是特悬之制,符合西周乐悬制度。进入春秋中期,嬴姓的莒国势力强大,不仅国君使用镈钟、甬钟、纽钟俱全的轩悬之制,国君夫人也能享用高级别的乐器。乐器组合中不仅使用了晋地常用的钟磬组合,还加入了錞于、钲等军乐器。无论是甬钟、镈钟还

临沂花园公社甬钟

图八十六—1　鲁东南文化区音乐文物

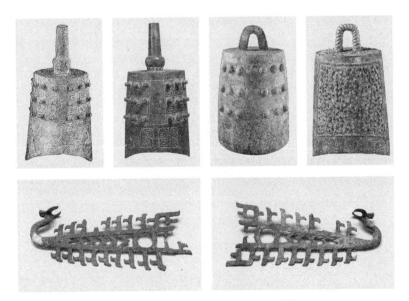

沂水刘家店子M1编钟及簨虡牛首凤尾饰

图八十六—2　鲁东南文化区音乐文物

纪王崮纽钟

郯城大埠二村纽钟

郯城二中纽钟

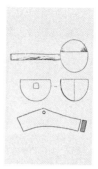
凤凰岭铜枹(上)
郯城二中陶磬(下)

刘家店子M2甬钟

莒南大店M1镈钟

莒南大店M2纽钟

图八十六—3　鲁东南文化区音乐文物

是纽钟本身,逐渐形成了自己的特色。甬钟使用仅在西周时期常
见的云纹(刘家店子M1甬钟乙组、天井汪),甬钟、镈钟、纽钟正鼓
部纹饰,和鄅国的临沂凤凰岭一道,多见三对带犄角的变形兽面
纹(刘家店子M1、M2、莒南大店M1、M2)。其中莒南大店M2中子
平纽钟正鼓纹饰兽面中心带二乳钉,全国所见另一例出自仙人台
郜国墓地M6甬钟,可见二国联系的密切(本地区的郯城大埠二村
纽钟纹饰亦见于仙人台5号墓,刘家店子M1编钟簨虡横梁两端青

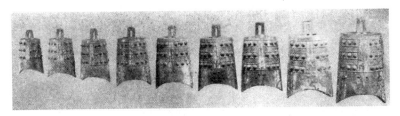

莒南大店M1纽钟

临沂凤凰岭纽钟和镈钟一组、二组

图八十六—4　鲁东南文化区音乐文物

铜质的牛首凤尾璧翠亦见于仙人台6号国君)。本地区确有铭文的两例均出自莒国,即刘家店子M1陈大丧史纽钟和莒南大店M2中子平纽钟。陈大丧史纽钟无枚,钟体浮雕蟠虺纹,铭文位于正反两栾和于口,9件全部单件全铭,全国仅此一例。上述凤凰岭纽钟铭文因战争等原因被锉磨的现象亦见于刘家店子M1甬钟的钲间,山东地区仅此2例。镈钟、纽钟枚饰一般铸成乳状,饰二层台柱状短枚的全国仅见两例,一是凤凰岭镈钟、纽钟,二是莒南大店M1镈钟、纽钟,遂成为本地区乐钟显著的特色之一。另外,凤凰岭镈钟第一组的最后一件与第二组的音列就差两音（徵曾、宫曾）即构成完整的半音阶，在春秋时期是十分罕见的。战国时期，莒被楚灭[1]（前431），鲁东南地区仅郯城第二中学M1出土纽钟8件（原9件，缺1件），正鼓饰浮雕蝶形兽面，属于典型的楚式风格，钟腔内壁有楔形音梁或称块状音源，音乐性能佳。郯国，战国时期（前414）被越国所灭，其境入越；后楚灭越，其地属楚[2]，该墓墓主人可能为女性，除了使用青铜纽钟一虡外，还随葬陶磬13件，属于僭越用之的判悬制度。

第四节　胶东音乐文化区

胶东文化区两周青铜乐钟发现7例，地域上集中在龙口、蓬莱和海阳等地。据文献记载，本地区是莱、过、夷等国的分布之地，纪国的政治势力也曾到达此地。

滥觞期发现3例。其一，1974年，烟台龙口归城和平村一井中出土甬钟2件，其中一件附带钟钩，钲部中间有族徽标识。甬钟中空与体腔相通，绹索形斡，乳钉纹界格钲篆部，枚呈尖二层台柱状，篆饰阴线斜角云纹，正鼓饰工字形阴线云纹，我们认为其形制纹饰和西周晚期耀县丁家沟Ⅲ式甬钟最为接近，时代可能更早，将其定为西周中晚期。归城是胶东地区重要的一处先秦古城址，其范围内发现有城墙、墓葬和10余件带铭文铜器，传统说法认为是莱国之都，《左传·宣公七年》："公会齐侯伐莱。"杜预注："莱国，今东莱黄县。"其后宋罗泌《路史》、元于钦《齐乘》及清代《登州府

---

[1] 《史记·楚世家》"简王元年，北伐灭莒"。

[2] 刘一俊、冯沂：《山东郯城县二中战国墓的清理》，《考古》1996年3期。

志》《黄县志》多沿此说[1]。王献唐则认为归城之国当为敔（音胡）国，以曩、莱同姓（姜）不婚为据，否定传统的莱国说[2]。和平村发掘报告指出归城"较大可能是莱国之都"，我们采用此说，因此这2件甬钟可能属于西周莱国统治者。其二，1969年，烟台市上夼村发现一座古墓，出土甬钟1件，位于棺内西南角，素面，紧挨着甬钟有铜铃1件。据其同出曩侯鼎和己华父鼎等青铜器形制纹饰看，该甬钟应属于西周晚期偏晚。烟台地区曾出土几批曩（己）国器，该墓"两鼎铭文一作'曩侯'，一作'己华父'。两器同出一墓，因系一人制作"[3]，因此墓主人可能是己（纪）国贵族[4]，李学勤先生认为此系纪侯之弟的墓[5]。其三，1959年，海阳上尚都村修水库时发现一批铜器，包括甬钟1件和纽钟4件。甬钟的甬部粗硕且中空与体腔相通，有旋，绳索状斡。阴线界格钲篆部，钲部占约2/3，二层尖柱状枚36个，体和枚均较瘦长。舞饰四组对称的S形卷云纹。篆、鼓纹饰都是用细阴线而成。篆饰斜角云纹，钲间饰由云纹和三角纹构成的变体蝉纹，鼓饰对称二叠∽形卷云纹，钲鼓云纹中心都缀一个小乳钉。形制、纹饰和西周末期扶风法门寺任家村西周青铜器窖藏出土的甬钟、临潼零口蝉纹甬钟相似[6]。4件纽钟中3件保存完好，1件残裂。铸工精良。造型纹饰基本相同，大小不一，

---

[1] 李步青、林仙庭：《山东黄县归城遗址的调查与发掘》，《考古》1991年10期；王献唐：《黄县曩器》，山东人民出版社，1960年。

[2] 王献唐：《黄县曩器》，山东人民出版社，1960年。

[3] 山东省烟台地区文物管理委员会：《烟台市上夼村出土曩国铜器》，《考古》1983年4期。

[4] 山东省烟台地区文物管理委员会：《烟台市上夼村出土曩国铜器》，《考古》1983年4期。

[5] 李学勤：《东周与秦代文明》，第101页，文物出版社，1984年。

[6] 罗西章：《扶风出土的商周青铜器》，《考古与文物》1980年4期；李纯一：《中国上古出土乐器综论》，第196页，文物出版社，1996年；方建军等：《中国音乐文物大系·天津陕西卷》，第73、90页，大象出版社，1999年。

也不成序列,其间应有缺项。钟腔稍修长,平舞,于口弧曲极微,两
铣微弧。舞面置环形钮,圆中见方。腔面不设枚,首钟钲篆阴线分
隔,其余三钟钲篆一体,钟面饰四组对称凤纹(顾龙纹)[1]。其中首
钟舞部正中有一圆孔,是铜铃用来悬挂舌的设置,显然是从铃的形
制演变过来不久。同类型的纽钟在西周宣幽时期的上村岭虢太子
墓中亦有出土[2]。结合以上几点,我们认为将上尚都墓葬定在两周
之际,较为适宜。

　　发展繁荣期亦发现3例。其一,20世纪60年代以来,蓬莱县南
45公里柳格庄村西北连续发现古墓,其中M6北侧二层台上有纽钟
9只,由大而小、自东而西依次排列,挂于木质钟架上,属于单面悬挂
的特悬之制。纽钟形制和济南长清仙人台6号墓极为相似,枚24个
而非36个,正鼓和侧鼓皆饰圆圈纹作为第一和第二敲击点的标志。
钟架已朽,仅漆皮附土保存,可知为两端双立柱,立柱高约75厘米,
中部略粗,底部为“山”字形座。横梁较长,左端为龙头形。短角,
上下唇皆上卷。右端被另一木器所压,形制不明,梁总长约为180、
宽约5厘米,着红漆,上绘黑色曲尺纹,若鳞状[3]。钟架东侧有长条形
木器,已朽,长约120、宽22厘米,估计为木琴。二层台之东北角处,
有一圆形木质朽物,直径38、厚7厘米,估计为鼓。该墓规格较高,
二层台有4个殉人,北偏西有1座车马坑,很可能是春秋中期胶东某
一古国的国君墓。其二和其三分别是海阳市嘴子前村M1和M4。
嘴子前村属于海阳市盘石店镇,其上有春秋时期的墓地,1号墓出土
青铜乐器镈钟2件、甬钟5件,置于北侧二层台上,由大到小、自东向

[1]　周昌富、温增源:《中国音乐文物大系·山东卷》,第82页,大象出版社,2001年。
[2]　河南省文物考古研究所、三门峡市文物工作队:《三门峡虢国墓》卷1,第514页,文物出版社,1999年。
[3]　烟台市文物管理委员会:《山东蓬莱县柳格庄墓群发掘简报》,《考古》1990年9期。

西依次排放。7件编钟差异较大，可能为凑数以随葬。甬钟甬部形态各异，制作粗糙，无钲间上下界栏，篆饰勾连纹或重环纹或斜角云纹，正鼓饰顾龙纹；镈钟表面光滑，呈墨绿色，方钮，舞部中间有素带界格，阴线界栏钲篆部，涡纹枚36个，篆饰两头龙纹，正鼓两顾龙纹中间有涡状标志，很有特色。4号墓的北二层台上南北并排立放两支木架，南木架未悬挂任何东西。北木架自东向西由大到小依次悬挂编钟9件（甬钟7件、纽钟2件），编钟均用绳子系挂于木架横梁上；木架向南倾倒，东端尤甚（因东端负重大）。因挂绳朽断，东部的7件甬钟均落在二层台面上，其余2件较小的纽钟则依然位于原来悬挂的位置。两木架以东，有大小木槌各一，应是敲钟的工具[1]。虽仅出土一虡编钟，但两支木架代表该墓墓主享用的是两面悬挂的判悬之制。关于海阳嘴子前这几座春秋墓墓主人的族属和身份，因M4铜器铭文中有"敶（陈）乐君歖所作甗"，陈是齐田氏所从出，齐桓公十四年（前672）陈公子完亡于齐，即田氏伐齐之田氏先祖。所以发掘报告曾估计其族属为齐国贵族[2]。朱凤瀚提出"研究中或认为海阳嘴子前墓即为田氏，并引《史记·齐太公世家》田常'割齐安平以东为田氏封邑'为据，说明海阳系田氏封地。但此田常自封之时乃春秋晚期末叶时事，与上文所述海阳嘴子前诸墓年代不符，其诸墓年代是在田常占有海阳嘴子前前"[3]，推测海阳嘴子前诸墓的族属可能还是当地原居于此的土著，只是其上层贵族受到中原文化的影响（或即因与齐国交往所致）。

衰落期发现1例，即蓬莱站马张家村战国墓。战国墓位于该村西南部，椁室的东部主要放置乐器，如1件铜纽钟，1件带穿棍的

---

[1] 烟台市博物馆、海阳市博物馆：《海阳嘴子前》，第52页，齐鲁书社，2002年。
[2] 马良民、李仙庭：《海阳嘴子前春秋墓试析》，《考古》1966年9期。
[3] 朱凤瀚：《中国青铜器综论》，第1689—1692页，上海古籍出版社，2009年。

木鼓放在椁室东端。2只鸟形木支座南北向放置,相距1.4米。附近还有一段雕刻精细的木杆,木杆及支座均有华丽的朱绘纹饰,我们判断当为磬架(详见第四章第五节)。纽钟的形制和纹饰都很粗糙、简略,已敲不出乐音,当非实用器。该墓随葬品除了一件铜纽钟、一套铜车马器外,大部分器物均是木器、漆器,未出兵器,整体上都是依礼而葬,因此很可能是一级别较低的女性墓。

综合本地区以上三个时期青铜乐钟的考古发现,再结合文献记载,其音乐文化特征可以概括如下(表五):

表五

	甬　　钟	镈　　钟	纽　　钟
形制特征	C I C II D I F II F III,16件	A II,2件	A I B I B II C II G III,16件
	乐钟数量少,计34件,其中镈钟仅2件。		
铭文	无铭文。		
铸造工艺	形制原始的甬钟、纽钟相对较多,其中甬钟体现在甬中空、绹索斡、乳钉界栏、尖枚、钲间族徽或蝉纹、正鼓云纹等,而纽钟是外方内圆钮、无枚、超过2/3钟面饰顾龙纹或S形云纹等。发展繁荣期的甬钟流行重环纹、勾连纹和顾龙纹,右侧鼓有小鸟纹作为第二基音的标志,这是西周晚期关中地区常见的标志,另外嘴子前M1无钲间上下界栏、涡纹乳状枚等也是甬钟少见的形制;纽钟24枚,篆饰窃曲纹,鼓饰圆圈纹。衰落期的纽钟枚已简化成涡纹图案,是明器。		
乐悬	镈钟数量极少,乐器组合中只有甬钟、镈钟和纽钟,且编列多为奇数。墓主多采用低于其级别的乐悬制,特悬为主。乐钟音乐性能差,侧鼓音含混或为明器。女性墓一座,属于战国早期。簨虡数量相对较多,保存好,均为全木结构的钟架或磬架,单梁双柱,髹黑红漆。另发现钟钩一只。		
文化属性	器主人属于莱等胶东古国贵族。乐钟本身兼具陈、邾等国风格。		

西周时期，青铜乐钟与关中、中原地区如出一辙，或更为简化，且多不成编，或2件或单件出土，很可能是莱或异等国的某一支随周王南征者的战利品或因战功周王赏赐所得，因为"西周晚期以前，乐制的制定掌控权是掌握在周王手中

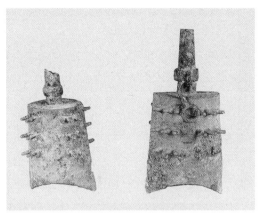 

龙口归城和平村甬钟　　　　　　上夼村甬钟

海阳上尚都甬钟和纽钟

图八十七—1　胶东文化区音乐文物

的……一方面，早期钟的使用人群范围有限，仅为王室或周王
特许的诸侯使用；另一方面，西周中期以前，甬钟一般尚未预
留调音槽，精确铸造难度较大，可能非一般铸造作坊所能生

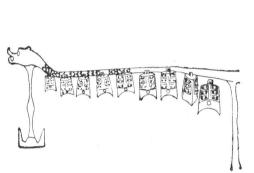

蓬莱柳格庄M6纽钟及钟架

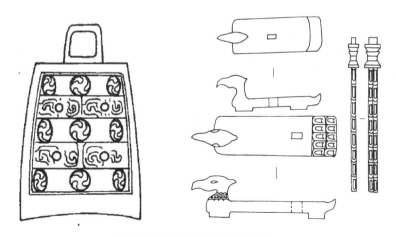

蓬莱站马张家村战国墓纽钟及磬架

图八十七—2　胶东文化区音乐文物

海阳嘴子前M1镈钟、甬钟

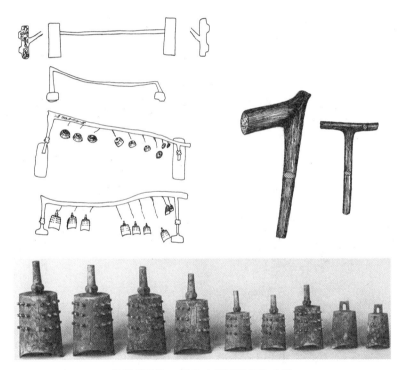

海阳嘴子前M4甬钟、纽钟及钟磬架、木槌

图八十七—3　胶东文化区音乐文物

产"[1],至于为什么不是成编使用,很可能是其身份不能用钟,但是因功勋或家族关系得以使用,也可能是其身份仅能用特钟而不能成编[2]。春秋中期伊始,无论是柳格庄还是嘴子前,音乐文化开始有了自己的特色。乐钟用器者身份较高,或为国君或卿大夫,但是都未使用与其级别相当的乐悬用制,若按出土数量来看摆列,皆为单面悬挂的特悬之制。簨虡木质结构,保存相对较好,嘴子前4号墓二层台南侧摆放一支无任何悬挂物的空木架,和战国早期的站马张家村一样,仅具象征意义。镈钟在本地区只发现1例,即嘴子前1号墓,且是镈钟2件和甬钟5件凑数成编。镈钟涡状枚,正鼓铸成两顾龙纹中间涡纹状;甬钟制作粗糙,甬部形态各异,纹饰也不统一。稍晚的嘴子前4号墓,乐钟组合是甬钟7件和纽钟2件成编,形制纹饰也是自成一式。柳格庄6号墓的纽钟,枚24个而非常见的36个,舞素面,正鼓圆圈纹,侧鼓也有圆圈纹作为第二基音的标志。可见,春秋时期本地区虽与田齐或者邦国等关系密切,但是乐钟的形制、铸造、用器、摆列、簨虡等还是自成特色。进入战国时期,与胶东完全并入齐文化区有关,未发现大型墓葬,仅有1例级别较低却依礼而葬的站马张家村墓,纽钟仅1件,枚简化成涡状图案,篆饰目纹,非实用器,与前二期不同的是,本例很可能为一女性墓,体现了性别差异之于乐制的松散。

---

[1] 常怀颖:《两周钟镈组合与器主身份、等级研究》,《考古与文物》2010年2期。

[2] 常怀颖:《两周钟镈组合与器主身份、等级研究》,《考古与文物》2010年2期。

结　　语

　　山东地区,东北濒临黄海、渤海,西负泰山,是华北大平原上一块相对独立的地理单元。两周时期,山东地区的周代青铜乐器主要是"钟",其中以镈钟和甬钟、纽钟为大宗,即我们所说的先秦狭义之钟。

　　甬钟,是一种铜制罐体击奏体鸣乐器,合瓦形结构,于口内弧,因最上面的平面"舞部"之上立有"甬柱"而得名。目前来看,有铭文的甬钟有着形形色色的自名,其中山东地区所出甬钟,叔夷钟自称"宝钟",言其珍贵之意;郳公牼钟、郳公华钟自称"龢钟",言其发音协和之意。甬钟的起源一直争议较大,山东地区目前发现最早的是西周中晚期黄县归城和平村一井中出土的2件甬钟,其中一件甬中空与体腔相同,钲面界格为夹以细阳线的小乳钉,舞部饰细阴线S形云纹,篆部饰斜角云纹,鼓部饰对称的工字形云纹,二层台柱状枚,钲部较长,钲间中部有徽识。甬钟正鼓敲击处纹饰变化较多,结合其篆部和舞部以及甬部的纹饰演变,笔者将山东地区118件甬钟分为8型Ⅰ至Ⅳ式不等,其中型的不同体现甬钟国别或地区的差异,式的不同体现甬钟形制的先后演化过程。整体上观察,这些甬钟又可分为5个大的阶段,分别是西周中晚期、春秋早期、春秋中期、春秋晚期和战国早期。经过细致的尺寸分析,笔者得出结论:A、C、F、H类型甬钟都是呈现高度增加、厚度增加、钟体更加修长、钲部上缩、正鼓面积加大的演变规律,而E型甬钟正好相反,高度缩短、鼓壁变薄、钟体更加矮短,当然正鼓面积还是呈现加大的趋势。

　　镈钟是一种钟体、有悬钮、平口、击奏体鸣的大型乐器,按材质可分为青铜质地和陶瓷质地两种,依据体腔可分为椭方体和合瓦体两种类型。"于"口平、形体大是它同甬钟、纽钟的主要区别。春秋中晚期以来,全国范围内,以镈自名的仅限于山东地区的齐、邾等国。如齐叔尸镈、齐鞶镈自名为"宝镈",邾公孙班镈自名为"龢镈"。关于镈钟的起源,有搏拊说、甬钟说、大铙说、铜铃说等数种,至今仍是莫衷一是。春秋早期临淄河崖头出土的扁钮镈钟,舞面中心有一圆孔,纹饰漫漶,腔面不分隔钲间和枚区,是山东地区目前发现最早的镈钟。因此,笔者以钮制为标准,将山东地区东周时期的64件镈钟划分为7型,每型下面再按照钲部所占面积的大小、正鼓纹饰的变化等,划分为Ⅰ至Ⅲ式不等。在此基础上,将镈钟的整体演变划分为前后五个阶段:春秋早期、春秋中期、春秋晚期、战国早期、战国中期。再经过细致的尺寸分析,总结出D型和E型的演变趋势是高度增加、钟体更加矮胖,B型和G型的演变趋势是钟体更加修长、正鼓面积进一步加大。

　　纽钟和甬钟的主要区别是,悬挂部件前者为钮,后者为甬。腔体差别不大,皆是合瓦形、弧口,只是前者钲部大多是乳状短枚或无枚,后者大多是圆台状长枚。有铭文的纽钟多自名为"钟",山东地区邾君钟自名"钟铃",沂水刘家店子M1陈大丧纽钟自名"铃钟",莒南大店M2中子平纽钟自名"游钟",邾太宰钟自名"御钟",当数少数情况。从形制上看,纽钟的主体是体而不是钮,因此纽钟当是甬钟吸收铃或镈的钮制,派生出来的一种形体较小的新式钟。两周时期,山东地区发现数量最多,达180件之多。综合考虑钮的形制、枚的有无(多少)、钲篆鼓纹饰等,按时代特征和形制演变,笔者将山东地区的175件纽钟划分为8型,每型Ⅰ至Ⅳ式不等。再者,全面考察其型和式的纵横关系,可以把从最早的两周之际的海阳上尚都纽钟到战国晚期晚段的商王村M2纽钟,分为5个阶段,它们分别是两周之际、春秋早中期、春秋中晚期、战国早期、战国中期和战国晚期。从尺寸方面来看,A、E、F型都是呈现钟体更加修长的演变趋势,B、G和H型钟体则更加矮胖,而正鼓所占面积都是增大的。

　　两周时期,山东地区甬钟、镈钟可分别划分为前后五个发展阶段,纽钟可划分为前后六个发展阶段。在此基础上,综合整体发展脉络,笔者将本地区周代乐钟分为滥觞期、发展繁荣期和衰落期三个大的时期,其中西周中期至春秋早期早段为滥觞期,包含甬钟的第一、二阶段,镈钟的第一阶段和纽钟的第一阶段,特征是三类乐钟都处于较为原始的形态,如和平村甬钟的甬中空与体腔相同、绹索斡、乳钉纹界栏、钲间有族徽;河崖头镈钟舞部中间有圆孔、尚未分隔出钲间;上尚都纽钟钮制外方内圆、舞部中间有圆孔、鼓部占据面积小,等等。春秋时期为发展繁荣期,包含甬钟的第三、四阶段,镈钟的第二、三阶段和纽钟的第二、三阶段。本期的时间跨度较大,青铜乐钟无论是种类、形制还是纹饰都经历了一个持续发展的过程。战国时期为衰落期,包含甬钟的第五阶段,镈钟第四、五阶段和纽钟的第三、四、五阶段。本期的时间跨度也较大,陶质乐钟开始出现,青铜乐钟的明器化也是本期显著的特征之一。甬钟和镈钟基本上走向衰落,但是实用纽钟的形制纹饰还在进一步发展。

　　形制演变之外,滥觞期、发展繁荣期和衰落期乐钟的铭文、铸造工艺和乐悬制度经历了怎样的变化过程呢? 两周时期,与青铜礼器相比，乐钟的铭文相对复杂，不但铭无定位，铭文的起讫与不同部位间的衔接常不易弄清。其全铭组合关系也很复杂，有单钟全铭，有合二钟、三钟、四钟甚至十六钟而全铭。这些现象看似复杂，但在一定时间、地域范围内又存在某些规律。山东地区滥觞期的甬钟，铭文简略，位于钲间或左鼓，字体温厚规整，是中原地区西周乐钟铭文的常见形式。发展繁荣期的有铭乐钟，包括镈钟、甬钟和纽钟三类，铭文的排列形式比较多样，有于口、钲间＋两栾＋两鼓、钲间＋两栾、正反：钲间＋两鼓或两栾几种形式，其中钲间＋两栾＋两鼓这种形式，全国范围内共10例，5例均来自春秋晚期鲁南地区的邾或小邾国，可见具有鲜明的时代和地区特色。这一时期的全铭组合方式有单件全铭、4件合铭，另有11例失群钟；铭文内容以追孝祈福和宴乐为主；铭文字体有齐鬻镈之整齐又静严、邾公华钟之华饰、邾太宰钟之随意等多种形式。另因某些历史原因，刘家店子M1甲组甬钟和凤凰岭纽钟铭文被刬去。衰落期的有铭乐钟仅出土2例，即诸城臧家庄陪葬坑之公孙朝子纽钟和镈钟，铭文位于于口，内容简省，追随战国时期全国乐钟铭文衰落的大趋势。

《考工记·攻金之工》和《考工记·凫氏为钟》对青铜乐钟的合金成分和金属组织、甬钟各部位尺度的比值都有明确的规定。实测和计算等表明，各个时期、各个地区的编钟尺度比值等不尽相同，和《考工记》所载也并不完全符合，但常与之略接近或相当接近。这些情况说明，编钟是按既定规范设计和铸造的，并且以精湛的技艺，相当准确地实现了设计意图。笔者尝试从铸造方法和范的设计、纹饰的设计与铸刻两个方面对山东地区两周甬钟、镈钟和纽钟进行了铸造工艺的研究。事实表明，无论是乐钟的铸造方法还是纹饰的铸刻，整体上的工艺都是不断进步的。具体说来,滥觞期的甬钟尚未封衡,甬中空与体腔相同,钲部所占面积较大,二层柱状枚尖细,舞部、篆间、鼓部纹饰以简单的卷云纹为主,偶有两两对称的顾龙纹;镈钟舞部中心有圆孔,设计时钲间和枚区尚未分隔开,正鼓无纹饰;纽钟钮制外方内圆,舞部中心铸有圆孔,无枚,钟面铸四组对称顾龙纹,正鼓素面。发展繁荣期的甬钟甬上下封衡,留有泥芯,枚二层台柱状,钲部上缩,鼓部面积加大,于口内壁铸有音脊,模印纹饰广泛采用,多例甬钟专门制作钲间范来铸刻铭文;镈钟单钮铸刻纹饰,出现分范制作的双龙繁钮,舞部中间多有素带界格,正鼓面积加大,于口内壁铸刻音脊,枚制多样,晚期枚上模印盘蛇纹,浮雕、模印纹饰出现,3例钲间铸刻铭文;纽钟多设计成方钮或绹索环钮,分无枚、24枚和36枚钟,钲部上缩,正鼓面积大,舞范多一分为四,舞或钲上部见垫片或芯撑铸孔痕迹,于口内壁铸有音脊,浮雕或模印纹饰采用,绹索界栏显示边框和篆带同范制作的痕迹,6例钲间铸有铭文。衰落期的甬钟多明器化,制作粗糙,甬部加长,或呈八棱、六棱柱状,斡鸟形或兽形,甬和钟体有明显的焊接痕迹;镈钟亦多明器化,繁钮和钟体焊接或铸接而成,钟体薄,但臧家庄镈钟铸造精美,体现了工艺的进步;纽钟一部分明器化的同时,另一部分工艺更加精湛,钟钮加长并模印纹饰,郯城二中纽钟于口内壁铸有块状音塬,臧家庄纽钟钟体遍饰与地纹结合的龙纹等,商王村M2纽钟长梯形钮、钲间模印长方形纹带、半圆形贝纹枚,钟体遍铸繁缛凤鸟纹、钟腔内壁亦有凤鸟纹,此外,商王村2号墓纽钟精准的设计和铸造工艺使得该套纽钟达到了同时期纽钟音乐性能的制高点。

西周的礼乐制度是一套十分严密的封诸侯、建国家的等级制度。根据这套制度,西周的各级贵族在使用的配享、列鼎、乐悬、乐曲、舞队规格、用乐场合等方面,皆有严格的规定。可以说,乐悬制度,是西周礼乐制度的重要组成部分,也是西周礼乐制度的具体体现。东周时期诸侯林立,乐悬制度在各个诸侯国的发展演变有着自己的轨迹,在各个地区的发展也存在着差异。乐悬,是指必须悬挂起来才能进行演奏的钟磬类大型编悬乐器。乐悬制度作为一种社会等级制度的重要载体,并非仅仅是钟磬类礼乐器本身,它所涉及乐悬制度的用器、摆列和音列制度等几个重要方面。此外,它所体现的性别差异和墓葬中簨虡的相关情况,也是与此密切相关的内容。首先,用器制度方面,《周礼·春官·小胥》郑玄注和《仪礼·燕礼》贾公彦疏都有相关的记载。从山东地区墓葬中乐悬配置情况来看,和文献记载的出入还是很大的。具体说来,滥觞期,只有诸侯可以享用镈钟;发展繁荣期,诸侯和卿大夫可以享用镈钟;衰落期,诸侯、卿大夫和士均可以享用镈钟,呈现一个等级区别逐渐缩小的趋势。而甬钟、纽钟、磬的等级区别并不明显,其中石(陶)磬的使用频率和数量呈上升的趋势。其次,摆列制度方面,一是摆列,古文献中唯一较为系统的记载是《周礼·春官·小胥》:“正乐悬之位,王宫悬,诸侯轩悬,卿、大夫判悬,士特悬,辨其声”,笔者分析认为该说法基本符合山东地区两周墓葬中乐悬摆列制度的现状。不完全相符者,多是采用低于其级别的乐悬悬挂制度,原因可能是各国之间财力的悬殊。真正僭越的只有诸城臧家庄、临淄商王村M2、仙人台M5和郯城大埠二村,但是需要考虑到前两者一个是莒国国君后裔,一个是齐国王室成员,级别堪比国君级;郯城大埠二村被盗,墓主级别尚待商榷等因素。当然,因为春秋晚期战国早期以后明器乐钟的大量使用,“礼崩乐坏”在衰落期诸墓葬已经体现得十分明显。二是堵肆,《周礼·春官·小胥》:"凡悬钟磬,半为堵,全为肆。"但究竟何为堵,何为肆,历来争论不一。山东地区,除了纽钟多为9件成编、石磬数量和套数呈上升趋势以外,镈钟、甬钟和石磬在三个时期的套、件数都没有固定的规律可循,因此郑玄等所注"二八十六而在一虡谓之堵"、"悬钟十六为一肆,二肆三十二枚"至少在山东地区是不符合考古实际的。鉴于此,笔者倾向于同意黄锡全、于炳文的观点,"所谓'钟一肆',可能指大小相次的编钟一组,多少不等……所谓'堵',可能就是一虡(一排,似一堵墙),由上下三层或二层……"再者,音列制度方面,《周礼·春官·大司乐》和《国语·周语下》都有关于周代音列的相关记载。山东地区,滥觞期的镈钟和纽钟处于起步阶段,侧鼓音未能很好地进行利用,而甬钟已成编列且进行细致的调音。发展繁荣期,镈钟和甬钟达到了两周时期乐钟音乐水平的制高点。纽钟和石磬在这一阶段急速发展。到了战国时期,镈钟和甬钟明器化,进入了名副其实的衰落期;明器纽钟和陶编磬虽也已出现,但是纽钟和石磬的音乐性能还在进一步发展。然后,性别差异于乐制的体现方面,女性究竟是否可以用钟?山东地区,西周时期女子在周系乐制中不占重要地位。春秋时期,国君、卿大夫、士级别的贵妇(夫)人也能享用乐器,但是使用比例和规格远远低于男性。战国时期,士一级或者更低级别的女性也可以享用钟磬,但是比例还是极低,即使身份已至公主或贵戚的商王村M1墓主人,如此丰富的随葬品中,也不见乐器的踪影。如果说东周因为"礼崩乐坏",乐制松动,个别女性可以使用乐器,那么在体现乐制性别差异的男女合葬墓中,男性还是占了绝对的统治地位,乐悬制度的性别差异还是比较严格执行的。最后是钟磬簨虡,《周礼·考工记·梓人》:"梓人为簨虡。"郑玄注:"乐器所悬,横曰笋,植曰虡。"作为悬挂钟磬的支架,簨虡是乐悬摆列制度的直接体现者,其本身还与钟磬肆、堵密切相关,另簨虡的有无与判断钟磬是否明器也有关。目前,关于簨虡各部位的装饰,诸家争议较大。从山东地区5处簨虡保存相对完整以及3处出土铜质构件的墓葬可以看出,除洛庄汉墓编钟簨虡是两梁一柱的木质结构外,春秋战国的4例均是一梁一柱的木质结构,髹以黑漆红地或朱绘或黑漆,从尺寸方面看比较适合跽座演奏。簨部两端或为龙头形,或装饰鸟形璧翣类构件,或嵌套长方筒形铜质构件,或嵌套带圆环的铜质构件,且这几例的墓葬级别都很高,更多的簨部应该是简单的带有卯孔的木质横梁,上面绘以纹饰。虡部立柱或是中间粗两端细,或中部雕刻成云朵状,或上细下粗;底座有长方形或方形,有山字形,有覆斗形。《礼记·檀弓上》:"有钟磬而无簨虡。其曰明器。神明之也。"山东地区的33例考古发现中,仅7例随葬簨虡或其构件。这7例中,章丘女郎山墓中镈钟和纽钟均为明器,却有簨虡出土。嘴子前M4和站马张家战国墓簨虡本身即是依礼而葬的非实用器。可见,在墓葬中,簨虡的有无并不能作为判断钟磬是否为明器的唯一证据。

　　山东地区是以泰沂山系为中心,包括周围小块平原与胶东丘陵的一个相对独立的地理单元,在自然地理上统称为山东丘陵。这种地理上的统一性,使得山东地区在两周时期的音乐文化面貌上呈现较强的趋同性。但是在这一相对独立的地理单元内,一是高山大川和湖泊沼泽的阻隔,二是周初分封政策使得古国林立,因此又可以将其音乐文化划分为四个区域,即鲁北、鲁南、鲁东南和胶东音乐文化区。笔者在前几章研究的基础上,结合文献记载,以甬钟、镈钟、纽钟三类青铜乐钟为中心,尝试

探讨各地区的音乐文化特征。1. 鲁北文化区。青铜乐钟地域
上集中在临淄、济南、章丘、诸城、阳信等地,曾是齐、纪、谭、郭
等国的分布范围,其中齐国势力最强。西周晚期,己侯钟的风
格和中原地区基本一致。春秋早期的河崖头镈钟,已开始凸显
一定的地区特色。自春秋早期晚段至战国早期,大量采用明器
乐钟随葬,遂成为本区最大的特色之一。正因为此,东周“礼崩
乐坏”的现象在本区显现得淋漓尽致。另外,本区镈钟发现数
量较多,且多少不等。编列中,镈钟多和石磬同出,小峨眉山甬
钟和句鑃同出,齐、晋、吴等国东周时期青铜乐钟方面的联系可
见一斑。乐悬制度方面,本区一是簨虡发现数量稍多,二是墓主
仅一例是女性,余均是男性。音列方面,纽钟和石磬的音乐性能
极佳,且呈现一个不断进步的趋势。最后,无论是乐钟的数量、
乐钟延续使用的时间,还是乐钟铸造工艺的进步、形制的兼容
并包,本区在整个山东地区无疑是最具代表性的。2. 鲁南文化
区。青铜乐钟出土地点发现2例,余8件皆为传世有铭乐钟,1
件鲁国器,7件邾(小邾)国器。本区两周列国中最重要的是都
于曲阜的鲁国,南边还有邾、滕和薛三个小诸侯国。鲁国大宰所
作鲁原钟形制纹饰与关中、中原地区并无差别。春秋早中期,本
地区暂无青铜乐钟的发现。春秋晚期除庄里西以外,余8例均
与邾或小邾相关。庄里西镈钟、纽钟、石磬构成了符合滕侯身份
的轩悬之制,其中镈钟4件合铭,山东地区仅此一例。如此,庄
里西镈钟加上7件邾(小邾)钟,有铭乐钟占了总数的80%,是鲁
南地区的一大特色。铭文行款两栾+钲间+两鼓的铭文排列形
式,全国10例中,邾(小邾)国就占了5例。铭文内容除较常见
的追孝祈福外,邾公器钟铭亦明言“以乐大夫,以宴庶士”等。
而邾公华钟的铭文线条高度流走,字形匀美,已入潮流。铭文之

外,青铜乐钟铸造异常精美也是鲁南地区的特点。除此之外,邾钟两铣下垂形成尖角也是本地区的独特形制。如此种种的特点,可能是春秋时期邾鲁等国积极加强与吴、楚、齐、邿等国联系的结果。最后,本地区滕州庄里西镈钟和纽钟侧鼓部皆有低平音梁结构,且音梁上有调音磋磨痕迹,其纽钟可在两个八度内构成完整的五声音阶,体现了铸师和调音师的娴熟技艺。3. 鲁东南文化区。青铜乐钟地域上集中在沂水、莒南、临沂、郯城等地,这一带在东周时期有周族所立阳国,夷人所立颛臾、郯、鄅、莒、向、根牟、鄢等国,其中嬴姓所立莒国是春秋时期鲁东南地区最为强大的一个国家。两周之际,花园公社仅见甬钟,编列9件不符合西周常制,但其形制纹饰与关中、中原地区并无差别。作为鄅国士一级别的贵族,采用的是特悬之制,符合西周乐悬制度。进入春秋中期,嬴姓的莒国势力强大,无论是甬钟、镈钟还是纽钟本身,逐渐形成了自己的特色。不仅国君使用镈钟、甬钟、纽钟俱全的轩悬之制,国君夫人也能享用高级别的乐器;乐器组合中不仅使用了晋地常用的钟磬组合,还加入了镎于、钲等军乐器;甬钟、镈钟、纽钟正鼓部纹饰,和鄅国的临沂凤凰岭一道,多见三对带犄角的变形兽面纹;陈大丧史纽钟无枚,钟体浮雕蟠虺纹,铭文位于正反两栾和于口,9件全部单件全铭,全国仅此一例。上述凤凰岭纽钟铭文因战争等原因被锉磨的现象亦见于刘家店子M1甬钟的钲间,山东地区仅此2例。镈钟、纽钟枚饰一般铸成乳状,全国范围内,饰二层台柱状短枚的仅见于凤凰岭镈钟和大店M1镈钟,遂成为本地区乐钟显著的特色之一。另外,凤凰岭镈钟第一组的最后一件与第二组的音列就差两音即构成完整的半音阶,在春秋时期是十分罕见的。战国时期,郯城第二中学M1出土纽钟属于典型的楚式风格,钟腔内壁有楔形音梁或称块状音源,音乐性能佳。该墓墓主人可能为女性,除了使用青铜纽钟一虡外,还随葬陶磬13件,属于僭越用之的判悬制度。4. 胶东文化区。两周青铜乐钟地域上集中在龙口、蓬莱和海阳等地,曾是莱、过、夷等国的分布之地,纪国的政治势力也曾到达此地。西周时期,青铜乐钟与关中、中原地区如出一辙,或更为简化,且多不成编,原因很可能是其身份不能用钟,但是因功勋或家族关系得以使用,也可能是其身份仅能用特钟而不能成编。春秋中期伊始,无论是柳格庄还是嘴子前,音乐文化开始有了自己的特色。乐钟用器者身份较高,或为国君或卿大夫,但是都未使用与其级别相当的乐悬用制,若按出土数量来看摆列,皆为单面悬挂的特悬之制。簨虡木质结构,保存相对较好,嘴子前4号墓二层台南侧摆放一支无任何悬挂物的空木架,和战国早期的站马张家村一样,仅具象征意义。镈钟在本地区只发现1例,即嘴子前1号墓,且是镈钟2件和甬钟5件凑数成编。镈钟涡状枚,正鼓铸成两顾龙纹中间涡纹状;甬钟制作粗糙,甬部形态各异,纹饰也不统一。稍晚的嘴子前4号墓,乐钟组合是甬钟7件和纽钟2件成编,形制纹饰也是自成一式。柳格庄6号墓的纽钟,枚24个而非常见的36个,舞素面,正鼓圆圈纹,侧鼓也有圆圈纹作为第二基音的标志。可见,春秋时期本地区虽与田齐或者邾国等关系密切,但是乐钟的形制、铸造、用器、摆列、簨虡等还是自成特色。进入战国时期,与胶东完全并入齐文化区有关,未发现大型墓葬,仅有1例级别较低却依礼而葬的站马张家村墓,纽钟仅1件,枚简化成涡状图案,篆饰目纹,非实用器,与前二期不同的是,本例很可能为一女性墓,体现了性别差异之于乐制的松散。

　　本文虽已尽力地去勾勒山东地区两周乐钟的面貌,但是受考古材料的限制,乐钟发现数量还是极其有限,因此更全面深入的研究还得期冀于今后工作的开展。

　　笔者理论和写作功底薄弱,学识有限,文中不当之处,诚望学界师生及同仁批评指正。

附表一　山东地区甬钟尺寸统计表

例号	型式	标本号	甬长	通高	鼓厚	重量	甬长／体高	体高／铣间	铣间／舞修	钲高／体高	正鼓音	侧鼓音
1	A I	省博藏云纹钟	8.5	23.4	0.8	2	0.57	1.25	1.20	约2/3		
2	A II	花园公社	12.6	39	0.4 — 0.8	6.1	0.48	1.25	1.2	少2/3		
			12.5	38.1	0.3 — 0.9	6.5	0.49	1.21	1.21			
			11.2	35.7	0.6 — 0.9	7.3	0.46	1.24	1.16			
			11.5	34	0.7 — 1.1	7.0	0.51	1.18	1.14			
			7.1	32.2	0.4 — 0.8	6.1	0.28	1.43	1.15			
			7.9	24.6	0.4 — 0.6	2.6	0.47	1.26	1.2			
			7.9	25	0.4 — 0.6	2.5	0.46	1.26	1.16			
			7.9	25.1	0.9 — 0.7	3.3	0.46	1.26	1.18			
			7.4	22.5	0.4 — 0.7	2.6	0.49	1.26	1.19			
3	A III	刘家店子 M1:72	14.2	41	1.4 — 1.5		0.53	1.37	1.34	多1/2	$^\#g^1 - 20$	$c^2 - 20$
		M1:73	13.5	38.5	1.0		0.54	1.39	1.34		$^\#c^2 + 20$	$f^3 - 35$
		M1:74	8.6	27.8	0.5		0.45	1.48	1.43		$a^2 + 30$	$^\#c^3 - 25$
		M1:75	9.5	28.8	1.0		0.49	1.46	1.33		$^\#c^2 - 20$	$e^2 - 25$

（续表）

例号	型式	标本号	甬长	通高	鼓厚	重量	甬长/体高	体高/铣间	铣间/舞修	钲高/体高	正鼓音	侧鼓音
3	AⅢ	刘家店子 M1:76 M1:77 M1:78	9.7 9.5 9.4	27.7 27.1 27.1	0.6－0.7 1.0－1.1 1.1－0.9	约1/2	0.54 0.54 0.53	1.42 1.47 1.45	1.37 1.28 1.33	约1/2	f^2+30 d^2+30 d^3-5	$\#g^2-30$ $\#g^2-30$ f^3+30
4	AⅢ	莒县天井汪		29.8 不详 不详 不详 21.1								
5	BⅠ	己侯钟								约2/3		
6	CⅠ	和平村 HG:78 第二件	13 残	33.5 残	0.6－0.8 0.5－0.7	4.5	0.63	1.26	1.21 1.25	约2/3		
7	CⅡ	上尚都	15	45.2	0.7－0.8	9	0.5	1.37	1.20	约2/3	$b+48$	含混
8	DⅠ	上亦村								约2/3		

（续表）

例号	型式	标本号	甬长	通高	鼓厚	重量	甬长/体高	体高/铣间	铣间/舞修	钲高/体高	正鼓音	侧鼓音
9	D II	城关镇		33		6.7				约2/3		
10	E I	仙M6:45	23.6	66	1.6—1.9		0.56	1.15	1.23			
		人M6:43	21.5	61	1.4—1.8		0.54	1.27	1.16			
		台M6:41	20.5	56.2	1.5—1.7		0.57	1.22	1.23			
		M6:42	19	51.7	1.4—2		0.58	1.24	1.2		198.36	241.7
		M6:46	17.8	48.7	1.2—1.6		0.58	1.21	1.23		253.3	314.94
		M6:47	16	43.3	1.3—1.7	9	0.59	1.25	1.2	多1/2	354.61	428.47
		M6:40	15.8	41.1	1.3—1.9	8.5	0.62	1.23	1.17		457.15	585.33
		M6:44	13.6	36.4	1.2—1.5	5.9	0.6	1.25	1.13		605.47	757.45
		M6:38	11.5	31.3	1.2—1.5	4.2	0.58	1.25	1.16		751.34	933.23
		M6:39	9	24.3	1.1—1.3	2.8	0.59	1.24	1.14		1 285.4	1 608.89
		M6:37	8	22.2	1.0—1.2	2	0.56	1.26	1.13		1 235.35	1 527.10
11	E II	刘家店子M2								约1/2		
12	E III	邾公上博轻钟故宫	13.8	38.3	0.5—1.2	13.6	0.56	1.14 / 1.21	1.14	约1/2	b¹+20	d²—15
13	F I	鲁原钟			1	7.3		1.11	1.16	约2/3	d²+46	#f²—1

（续表）

例号	型式	标本号	甬长	通高	鼓厚	重量	甬长/体高	体高/铣间	铣间/舞修	钲高/体高	正鼓音	侧鼓音
14	F Ⅱ	嘴子前 M1:3	9.5	32	0.4—0.3	3.3	0.42	1.37	1.13	约2/3	247.8	266.72
		M1:4	9.2	29.8	0.7—0.6	4.3	0.45	1.31	1.14		469.36	478.52
		M1:5	9	29.5	0.5—0.7	4.6	0.44	1.32	1.2		548.71	675.66
		M1:6	8	24.4	0.5—0.6	1.6	0.49	1.48	1.09		损坏	损坏
		M1:7	7.5	23.5	0.3—0.4	1.7	0.47	1.44	1.22		654.91	743.41
15	F Ⅲ	嘴子前 M4:119	11.3	34.9	0.8	3.6	0.48	1.41	1.17	约1/2		
		M4:120	10.5	31.7	0.8	4	0.5	1.37	1.23			
		M4:121	10.4	33	0.5	3.8	0.46	1.41	1.19			
		M4:122	9.5	28.9	0.7	3.4	0.49	1.37	1.18			
		M4:123	8	23	0.4	2.4	0.53	1.32	1.19			
		M4:124	7.9	21.5	0.6	2.5	0.58	1.28	1.19			
		M4:125	7	20.2	0.5	1.4	0.53	1.39	1.17			
16	F Ⅲ	刘家店子 M1:64	14.6	44	1—1.5		0.5	1.2	1.17	约1/2		
		M1:65	15	44	1—1.1		0.52	1.24	1.19			
		M1:63	13.1	40.9	1—1.5		0.47	1.24	1.18			
		M1:66	12.1	38.5	1—1.5		0.46	1.22	1.21			
		M1:67	残	残	1.1—1.5				1.19			
		M1:68	10	36.7	0.6—1.0		0.37	1.72	1.19			

（续表）

例号	型式	标本号	甬长	通高	鼓厚	重量	甬长/体高	体高/铣间	铣间/舞修	钲高/体高	正鼓音	侧鼓音
16	FⅢ	刘家店M1:70 M1:69 M1:71子	8.3 9.5 9	30 27.8 24.3	0.8—0.9 0.8—1 0.9—1		0.38 0.52 0.59	1.62 1.3 1.29	1.2 1.18 1.19	约1/2		
17	FⅢ	苍山317 甬钟318	13.3 残	43.5 残	0.4—0.6 0.6	9	0.44	1.35	1.23 1.26	约1/2		
18	FⅣ	齐鲁氏钟								约1/2		
19	G	邾公华钟	13.1	36.5		6.9	0.56	1.3	1.27	约1/2	c^2+20	$\#d^2-23$
20	G	邾公钅乇钟	19.8	50.5	1.2—1.5	25.6	0.64	1.2	1.24	约1/2	c^2-45	$\#c^2+14$
21	HⅠ	小峨眉山	27.6			18.5			1.44	约2/3		
22	HⅡ	大夫观										
23	HⅡ	淄河店甲一-1 2 3 M2 4	27.2 25.9 22 21.5	78.2 73 64.7 60.8			0.53 0.55 0.52 0.55	1.28 1.3 1.19 1.17	1.29 1.27 1.41 1.43	约1/2		

（续表）

例号	型式	标本号	甬长	通高	鼓厚	重量	甬长/体高	体高/铣间	铣间/舞修	钲高/体高	正鼓音	侧鼓音
23	H II	淄河店M2乙 5		58			0.59	1.18	1.45			
		6		52.7			0.56	1.2	1.48			
		7		44.5			0.56					
		8		40.9			0.62	1.25	1.25			
		—1		76			0.56					
		2		70.9			0.61	1.16	1.31	约1/2		
		3		65.5			0.51	1.17	1.35			
		4		62.6			0.55	1.18	1.43			
		5		56.3			0.51					
		6		52.6			0.56					
		7		47.5			0.59	1.28	1.35			
		8		45.3			0.58	1.08	1.61			
24	H III	东夏庄	24						1.2	约1/2		

附表二　山东地区铸钟尺寸统计表

例号	型式	标本号	钮高	通高	鼓厚	重量	钮高/体高	体高/铣间	铣间/舞修	钲高/体高	正鼓音	侧鼓音
1	A I	临淄河崖头	6	40		13.5					b+23	合混
2	A II	嘴子前 M1:48	9	43.5	0.6	11.5	0.26	1.33	1.18	约 3/4	合混	合混
		M1:49	7.5	41.3	0.4 – 0.5	10.3	0.22	1.38	1.17	少 2/3	140.99	361.94
3	A III	牟平长治村		45						约 1/2		
4	B I	凤纹镈	6.6	30	1.4	6.9	0.22	1.49	1.14	约 2/3		
5	B II	临沂苍山镈	7.9	34.1		4	0.23	1.62	1.19	多 1/2		
6	C I	素镈	7	28.6	0.3	3.8	0.24	1.91	1.15	约 2/3		
7	C II	长岛大竹山岛									C²+52	合混
8	D I	刘家店子 M1:62	9.1	44.1	1.0 – 1.2		0.21	1.47	1.29	少 2/3		
		M1:61	8.5	42.5	1.0		0.2	1.52	1.24		158.69	合混
		M1:60	7.8	40.3	1.0 – 1.2		0.19	1.54	1.26		202.03	合混
		M1:59	6.5	36.3	0.7 – 1.6		0.18	1.23	1.33		249.02	261.84
		M1:58										
		M1:57										

（续表）

例号	型式	标本号	钮高	通高	鼓厚	重量	钮高/体高	体高/铣间	铣间/舞修	钲高/体高	正鼓音	侧鼓音
9	DⅡ	凤凰岭一组	6.2	37.5	0.7		0.17	1.26	1.2	约2/3		
			5.7	34.7	0.75		0.16	1.25	1.22			
			5	31.7	0.8		0.16	1.24	1.19			
			4.9	29.9	0.8		0.16	1.26	1.2			
		凤凰岭二组	3.9	22.4	0.75	11.3	0.17	1.36	1.18		416.87	449.83
			3.8	21.2	0.75	11	0.18	1.39	1.17		508.42	537.11
			4	19.9	0.75	9.3	0.2	1.36	1.17		548.10	595.7
			3.8	18.3	0.75	8.6	0.21	1.36	1.15		642.7	698.24
			3.6	17	0.75		0.21	1.33	1.16		742.19	807.5
10	DⅡ	莒南大店M1										
11	EⅠ	庄里西 00608	8.8	35.5			0.25	1.42	1.23	多1/2	破裂	破裂
		00609	8.8	33.7			0.26	1.46	1.20		330.81	408.94
		00610	7.9	31.1			0.25	1.43	1.19		406.49	475.07
		00611	7.9	29.8			0.27	1.43	1.21		496.83	561.52
12	EⅡ	诸城臧家庄	10.5	50.5	0.9	31	0.21	1.29	1.30	约2/3	134.28	388.18
			10	46	1.3—1.4	27.5	0.22	1.27	1.23		141.6	156.25
			10	42	1.3	21.8	0.24	1.33	1.21		181.88	200.81

（续表）

例号	型式	标本号	钮高	通高	鼓厚	重量	钮高/体高	体高/铣间	铣间/舞修	钲高/体高	正鼓音	侧鼓音
12	E Ⅱ	诸城臧家庄	8.5	37.5	0.7－0.8	15.3	0.23	1.32	1.23	约2/3	221.56	236.21
			8.5	35	1.4	14.5	0.24	1.27	1.63		残	残
			9	35	1.0－1.2	12.6	0.26	1.36	1.22		291.75	含混
			6.8	30.4	0.9－1.0	10	0.23	1.29	1.19		337.52	361.94
13	F Ⅰ	纥鎛	15.4	67		65.2	0.23	1.52	1.17	约2/3		
14	F Ⅰ	邾公孙班鎛										
15	F Ⅱ	淄河店 M2 甲	18.2	80.2			0.23	1.29	1.22	多1/2		
			17.8	79.5			0.22	1.17	1.50			
			16.8	71			0.24	1.25	1.28			
			16.5	68.8			0.24	1.35	1.29			
16	F Ⅱ	临淄东夏庄 M4	13	52								
			11	47								
17	F Ⅱ	临淄东夏庄 M6										
18	G Ⅰ	淄河店 M2 乙	6.4	33	0.5		0.19	1.44	1.29	约2/3		
			6.4	31.8	0.5		0.2	1.38	1.37			
			6	29.5	0.7		0.2	1.48	1.24			

（续表）

例号	型式	标本号	钮高	通高	鼓厚	重量	钮高 体高	体高 铣间	铣间 舞修	钲高 体高	正鼓音	侧鼓音
18	GⅠ	淄河店M2乙	5.5	28.9	0.6		0.19	1.53	1.36	约2/3		
19	GⅡ	章丘女郎山	4.4 4 3.8	26 25 24			0.17 0.16 0.16			约2/3		
20	GⅢ	阳信西北村	残 4.9 残 4.2 4.2	残 31 残 25.4 23.7		残 残 残 1.4 1.3	残 0.16 残 0.17 0.18	残 残 残 1.78 1.68	残 残 残 1.25 1.24	约1/2		

附表三　山东地区纽钟尺寸统计表

例号	型式	标本号	钮高	通高	鼓厚	重量	钮高/体高	体高/铣间	铣间/舞修	钲高/体高	正鼓音	侧鼓音
1	A I	上尚都 C5:44	5	25.5	0.4 — 0.3	2	0.24	1.24	1.26	约 3/4	残	残
		C5:45	5	24.8	0.5 — 0.3	2.1	0.25	1.28	1.21		193.48	281.37
		C5:46	3.2	17.5	0.3	0.95	0.22	1.43	1.15		545.65	含混
		C5:47	3	14.5	0.93 — 0.4	0.93	0.26	1.39	1.17		715.94	954.59
2	A II	省博藏凤纹纽钟	3.3	21.7	0.35	1.6	0.18	1.39	1.22	约 3/4		
3	A II	省博藏凤纹纽钟	2.5	18.9	0.7	1.6	0.15	1.36	1.23	约 3/4		
4	B I	嘴子前 M4:127	3.3		0.5	1.1			1.21	约 2/3		
5	B II	嘴子前 M4:126	3.2		0.3 — 0.5	0.9			1.18	约 1/2		
6	C I	仙人台 M6:26	5.4	24.2	0.3 — 0.6		0.29	1.37	1.27	约 2/3	384.52	477.29
		M6:25	5.1	23	0.4 — 0.5		0.28	1.38	1.29		430.3	517.58
		M6:24	4.3	21.9	0.4 — 0.5		0.24	1.44	1.26		516.36	608.52
		M6:23	3.4	20.4	0.3 — 0.6		0.2	1.48	1.28		579.22	700.68
		M6:22	4	20	0.4 — 0.7		0.25	1.4	1.31		619.51	750.12

（续表）

例号	型式	标本号	钮高	通高	鼓厚	重量	钮高／体高	体高／铣间	铣间／舞修	钲高／体高	正鼓音	侧鼓音
6	C I	M6:21	3.5	17.5	0.4—0.6		0.25	1.4	1.27		863.04	1 046.14
		M6:20	3.3	15.8	0.5—0.6		0.26	1.4	1.33		1 151.73	1 418.46
		M6:19	3	14.2	0.3—0.6		0.27	1.35	1.28		1 335.45	1 599.12
		M6:18	2.9	13.6	0.4—0.8		0.27	1.32	1.29		1 760.25	2 124.02
7	C I	省博藏24枚钟	3	16.3	0.5	0.92	0.23	1.45	1.26	少 2/3		
8	C II	柳 M6—0377.1	4.3	24.3	0.6	3	0.22	1.32	1.18	约 2/3		
		格 0377.2	3.6	22	0.4—0.5	1.5	0.2	1.33	1.17			
		庄 0377.3	3.2	19.4	0.4—0.5	1.5	0.2	1.27	1.2			
		0377.4	3.3	19.1	0.4	1.4	0.21	1.33	1.17			
		0377.5	2.9	18	0.3	1.2	0.19	1.35	1.17			
		0377.6	3.1	17	0.4	0.9	0.22	1.28	1.17			
		0377.7	2.8	16	0.3—0.4	0.7	0.21	1.31	1.17			
		0377.8	2.7	14.4	0.3—0.4	0.6	0.23	1.26	1.18			
		0377.9	2.4	13.4	0.4	0.5	0.22	1.31	1.15			
9	C III	沂水纪王崮		17.4						约 2/3		
10	D I	郯城大埠二村		不清						约 1/2		

（续表）

例号	型式	标本号	钮高	通高	鼓厚	重量	钮高/体高	体高/铣间	铣间/舞修	钲高/体高	正鼓音	侧鼓音
10	D I	郯城大埠二村		13.1						约1/2		
11	D II	仙人台 M5	4.4	24.5	0.6 — 1.2	2.3	0.22	1.42	1.2		568.24	748.9
			4	22.7	0.6 — 1	1.9	0.21	1.41	1.23		638.43	848.39
			3.9	21.6	0.7 — 1.1	1.8	0.22	1.42	1.24		767.82	1 036.38
			3.6	21.5	0.9 — 1.1	1.6	0.2	1.44	1.29		850.83	1 060.79
			3.4	19	0.5 — 0.7	1.6	0.22	1.42	1.18	约1/2	942.38	1 154.79
			3	17.3	0.6 — 0.9	1.3	0.21	1.43	1.22		1 279.3	1 561.28
			2.9	15.9	0.7 — 1	1.1	0.22	1.41	1.21		1 693.12	2 142.33
			2.4	14.6	0.9 — 1	0.9	0.2	1.42	1.13		1 798.1	2 205.8
			2.4	13.3	1 — 1.3	0.8	0.22	1.36	1.19		2 590.33	3 286.13
12	D III	郑大宰钟								约1/2		
13	E I	莒南大店 M2	4.8	26.7	0.7	3	0.22	1.34	1.24		破裂	破裂
			4.5	23.7	0.8	2.3	0.23	1.27	1.23		破裂	破裂
			4.4	21.6	0.8	1.9	0.26	1.31	1.24	约1/2	破裂	破裂
			4.1	20.8	0.8	2	0.25	1.29	1.25		695.71	826.9
			3.8	19.9	0.8	1.7	0.24	1.32	1.25		744.49	913.69
			3.2	18.4	0.9	1.6	0.21	1.36	1.24		1 028.25	1 254.85

（续表）

例号	型式	标本号	钮高	通高	鼓厚	重量	钮高/体高	体高/铣间	铣间/舞修	钲高/体高	正鼓音	侧鼓音
13	E I	莒南大店 M2	3.4	16.6	1	1.2	0.26	1.33	1.27	约 1/2	1 248.99	1 590.2
			3	15.1	0.9	1	0.25	1.32	1.23		1 608.94	1 978.37
			2.7	13.8	1	0.84	0.24	1.39	1.27		2 227.91	2 744.75
14	E II	凤凰岭	3.9	24.6	0.5		0.19	1.49	1.21	约 1/2	残	残
			4	23	0.5		0.21	1.46	1.2		547.49	621.34
			4.1	22	0.5		0.23	1.49	1.17		615.51	700.68
			3.8	20	0.5		0.23	1.45	1.15		693.97	805.66
			3.6	18.4	0.5		0.24	1.44	1.17		785.52	971.07
			3.7	18	0.5		0.26	1.52	1.15		1 084.59	1 311.04
			3.7	16.1	0.5		0.3	1.48	1.12		1 483.76	1 656.49
			3	13.6	0.5		0.32	1.18	1.14		1 597.9	2 021.48
			3.3	13.1	0.5		0.34	1.34	1.16		2 192.38	2 612.3
15	E II	莒南大店 M1	4.1		0.3	1.9			1.26	约 1/2		
			4.1		0.3	1.9			1.23			
			4		0.3	1.8			1.32			
			3.8		0.3	1.3			1.26			
			3.7		0.3	1.2			1.26			
			3		0.3	0.9			1.19			

（续表）

例号	型式	标本号	纽高	通高	鼓厚	重量	钮高/体高	体高/铣间	铣间/舞修	钲高/体高	正鼓音	侧鼓音
15	E Ⅱ	莒南大店 M1	3 3 2.8		0.3 0.3 0.3	0.8 0.5 0.6				约 1/2		
16	F Ⅰ	刘 M1:85 家店 M1:86 店 M1:87 于 M1:88 M1:89 M1:90 M1:91 M1:92 M1:93	4.2 4.2 3.7 4 3.4 2.8 2.7 2.6 2.8	21.4 20 18.7 18 16.5 15.3 14.2 13.1 12.4	0.5 — 0.7 0.4 — 0.6 0.6 — 0.5 0.5 — 0.6 0.5 — 0.6 0.5 — 0.6 0.6 — 0.7 0.5 — 0.6 0.7 — 1		0.24 0.27 0.25 0.29 0.26 0.22 0.23 0.25 0.29	1.16 1.15 1.2 1.2 1.21 1.23 1.32 1.3 1.26	1.41 1.37 1.33 1.3 1.33 1.32 1.23 1.23 1.19	约 3/4		
17	F Ⅰ	青博张少铭捐	3.8	20.8	0.7 — 0.8	1.5	0.22	1.32	1.24	约 3/4	$b^2 - 10$	$^\#d^2 - 13$
18	F Ⅱ	都吉台	3.5 3.7 残 残	21 20 残 残	0.7 — 0.8 0.7 0.7 — 0.8 0.9 — 1	1.8 1.5 1.3 1.1	0.2 0.23	1.3 1.3	1.29 1.36 1.23 1.53	约 3/4		

（续表）

例号	型式	标本号	钮高	通高	鼓厚	重量	钮高/体高	体高/铣间	铣间/舞修	钲高/体高	正鼓音	侧鼓音
18	F Ⅱ	都昌台	3	16	0.8 — 0.9	1	0.23	1.24	1.24	约3/4		
			3	15.5	0.9 — 1.2	0.9	0.24	1.25	1.25			
			2.5	14	0.8 — 1	0.8	0.22	1.35	1.31			
			2.5	13	0.7 — 0.8	0.8	0.24	1.24	1.33			
			2.5	12	1.1 — 1	0.6	0.26	1.27	1.25			
19	F Ⅲ	淄河店 M2	5.7	27.6	0.2		0.26	1.2	1.37	约2/3		
			5.1	26.4			0.24					
			4.4	23.6			0.23					
				残	0.17							
				残	0.1							
			3.6	21.5	0.13		0.2					
			3.6	18.9	0.2		0.24					
			3.7	变形								
			3	15	0.2		0.25	1.29	1.33			
			2.5	12.8	0.2		0.24					
20	F Ⅲ	女郎山	2.5	18.5						约2/3		
			2.5	16.5								

（续表）

例号	型式	标本号	钮高	通高	鼓厚	重量	钮高/体高	体高/铣间	铣间/舞修	钲高/体高	正鼓音	侧鼓音
20	F Ⅲ	女郎山	2.4	14.6						约2/3		
			2.3	14								
			残	残								
			残	残								
			2.2	11.6								
21	F Ⅲ	大武镇 M4										
22	F Ⅳ	西北村 58C26A	5.1	28.3	0.2					约1/2		
		58C26B	4.1	残	0.2	2.4						
		58C26C	4.2	25	0.2							
		58C26D	3.8	23.5	0.2			1.45	1.22			
		58C26E	3.8	20.8	0.2							
		58C26F	3.7	20.3	0.2							
		58C26G	3.5	18.3	0.2							
		58C26H	3	残	0.2	0.6		1.31	1.27			
		58C26I	3	残	0.2							
23	G Ⅰ	庄里西 00612	5.2	25.1		2.1	0.26	1.26	1.19	大1/2		
		00613	5	23.9		1.9	0.26	1.24	1.23			

（续表）

例号	型式	标本号	钮高	通高	鼓厚	重量	钮高/体高	体高/铣间	铣间/舞修	钲高/体高	正鼓音	侧鼓音
23	G I	庄里西00614	4.8	22.3		1.6	0.27	1.29	1.23	大1/2		
		00615	4.5	20.8		1.6	0.28	1.28	1.18			
		00616	4.3	19.5		1.1	0.28	1.3	1.19			
		00617	4	17.9		0.8	0.29	1.35	1.18			
		00618	3.7	16.6		0.7	0.29	1.32	1.18			
		00619	3.7	15.3		0.6	0.32	1.25	1.21			
		00620	3.5	14.4		0.6	0.32	1.31	1.14			
24	G II	邹城二中	5	22.3	0.5 — 1.1	2.2	0.29	1.24	1.32	约1/2	591.43	724.49
			4.8	21.2	0.5 — 0.9	1.9	0.29	1.26	1.2		664.06	829.47
			4.8	20.1	0.6 — 1	1.7	0.31	1.18	1.27		787.96	993.04
			4	18.8	0.6 — 0.9	1.5	0.27	1.23	1.24		886.84	1 126.71
			3.8	16.2	0.7 — 0.9	1.2	0.31	1.19	1.18		1 318.36	1 612.55
			3.8	15.5	1.1 — 1.2	1	0.32	1.17	1.19		1 800.54	2 163.09
			3.5	14.5	1 — 1.1	0.9	0.32	1.17	1.18		1 943.36	2 373.05
			3.4	14	1	0.6	0.32	1.18	1.27		1 338.87	2 752.69
25	G III	站马张家村	8.8	20.8		1.7	0.59	1.22	1.1			
26	G III	省博藏6.481		23.8	0.4					小1/2		

（续表）

例号	型式	标本号	钮高	通高	鼓厚	重量	钮高/体高	体高/铣间	铣间/舞修	钲高/体高	正鼓音	侧鼓音
27	G Ⅲ	临朐扬善公社		18.5								
				不清								
				不清								
				不清								
				16.6								
28	H Ⅰ	诸城臧家庄	10.5	38	1—0.9	8.3	0.38	1.28	1.23	约1/2	$\#g^1-32$	$\#a^1-21$
			10	34	0.7	7	0.42	1.26	1.15		$\#a^1-24$	c^2+4
			9.5	31	0.6—0.7	4.4	0.46	1.17	1.25		b^1+11	d^2-7
			7.5	26	0.4—0.5	2.6	0.41	1.28	1.26		$\#d^2-3$	f^2-23
			6	23.5	0.6	2.5	0.34	1.25	1.22		f^2-10	$\#g^2+35$
			7	23	0.7—0.8	2.1	0.44	1.23	1.24		$\#a^2-7$	$\#c^3+22$
			7	22	1—1.1	1.8	0.47	1.25	1.22		$\#d^3+23$残	$\#f^3+20$残
			5.4	17	0.6—0.9	0.5	0.47	1.18	1.21		$\#a^3-26$	$\#c^4+5$
			6	16	0.6—0.7	0.4	0.6	1.11	1.29			
29	H Ⅱ	商王 22—1	8.1	27.3	0.4		0.42	1.2	1.22	约1/2	456.54	569.46
		M2 22—5	6.5	22.7	0.7		0.4	1.2	1.23		676.88	813.6
		甲组 22—7	6.2	21	0.6—0.7		0.42	1.15	1.25		760.5	905.76
		22—2	5.6	19.6	0.6		0.4	1.11	1.27		811.77	1 012.57

（续表）

例号	型式	标本号	钮高	通高	鼓厚	重量	钮高/体高	体高/铣间	铣间/舞修	钲高/体高	正鼓音	侧鼓音
29	H II	22—6	5.3	18.3	0.5—0.6		0.41	1.13	1.28	约1/2	905.15	1 143.8
		22—3	5.1	17.2	0.5—0.6		0.42	1.14	1.23		999.15	1 212.77
		22—4	4.5	14	0.6		0.47	1.08	1.24		1 522.83	1 859.74
		乙组 F10001	8.5	29.8	0.5—0.7	3.3	0.4	1.22	1.23		343.02	408
		F10002	7.6	25.4	0.6—0.8	2.6	0.43	1.15	1.22		515.14	624.39
		F10003	7	24.5	0.7—0.9	2.5	0.4	1.22	1.23		624.39	765.99
		F10004	5	16.4	0.7—0.8	1	0.44	1.15	1.27		1 401.37	1 682.13
		F10005	4.4	13.5	0.6—0.7	0.6	0.48	1.14	1.23		1 894.53	2 354.74
		F10006	4.1	12	0.5—0.6	0.5	0.52	1.11	1.16		2 108.15	2 485.35
		F10007	3.9	11.4	0.5—0.7	0.5	0.52	1.1	1.21		2 811.28	3 459.47

附表四 山东地区乐钟铭文一览表

	时代	乐钟	铭文位置	全铭组合	铭文内容	铭文字体	等级
滥觞期	西周晚期	己侯钟1	左侧鼓	单件	己侯作宝钟。6字	大小不一	纪侯
	西周晚期	鲁原钟1	钲间	单件	鲁原作龢钟用孝。8字	规范	鲁太宰
	春秋中期	刘家店子M1纽钟9	正面：右栾+于口+左栾至反面：右栾+于口	正反单件全铭	陈大丧史仲高作铃钟用祈眉寿无疆子子孙孙永宝用之。23字（重文2）	规范	莒侯
		甲组甬钟12	钲间	连读？	钲间铭文被铲去		
发展繁荣期	春秋晚期	莒南大店M2纽钟9	右栾+右鼓+钲间+左鼓+左栾	单件	唯正月初吉庚午莒叔之仲子平自作铸其游钟玄镠鏽鑪乃为之音央龡龢睨諆于䢵东仲平善忒龡考铸其游钟以乐大酉圣智龚眡其爰受以眉寿万年无諆子子孙孙永保用之。64字（重文4）	规范	莒侯
	春秋晚期	临沂凤凰岭纽钟9	钲间+两栾		铭文被铲去		郯侯

（续表）

发展繁荣期	时代	乐钟	铭文位置	全铭组合	铭文内容	铭文字体	等级
	春秋晚期	滕州庄里西镈钟4	右栾＋征间＋左栾	4件合铭	唯正孟岁十月庚午曰吾朕皇祖悼公严龚天命哀命鯀用旱肇镇既公正德单作司马于滕叔亦师刑法则扰公正德单非歅釱（敱？釱？）称作宗脈用享于皇祖文考用祈吉休龢称子子孙孙万年永宝（重文2）82字	规范	滕侯
	春秋晚期	鎛镈1	右栾＋右鼓＋征间＋左鼓＋左栾	单件	唯王五月初吉丁亥齐辟鲍叔之孙适中之子鎛乍中姜宝用鎛用其身用享孝于皇祖圣姚圣姜考迟中皇祖又成惠叔皇姚又成惠惠叔用享孝于皇祖文考用祈眉寿母死用保吾子姓鲍叔有成劳于齐邦其眉又肃义政锡之邑二曰世万至子子孙九至又九邑与告于余邦腸医从告万至子子孙勿或改渝鲍子鎛曰余弥心邑与赐之民人都鄙医从告万至子子孙心史大功尼大史大徒大宰是四事以余是为大功尼大史大徒大宰是四事以余是可使以可使子子孙永保用享。172字（重文2合文1）	规范	齐重臣鲍叔之孙

（续表）

时代	乐钟	铭文位置	全铭组合	铭文内容	铭文字体	等级
春秋晚期	齐鎣氏钟1	正面鉦间＋右鼓＋反面左鼓＋鉦间＋正面左鼓	单件正反	唯正月初吉丁亥齐鮑氏孙□择其吉金自作龢钟卑鸣攸好攸用宴用喜用乐嘉宾及我倗友子子孙孙永保鼓之。52字（重文2）	美化	齐重臣鲍叔之孙
春秋晚期	郳公孙班镈1	右栾＋右鼓＋鉦间＋左鼓＋左栾	单件	唯王正月初吉辰在丁亥吉郳公孙班择其吉金为其龢钟用匽用喜于其皇祖其万年眉寿□□是□灵命无期子子孙孙永保用之。45字（重文2）	修长	郳卿大夫？
发展繁荣期　春秋晚期	郳公怿钟4	右栾＋右鼓＋鉦间＋左栾＋左栾	单件	隹（唯）王正月初吉辰才（在）乙亥郳怿公（玄）□蕄（择）厥（玄）镠鋚（吕）□铝（？）自作（宣）龢鍾（钟）畏（玄）□□台（以）龢鍾（钟）二者（堵）台（以）乐其身台（诸）□宴大夫其身台邲（以）簮诸者（诸）土至于口（万）年分器是寺（持）。57字	规范	郳宣公（前573—前556）

（续表）

时代	乐钟	铭文位置	全铭组合	铭文内容	铭文字体	等级
春秋晚期	邾公华钟 1	右栾+右鼓+钲间+左鼓	单件	唯王正月初吉乙亥邾公华择厥吉金玄镠赤镭用铸厥龢钟以作其皇祖皇考曰余毕龚（恭）之惄穆不坠于厥身铸其龢钟以伽其子畬（慎）为之肬元器大夫以宴士庶子畬其旧哉公眉寿邾邦是保其万年无疆子子孙孙永宝用享。（又铭文2）91字	修长，华饰	邾悼公（前555—前541）
春秋晚期	邾公钅乇钟 1	右栾+右鼓+钲间+左鼓	单件	陆融之孙邾公钅乇用敬龢盟祀祈年眉寿用乐我蒙及嘉宾正卿扬君灵君以眉寿万年。36字	规范	邾太宰革?
春秋晚期	邾叔之伯钟（纽钟）1	右栾+右鼓+钲间+左栾+左鼓	单件	唯王六初吉壬午蠡叔之伯择吉金用口其皇祖皇考口用祈眉寿无疆子子孙孙永宝用享。34字（重文2）	规范	邾卿大夫?
春秋晚期	邾太宰钟（纽钟）1	正面右栾+钲间+左栾+反面右栾+钲间+左栾	单件正反	蠡太宰欉子鼷自作其御钟口口吉金元吕鼷用介眉寿福多福子子孙孙永宝用享。34字（重文2）	规范	邾太宰

发展繁荣期

（续表）

	时代	乐　钟	铭文位置	全铭组合	铭　文　内　容	铭文字体	等　级
发展期繁荣期	春秋晚期	郳君钟（纽钟）1	右栾＋钲间＋左栾	单件	郳君求吉金用自作其龢钟口铃用处大正口口	规范	郳卿大夫?
衰落期	战国中期	诸城臧家庄镈钟7	于口自左向右	单件全铭	坒蚼立事岁十月己亥廮公孙朝子造器。16字	规范	莒国君后裔或齐卿大夫
		纽钟9	于口自左向右	单件全铭	坒蚼立事岁十月己亥廮公孙朝子造器九（也）。17字	规范	2、3、4、5双行、1、6、7、8、9单行、8、9正面一反面

附表五　山东地区甬钟铸造工艺和纹饰设计一览表

例号	型式	标本号	形制					纹饰				颜色	铸造	调音
			钟体	甬部	干部	界格	舞部	篆部	钲间	鼓部	枚			
1	A I	省博藏云纹钟	矮宽	粗短，旋乳钉，斡编索	微弧	阴线	阴线云纹	斜角云纹	素面	阴线云纹	二层合柱	铁黑	合范	无
2	A II	花园公社	矮宽	封闭，中空，旋乳钉，斡方形	微弧	阴线	细阴线云纹	斜角云纹	素面	细阴线云纹	二层合柱	绿锈		槽2—10
3	A III	刘家店子M1	修长	旋乳钉，斡方形	微弧	阴线	阴线云纹	斜角云纹	素面	阴线云纹	二层合柱	铁黑		槽
4	A III	莒县天井汪					两头龙纹	斜角云纹	素面	云纹				
5	B I	己侯钟	矮宽	甬环带和云纹，旋云纹，双斡	微弧	阴线	阴线云纹	阴线云纹	素面	阴线云纹	二层合柱			

（续表）

例号	型式	标本号	形制				纹饰					颜色	铸造	调音
			钟体	甬部	干部	界格	舞部	篆部	钲间	鼓部	枚			
6	C I	和平村 HG：78 第二件	修长	绹素斡残断	微弧	乳钉阴线	云纹	云纹回字	徽识素面	云纹乳钉	二层合柱	绿锈		
7	C II	上尚都	修长	甬中空，绹素斡	微弧	阴线	云纹	斜角云纹	变形蝉纹	云纹乳钉	二层合柱	绿锈		
8	D I	上亦村	矮宽	环形斡	微弧	无	无	无	素面	无	二层合柱			
9	D II	邹城城关镇	修长	甬长、环带纹和龙纹、旋及兽首	微弧	阳线	窃曲	窃曲	素面	素面	二层合柱			
10	E I	仙人台 M6	高宽	旋乳钉，方形斡有棱	微弧	阳线	云纹	斜角龙纹	蟠虺纹	犄角兽面	二层合柱	绿锈	砂眼	音脊
11	E II	刘家店子 M2	高宽	旋乳钉方形斡	稍大	阳线	蟠螭	双头龙纹	素面	犄角兽面	二层合柱		泥芯	

（续表）

例号	型式	标本号	钟体	甬部	于部	界格	舞部	篆部	钲间	鼓部	枚	颜色	铸造	调音
12	E Ⅲ	郜公铚钟	矮宽	锥形甬，旋形钉，方形斡，中间起棱	尖角	阴线	蟠螭	蟠螭	铭文	犄角兽面	二层合柱			槽
13	F Ⅰ	鲁原钟	高宽	残，纹饰，兽目乳钉旋，方形斡	微弧	阴线	龙纹	斜角龙纹	铭文	顾龙	二层合柱	铁黑	泥芯	槽
14	F Ⅱ	嘴子前M1	修长	形态各异，环形斡	微弧	阴线	？	勾连或斜角云纹或重环纹	素面	顾龙	涡纹乳状	铁黑	粗糙	槽
15	F Ⅲ	嘴子前M4	修长	旋重环纹，方形斡	微弧	阴线	双头龙纹	重环	素面	顾龙	二层合柱	绿锈		

（续表）

例号	型式	标本号	形制				纹饰					颜色	铸造	调音
			钟体	甬部	干部	界格	舞部	篆部	钲间	鼓部	枚			
16	FⅢ	刘家店子M1甲组 正面 背面	修长	旋乳钉、方形斡	微弧	阴线 无	漫漶	重环 无	铭文 敓去	顾龙 无	二层台柱			
17	FⅢ	苍山甬钟	修长	方形斡	微弧	阴线		斜角龙纹	素面	顾龙	二层台柱	绿锈		槽
18	FⅣ	齐鎣氏钟	矮宽		微弧	阴线		蟠虺	铭文	顾龙涡纹				
19	G	邿公华钟	修长	旋乳钉蟠螭、方形斡	尖角	阴线	蟠螭	蟠螭	铭文	大牙兽面	二层台柱			槽6
20	G	邿公钰钟	修长	圆乳方柱旋龙纹和乳钉、兽首斡	尖角	阴线	龙纹	蟠螭	铭文	大牙兽面	二层台柱	黄褐		槽
21	HⅠ	小峨眉山	修长	长甬粗硕,云纹带,旋乳钉,鸟形斡	尖角	阴线		目纹	素面	蟠螭	二层台柱		残破	明器

（续表）

例号	型式	标本号	形　制				纹　饰				枚	颜色	铸造	调音
			钟体	甬部	干部	界格	舞部	篆部	钲间	鼓部				
22	H Ⅱ	大夫观	修长	长甬粗硕,鸟形斡	尖角	阳线			无		二层合柱	绿锈		明器
23	H Ⅱ	淄河店M2	修长	长甬,圆角方柱,鸟形斡	尖角	阳线	界格蟠螭	蟠螭	素面	蟠螭	二层合柱	绿锈		明器
24	H Ⅲ	大武镇东夏庄	修长	长甬八棱,鸟形斡	深凹	阳线			无		二层合柱			陶

附表六　山东地区镈钟铸造工艺和纹饰设计一览表

例号	型式	标本号	形制				纹饰					颜色	铸造	调音
			镈体	钮	干口	界格	舞部	篆部	钲间	鼓部	枚			
1	A I	临淄淄河崖头	修长	方钮	椭圆	无		龙纹			圆圈	绿锈	合范	无
2	A II	嘴子前 M1:48 M1:49	修长	方钮	合瓦	阴线	龙纹	龙纹	素面	顾龙	涡纹	铁黑	合范	槽1
3	A III	牟平长治村	修长	方钮	合瓦	阳线		无	素面	无	乳钉	绿锈		无
4	B I	凤纹镈	修长	凤鸟	合瓦	阳线	龙纹	凤纹		凤纹	螺旋	墨绿	芯撑	音脊
5	B II	临沂苍山镈	修长	凤鸟	合瓦	阴线		龙纹	素面	顾龙	二节乳钉	绿锈		
6	C I	省博藏素镈	修长	蟠螭	合瓦	阳线		无	素面	无	圆乳	绿锈	薄	无
7	C II	长岛大竹山岛	修长	蟠螭	合瓦	阳线	蟠螭		素面	蟠螭	圆乳	绿锈		

（续表）

例号	型式	标本号	形制				纹饰					颜色	铸造	调音
			铸体	钮	于口	界格	舞部	篆部	钲间	鼓部	枚			
8	D I	刘家店子M1	矮宽	桥形	合瓦	阴线	龙纹	龙纹	素面	犄龙	泡状	绿锈		无
9	D II	凤凰岭一组 凤凰岭二组	矮宽	桥形	合瓦	阳线	蟠螭	两头龙纹	素面	犄角兽面	螺旋二节乳钉	黄褐		无 有
10	D II	莒南大店M1	矮宽	长方环钮	合瓦	阳线	龙纹	龙纹	素面	犄龙	螺旋	黄褐		
11	E I	滕州庄里西	矮宽	龙蛇	合瓦	阳线	卷龙	卷龙	铭文	兽面	盘龙	绿锈	精细	
12	E II	诸城臧家庄	矮宽	蟠龙	合瓦	阳线	蟠螭	蟠螭	蟠螭龙纹	蟠螭龙纹	蟠龙涡纹	绿锈		
13	F I	齘镈	修长	双龙	椭圆	阴线	蟠虺	蟠虺凸起	铭文	蟠虺凸起	泡状圆圈	绿锈		音脊
14	F I	郳公孙班镈	修长	双龙	椭圆	阳线	蟠螭	蟠螭	铭文	浮雕蟠螭	螺旋圆锥			

（续表）

例号	型式	标本号	形制				纹饰					颜色	铸造	调音
			铸体	钮	于口	界格	舞部	篆部	钲间	鼓部	枚			
15	FⅡ	淄河店M2甲	修长	双龙	合瓦	阳线	蟠螭	蟠螭凸起	素面	蟠螭凸起	蟠龙	绿锈	合范	明器
16	FⅡ	东夏庄M4	矮宽	双龙	椭圆	阳线	素面	素面	素面	素面	涡纹			陶
17	FⅡ	东夏庄M6	矮宽	双龙	椭圆	阳线	素面	素面	素面	素面	螺旋			陶
18	GⅠ	淄河店M2乙	矮宽	环钮	合瓦	无	素面	浮雕蟠螭纹	素面	素面	无	绿锈		明器
19	GⅡ	章丘女郎山	修长	环钮	合瓦	无	素面	浮雕蟠螭纹	素面	素面	无	绿锈		
20	GⅢ	阳信西北村	修长	环钮	合瓦	无	素面	浮雕蟠螭纹	素面	素面	无	绿锈		明器

附表七　山东地区纽钟铸造工艺和纹饰设计一览表

例号	型式	标本号	形制				纹饰					颜色	铸造	调音
			钟体	钮部	于部	界格	舞部	篆部	钲间	鼓部	枚			
1	A I	海阳上尚都	修长	方中见圆	微弧	阴线	素面	连体顾龙		素面	无	绿锈		
2	A II	省博藏凤纹纽钟	修长	环钮	微弧	阴线	素面	连体顾龙		素面	无	绿锈	铸孔4	
3	A II	省博藏丁德萱	修长	环钮	微弧	阴线	素面	连体顾龙		素面	无	绿锈	铸孔4	音脊
4	B I	嘴子前M4:127		方钮	微弧	阴线	龙纹	S勾连纹		素面	无	绿锈		
5	B II	嘴子前M4:126		方钮	微弧	阴线	龙纹	S勾连	素面	圆圈	无枚	绿锈		
6	C I	仙人台M6	修长	方钮	稍大	阴线	素面	窃曲	素面	圆圈	螺旋24枚	绿锈		槽
7	C I	省博藏24枚钟	修长	方钮	微弧	阴线	素面	窃曲	素面	圆圈	螺旋24枚			

（续表）

例号	型式	标本号	形制				纹饰					颜色	铸造	调音
			钟体	钮部	干部	界格	舞部	篆部	钲间	鼓部	枚			
8	CⅡ	柳格庄M6	矮宽	方钮	微弧	阴线	素面	钧曲	素面	圆圈	螺旋24枚	绿锈		
9	CⅢ	沂水纪王崮	修长	长方钮	稍大	阴线	?	重环	素面	顾龙	螺旋24枚	绿锈		
10	DⅠ	仙人台M5	修长	阴线绹索	稍大	阴线	云纹	菱形云纹	素面	凸形云纹	同心圆	绿锈	铸孔5	音脊槽
11	DⅡ	郯太宰钟	修长	阴线绹索	尖角	阴线	?	浮雕蟠螭	铭文	凸形蟠螭	同心圆	绿锈		
12	DⅢ	邹城大埠一村	修长	阴线绹索	大	阴线	素面	浮雕蟠螭	素面	凸形蟠螭漩涡	无	绿锈		
13	EⅠ	刘家店子M1	矮宽	绹素梯形	微弧	虚线阳线	蟠螭	蟠螭		涡纹	无			槽
14	EⅠ	青博张少铭捐	矮宽	绹素方形	微弧	虚线阳线	龙纹	蟠蛇		团龙	无	黛绿	铸孔1	槽

（续表）

例号	型式	标本号	形制				纹饰					颜色	铸造	调音
			钟体	钮部	干部	界格	舞部	篆部	钲间	鼓部	枚			
15	E II	都昔台	矮宽	绚索梯形	较大	阳线	？		蟠虺	素面	无	黛绿		
16	E III	女郎山	矮宽	环钮	稍大	阳线	素面		蟠虺	素面	无	绿锈		
17	E III	淄河店M2	矮宽	环钮	稍大	阳线	素面		蟠虺	素面	无	绿锈		明器
18	E IV	阳信西北村	修长	环钮	大	阳线	素面		蟠虺	素面	无	黛绿		明器
19	E V	大武镇M4	矮宽	长方钮	大	无	无	无	无	无	无			陶
20	F I	莒南大店M2	高宽	长方钮	稍大	绚索	蟠虺	蟠虺	铭文	犄角兽面	螺旋乳状	褐色		槽
21	F II	临沂凤凰岭	修长	长方钮	大	阳文	蟠螭	两头龙纹	铭文锉磨	犄角兽面	二层乳突	黄褐		
22	F II	莒南大店M1	修长	长方钮	大	阳文	浮雕蟠螭内填雷纹	浮雕蟠螭内填雷纹	无	犄角浮雕兽面	二层台柱	黄褐		

（续表）

例号	型式	标本号	形制				纹饰					颜色	铸造	调音
			钟体	钮部	干部	界格	舞部	篆部	钲间	鼓部	枚			
23	G I	庄里西	矮宽	长方钮几何纹	稍大	绹索	浮雕云纹	浮雕蟠螭	素面	蝶形蟠螭	螺旋状	绿锈		音脊槽
24	G II	郯城二中	矮宽	梯形窃曲	稍大	绹索	浮雕蟠螭	浮雕蟠螭	素面	蝶形蟠螭	涡纹短枚	绿锈		音脊槽
25	G III	省博藏6.481	矮宽	梯形长高	大	阳线	素面	素面	无栏	蟠螭	涡纹图案	锈蚀	铸孔3	无
26	G III	临朐扬善公社									圆圈图案			
27	G III	站马张家	矮宽	方形回字形	微弧	阳线		目纹	无栏	素面	涡纹图案枚18			无
28	H I	诸城臧家庄	高阔	长条环钮云纹	稍大	阳线	云纹	浪花	云纹	交龙云雷	蟠蛇涡纹	黛绿		
29	H II	临淄商王M2	鼓荣	长条梯形云纹	大	阳线	云纹	变体凤鸟	变体凤鸟	变体凤鸟	半圆旋纹	绿锈		音脊

附表八　山东地区乐悬情况一览表

例号	遗址(墓葬为主)	时代	甬钟	镈钟	纽钟	乐钟组合	乐钟摆列	乐钟音列	箫磬	明器	随葬铜礼器等	墓葬规模	墓主人	性别	备注
	黄县归城和平村	西周中晚期	2										莱国贵族	男?	井中出土
滥觞期	烟台上夼村墓葬	西周晚期偏晚		1		铜铃1	棺内西南角，钟、铃分紧挨。和礼兵器分开。				鼎2壶2匜1	头向东，墓室4.1×2.8米，一棺一椁，腰坑	己国贵族（己侯之弟）	男	
	己侯钟	西周中晚期			1								己侯	男	己侯台出土
	鲁原钟	西周晚期			1								鲁遑	男	
	河崖头	春秋早期		1				内腔平整 无调音 正鼓音23 无侧鼓音			盂1 簋4	周周调查有石椁大墓，有大型殉马坑	祭祀齐侯或战争埋藏	男?	窖藏

（续表）

例号	遗址（墓葬为主）	时代	类型 甬钟	类型 镈钟	类型 纽钟	乐钟组合	乐钟摆列	乐钟音列	篪篪	明器	随葬铜礼器等	墓葬规模	墓主人	性别	备注
滥觞期	上尚都墓葬	两周之际	1		4			甬钟侧鼓音合混。2件一组钟有正侧鼓音			盘1 壶1		胶东古国贵族	男？	收缴
发展繁荣期	花园公社	春秋早期	9			石磬9		内壁调音槽2—10条不等			鼎3 盘1 匜1 两壶1 簋1件		邿国士一级贵族	男	
发展繁荣期	仙人台M6	春秋早期晚段	11		9	石磬10	南边箱。东半部的上部倒放11件甬钟，时大小套南边的南边，紧贴南壁。甬钟南壁横排着一套组钟，共计9件，从大到小一字排开。上有一根横梁，面呈圆形组钟的梁，应为悬挂纽钟的梁。架子最底部平铺着一层编磬	甬钟内壁有低平音梁，无磨痕迹。纽钟正侧鼓和两铣有调音磨。石磬，1个半八度五或六声音阶	铜牛首凤尾2，铜錞1，铜镈1	甬钟1	鼎15 簋8 方壶2 圆壶2 盘2 匜1 盉1 提梁盉2 小罐1 罐1	头向西北。墓室4.6×4.5米，两椁一层台。北部有边箱，南部椁室中殉大一只，头向与墓主相反	郓国国君	男	和M4夫妻并穴合葬，M4女性，无乐器

（续表）

例号		遗址（墓葬为主）	时代	类型			乐钟组合	乐钟摆列	乐钟音列	簨虡	明器	随葬铜礼器等	墓葬规模	墓主人	性别	备注
				甬钟	镈钟	组钟										
发展繁荣期		柳格庄M6	春秋中期			9	木鼓1，木瑟1	北侧二层台		山字形座钟架，梁黑色曲尺纹		提梁卣1勺1	头向东。墓扩6×4.4米。四壁均有二层台，车马坑1，殉人4	胶东古国国君	男	盗洞
		嘴子前M1	春秋中期中叶	5	2			北侧二层台，由大到小依次排放，倒放？	镈钟内壁有一条调音槽，1件侧鼓音含混，3号甬钟调音槽，甬钟枚正侧鼓音			鼎1簋2盘1盆1壶1铺1	头向东，墓室6.5×5.1米，一椁二棺，头箱，青膏泥	胶东古国国卿大夫，与田齐关系密切	男	规格高于女性墓
		嘴子前M4	春秋中期偏晚	7		2		北侧二层台上，悬于架上，自东向西由大到小依次排列，11号甬钟例外		二层台上南北并排立放两支木架，黑漆红漆		鼎7甗1盆2簋2方壶2盘1匜1铺1盉1	头向东，墓室7.32×6~6.24米，一椁二棺，头箱，青膏泥	胶东古国国卿大夫，与田齐关系密切	男	和M6夫妻并穴合葬，M6无乐器

（续表）

例号	遗址（墓葬为主）	时代	甬钟	镈钟	纽钟	乐钟组合	乐钟摆列	乐钟音列	簨虡	明器	随葬铜礼器等	墓葬规模	墓主人	性别	备注
发展繁荣期	刘家店子M1	春秋中期偏晚	12+7	6	9	铎于2，钲1	北库	镈钟于口内未见调音槽，含音数混。乙组7件甬钟测音。组钟于口内有调音槽	铜牛首凤饰尾2		鼎16甗9鬲1豆7壶4瓿2錍1舟2镞盘匜罐各1件，此外，青铜库，尚有黄大子作征盆1件。	头向东，现存墓口12.8×8米。生土台，两椁一棺，南北两个器物库，青铜泥，殉人35—39。车马坑1	莒国国君	男	
	刘家店子M2	春秋中期			9						鼎9，罍2，壶、提梁壶、盘、匜若干	头向东，现存墓口6.5×5.1米。估计墓室北部为椁室，南部为器物库，椁室中部有腰坑，圆形椭圆坑，坑内殉狗一只，头朝西。	莒国国君夫人	女？	墓室遭破坏

（续表）

例号	遗址（墓葬为主）	时代	甬钟	镈钟	纽钟	乐钟组合	乐钟摆列	乐钟音列	簧虡	明器	随葬铜礼器等	墓葬规模	墓主人	性别	备注
发展繁荣期	纪王崮	春秋中期	10	4	9	石磬10，錞于2，铎1	北边箱				鼎7两7豆7罍7敦3舟4甗1鬲1壶1盉1	头向东，墓室28×13.6米，墓室南部为椁室，二椁二棺，北部为车马坑。墓道向东。墓室留有二分保葬台，陪葬坑，殉人	莒国国君或夫人？	女？	
	莒县天井汪	春秋中期	6	3							列鼎5有盖鼎1罍2壶2镶壶1盘1鉴1		莒国国卿大夫	男？	
	莒南大店M1	春秋晚期晚叶		1	9		器物坑中部，南为铜礼器				鼎2敦3壶1盘1舟1	头向东，墓口11—11.3×10.4米，由夯筑的隔梁分成南北二部分，南部	莒国国君	男	

（续表）

发展繁荣期	例号	遗址(墓葬为主)	时代	甬钟	镈钟	纽钟	乐钟组合	乐钟摆列	乐钟音列	篪虡	明器	随葬铜礼器等	墓葬规模	墓主人	性别	备注
													为椁室，北部为器物坑。墓主人棺及殉人的十个棺。下部填塞青泥。斜坡墓道位于墓室东边北端。	莒国国君	男	
		莒南大店M2	春秋晚期中叶			9	石磬12	器物坑南壁下，铜礼器紧挨	腔体内壁有调音槽			提梁卣2舟2	头向东，墓口10×9米，北部为椁室，墓主人一椁及殉人坑，南部为器物坑，墓道位于墓室东边南侧	莒国国君兹平公	男	盗坑

（续表）

例号	遗址（墓葬为主）	时代	类型			乐钟组合	乐钟摆列	乐钟音列	箄虡	明器	随葬铜礼器等	墓葬规模	墓主人	性别	备注
			甬钟	镈钟	纽钟										
发展繁荣期	仙人台M5	春秋中期偏晚			9	石磬14，瑟	铜礼乐器位于棺椁之间的南部，编钟一套9件，编磬一套14件位于棺椁部，呈一字排开，编磬东侧有规律；编钟、编磬从其形状分析，可能属于瑟一类的乐器	半圆形音梁，调音痕磨磋。石磬2个半或六度五音阶声音阶			鼎3 敦2 舟2 壶1 盘1 瓶1	头向西北。墓口4.6×3.3米，墓壁脚窝13个。墓底中部有一圆角长方形腰坑，殉葬一狗，头向亦与墓向相反，葬具为一椁一棺，椁棺外为熟土二层台，在二层台的北壁正中有椭形壁龛	邿国士一级贵妇人	女	
	邿城大埠二村M2	春秋中期			存4	石磬残片2	器物坑东南部，铜礼器可能亦位于此					头向东，M2基本破坏殆尽，墓室北侧为椁室，可能为一椁一棺，在棺椁下有一腰坑，呈椭圆形。椁室的东西两侧	邿国士一级贵族	男	破坏，与夫M1为妻并穴合葬，M1无乐器（铜鼎2罐2）

（续表）

例号	遗址(墓葬为主)	时代	甬钟	镈钟	纽钟	乐钟组合	乐钟摆列	乐钟音列	簨虡	明器	随葬铜礼器等	墓葬规模	墓主人	性别	备注
发展繁荣期	郯城大埠二村M2	春秋中期			存4	石磬残片2	器物坑东南部,铜礼器可能亦位于此					各残存殉葬1具。器物箱位于墓室的南侧,长约3.3×宽2.1米。	郯国士一级贵族	男	舟1瓠壶1盘1匜1连体罐1
	凤凰岭	春秋晚期偏早	9	9	9	铜铎1、铜枹1	器物坑南侧编组编钟9件,自西向东,由大到小依次排列;西南角铺小者于大者之内,两套乐器附近放铜枹1件。器物坑东半部铜礼器		铜枹1	器物坑7鼎1镋2盘1舟1瓶1;墓后室一椁鼎3盉1篮3鎛1盂1壶2舟1		头向东,墓室斗形,墓口11.2×9.45米,底部白四周有熟土二层台。墓室前室被盗,后室放置墓主一椁一棺;殉人及4个殉人与葬品一椁(墓室共殉人14)。墓主头向东,腰下有一殉狗,器物坑在墓室北25米处,车马坑205米,深3.01×宽4米。长4×宽3.01×车马室到墓室西北化	郳国国君(或莒国贵族?)	男	前室被盗

（续表）

例号	遗址（墓葬为主）	时代	甬钟	镈钟	纽钟	乐钟组合	乐钟摆列	乐钟音列	簧庸	明器	随葬铜礼器等	墓葬规模	墓主人	性别	备注
发展繁荣期	小峄山眉山	春秋中晚期	4			句镰22				甬钟句镰	圭形器30余件，璧形器25件		齐卿大夫管仲?	男?	祭天
	邹城城夫镇	春秋晚期	1												井中
	滕州里庄西墓葬	春秋晚期		4	9	石磬13		编钟低平音槎，被磨，有正音。侧鼓音。石磬音质较好			铜器玉器若干		滕国国君?		
	诸城都吉台墓葬	春秋晚期			9						鼎、鬲、盘、壶		鲁国大夫	男	
	鲁镈	春秋晚期		1									齐重臣鲍叔之孙	男	传世

（续表）

例号	遗址（墓葬为主）	时代	甬钟	镈钟	纽钟	乐钟组合	乐钟摆列	乐钟音列	簨虡	明器	随葬铜礼器等	墓葬规模	墓主人	性别	备注
发展繁荣期	齐罍氏钟	春秋晚期	1										齐重臣鲍叔之后	男	传世
	邾公孙班镈	春秋晚期		1									邾国卿大夫？	男	传世
	邾公牼钟	春秋晚期	1										邾国国君宣公	男	传世
	邾公华钟	春秋晚期	1										邾国国君悼公	男	传世
	邾公钇钟	春秋晚期	1										小邾国贵族？	男	传世
	邾叔之伯钟	春秋晚期			1								邾国卿大夫	男	传世
	邾太宰钟	春秋晚期			1								邾国卿大夫	男	传世

（续表）

例号	遗址（墓葬为主）	时代	类型			乐钟组合	乐钟摆列	乐钟音列	簧篪	明器	随葬铜礼器等	墓葬规模	墓主人	性别	备注
			甬钟	镈钟	纽钟										
发展繁荣期	邾君钟	春秋晚期			1								邾国卿大夫	男	传世
	临朐杨善公社	春秋晚期		1缺	5	石磬？				镈钟组纽钟	公孙窰壶1壶2列 鼎5平盖 鼎2敦2 舟1簠残片1		齐国上卿	男	可能为一墓葬
衰落期	临淄淄河店M2	战国早期偏早	16存	8	14存10	石磬24	东二层台上、椁室，陪葬坑东北角、陶礼器北二层台，陪葬坑上			镈钟甬钟纽钟石磬	陶礼器	头向北？封土、车马坑，甲字形土坑积石木椁墓。分地上墓室和地下葬室两部分，一椁一棺石椁四周间二层台，陪葬坑位于北侧二层台上内有多人殉葬	齐国国氏上卿	男	与LZM3是夫妻异穴并葬。LZM3为女性，无乐器

（续表）

例号	遗址（墓葬为主）	时代	甬钟	镈钟	纽钟	乐钟组合	乐钟摆列	乐钟音列	簧虡	明器	随葬铜礼器等	墓葬规模	墓主人	性别	备注
衰落期	东夏庄M4	战国早期偏早		7陶	7陶		东二层台兵器坑东侧。东二层台的东部放置陶礼器			镈钟 纽钟 陶质	陶礼器	头向北,甲字形,墓室255×248米,墓道开在墓室南壁中部,一椁,椁室四面是二层台,二层台上挖有19个陪葬坑,东二层台上挖有一个兵器坑	齐国大夫级贵族	男	与LDM5为夫妻异穴并葬,LDM5女性,无乐器
	东夏庄M6	战国早期偏早		7压碎陶			北二层台上。东二层台上和北二层台二层上陶礼器。椁室盗洞礼器			甬钟 镈钟 陶质	陶礼器	头向北甲字形,墓室295×282米,墓道开在墓室南壁中部,一棺一椁,椁室四面是二层台,二层台上挖有22个陪葬坑,东二层台上挖有一个兵器坑	齐国大夫级贵族	男	椁室被盗
	临淄大观	战国早期	8			石磬2组16		石磬音质优美		甬钟					

（续表）

例号	遗址（墓葬为主）	时代	甬钟	镈钟	纽钟	乐钟组合	乐钟摆列	乐钟音列	簨虡	明器	随葬铜礼器等	墓葬规模	墓主人	性别	备注
	章丘女郎山	战国早期偏晚		5	7	石磬2套，镈7+?，陶埙1	乐器主要放置在东北角和西角的内外椁之间，镈钟以及钮钟之间，计有钮钟2套。东二层台合上石磬2套。北侧的内外椁之间还发现一件陶埙。铜礼器主要放置在西北角和东南角的内外椁之间	甲组7件出土时均有规律地排放在特制的磬匣内，应为当时的实用器。乙组破碎，仅存1件	方形底座，立柱圆柱状，上细下粗，上端插入铜质盉形构件，横梁穿入圆环。蔽钟及甬钟钟架及磬架，丁形钟磬槌	镈钟组钮钟	鼎5豆6（盖豆4）壶4提梁盘1舟4	头向北，甲字形，现存墓口13.15×12.58米，四隅两椁一棺，有二层台，西北二层台合上共有5座陪葬墓	齐国卿大夫	男	东二层器物库被盗

（续表）

例号	遗址(墓葬为主)	时代	类型			乐钟组合	乐钟摆列	乐钟音列	簴虡	明器	随葬铜礼器等	墓葬规模	墓主人	性别	备注
			甬钟	镈钟	组钟										
	郑城二中M1	战国早期			8缺1	陶磬13	编钟置于墓南部，部分压在骨架之上；陶磬分置在中部和西部。东北部铜鼎和陶礼器	模形音梁、音梁和内唇调音磋磨			铜鼎1，陶礼器	头向东，墓扩2.8×2米，棺椁情况不明	郑国土一级贵妇人?	女?	已被楚灭
	站马家张村墓葬	战国早期			1	木鼓1	椁室东部		弓形木支座2，朱绘木杆1	纽钟	木器	头向东，墓扩5.1×3.86米，一棺一椁，棺底有腰坑		女?	形式土礼而葬
	阳信西北村陪葬坑落落期	战国中期		5	9	石磬13	坑的中部。铜礼器于坑中西部	石磬音乐性能佳		镈钟纽钟、纽钟	鼎2 豆2 敦4 壶2 提梁壶1 罍1 舟1 盘1 匜1	土坑平面为2×2米的圆角方形，坑壁垂直，底平	齐国土一级贵族	男?	

（续表）

例号	遗址(墓葬为主)	时代	甬钟	镈钟	纽钟	乐钟组合	乐钟摆列	乐钟音列	簨虡	明器	随葬铜礼器等	墓葬规模	墓主人	性别	备注
	诸城臧家庄陪葬坑	战国中期偏晚	7缺1		9	石磬13	东南陪葬坑铜器40余件及石编磬				鼎5 豆5 壶5 瓿形器1 罐1 熏炉1 勺1	主墓头向东,5.8×4.5米,一椁一棺,周围黑白两层青泥,墓坑东端整齐,葬狗骨架一具,东南和西北各一陪葬坑	莒国末世国君之后裔或齐国卿大夫	男	西北陪葬坑出土牛马骨骼
衰落期	临淄商王村M2	战国晚期			14	石磬9+10	樽外东部。南端放置石磬19件,按大小次序分两组排列,一组10件,另一组9件。中部有铜编钟14件,大小相套,分东、西、中三排并列放置西南礼器南	纽钟发音准确,音质优美。石磬音质较好	8件方形铜构件		铜鼎2,铜盘2,铜灯金银器,玉石器,铁器兵器日用用具车马器,漆器,玻璃器等	头向北,墓口4.4×3.15米,墓壁有脚窝,墓室西壁中间挖有一个壁龛。	齐上卿以上的贵族或王室成员	男	和M1夫妻并穴合葬,M1为女性,无乐器

附表九　鲁北音乐文化区

分期	时代	地点	分型分式			铸造工艺			铭文	用器	乐悬制度					
			甬钟	镈钟	纽钟	甬钟	镈钟	纽钟			摆列	堵肆	音列	簨虡	性别	身份
	西周晚期	己侯钟	B I			甬中空，饰环带纹，云纹，旋虫纹，双环界阑，阳线斜角云纹，篆斜角工字云纹			左鼓 己侯汜作宝钟	甬1					男	己侯
滕薛期	春秋早期	临淄河崖头窖藏		A I			外方内圆钮，舞中心圆孔。腔面不分隔出征部和枚区，圆圈圆纹乳状枚纹，篆饰龙纹，鼓征纹饰漫漶			镈1			内腔平整，无音梁，正鼓音b+23，侧鼓音含混		男	祭祀齐侯

（续表）

分期	时代	地点	分型分式 甬钟	分型分式 镈钟	分型分式 纽钟	铸造工艺 甬钟	铸造工艺 镈钟	铸造工艺 纽钟	铭文	用器	摆列	堵肆	音列	簨虡	性别	身份
发展繁荣期	春秋早期晚段	长清仙人台M6	E I		C I	铜质差，砂眼，旋饰4孔中钉，方斡棱，阳钉起间线界栏，枚长，篆征鼓纹，隧角兽面，双眼孔钉凸起		长方纽，阴线界栏，枚间隔开，螺旋枚24，篆窃曲纹，正侧鼓圆圈纹		甬11明器9纽9磬10	轩悬	3堵3肆	纽钟同一八度内构成完整的清商七声音阶；石磬一个半八度内构成完整的五声或六声音阶	铜质牛首凤尾璧翣2	男	邿国国君
春秋中期晚段	长清仙人台M5				D II			绹素环纽，舞部素带界格，舞征芯撑阴线界栏，篆菱形几何纹，鼓凸字形框内填几何纹中间同心圆		纽9	特悬	1堵1肆	纽钟侧鼓半圆形音梁，两个八度内构成完整的六声新音阶；石磬两个半八度内构成完整的五声或六声音阶		女	邿国一士级贵妇人

（续表）

分期	时代	地点	分型分式			铸造工艺				铭文	用器	乐悬制度			簨虡	性别	身份
			甬钟	镈钟	纽钟（组钟）	甬钟	镈钟	纽钟				摆列	堵肆	音列			
发展繁荣期	春秋晚期	章丘小峨山眉祭天	H I			甬粗硕，上下封衡，中空，云纹；旋间饣和云纹；钲形篆、阴线界栏；枚形脱落，篆目纹，鼓浮雕长条带蟠螭纹					甬4明器 句鑃22明器	特悬	1堵 1肆			男	齐卿大夫
发展繁荣期	春秋晚期	诸城臧家庄台			F II			绹索梯形环钮，无枚，钟面浮雕蟠虺纹，鼓饣、素面			纽9	特悬	1堵 1肆			男	鲁国大夫
发展繁荣期	春秋晚期	齐鎛1，清同治九年山东荣成西河后祠土出土		F I			形体巨大，透雕云顶吞噬飞龙座，同心圆枚饣，粗阳弦纹为界，舞、篆、鼓饣平雕凸边变形蟠螭纹			右栾+右鼓+钲+左鼓+左栾单侔全铭172追孝祈福（重文2，合文1）	鎛1					男	齐重臣鲍叔之孙

（续表）

分期	时代	地点	分型分式 甬钟	分型分式 镈钟	分型分式 纽钟	铸造工艺 甬钟	铸造工艺 镈钟	铸造工艺 纽钟	铭文	用器	乐悬制度 摆列	乐悬制度 堵肆	乐悬制度 音列	乐悬制度 簨虡	性别	身份
发展繁荣期	春秋晚期	齐塦氏钟	F	?	IV	正鼓对称顾龙纹，喙侧有粗目纹，蛇角上增足作龙形，下体在腿档处断开，足形纹饰，通体施繁缛细阴线二层花纹。两侧有涡纹			正面钲间＋右鼓＋反面左鼓＋钲间＋右鼓＋正面左鼓。正反单件全铭，5~2字（重文2），追孝祈福	甬1					男	齐重臣鲍之叔孙
衰落期	春秋晚期	临朐扬善公社		?			制作轻薄，舞面为素，鼓为龙纹，以浅刻的圆圈仿枚的形状	制作轻薄，舞面为素，鼓为龙纹，篆面纹，以浅刻的圆圈仿枚的形状		镈1 明器 纽5 明器 石磬？	判悬 或 特悬	2堵 2肆			男	齐上卿

（续表）

分期	时代	地点	分型分式			铸造工艺				用器	摆列	乐悬制度			性别	身份
			甬钟	镈钟	纽钟	甬钟	镈钟	纽钟	铭文			堵肆	音列	簨虡		
衰落期	战国早期偏早	临淄淄河店M2	H II	F II G I	F III	长甬焊接，鸟形斡，阳线界栏，舞篆鼓界浮雕蟠螭纹	甲组双龙对峙中间方框繁钮，焊接，枚，阳线界栏，篆鼓团蟠螭纹，浮雕蟠螭纹；乙组环钮，无枚，钟面蟠螭纹，鼓素面	环钮，无枚，钟面蟠螭纹		甬16 纽14 镈8 明器石磬24	宫悬或特悬	4堵8肆	3组24件，每组编磬均大小相次，每组编磬精，造型规范，磨制较实，未进行测音，应为实用器	四块两长两短的方木板，彩绘	男	齐卿大夫
	战国早期	临淄大夫观	H II		F III	长甬，铸接或焊接，舞菱形框，阳线界栏，通体素面				甬8 明器石磬16	判悬或特悬	2堵3肆	石磬2组各8件，甲乙组用测音，高为徵商角，变宫角和微，变徵，乙组详见测音数据		男	齐卿大夫
	战国早期	临淄大武镇东夏庄M4		F II	F III		陶质，钮残，似双龙对峙，泡形枚，枚上饰卷云纹，余素面	陶质，钮残，无枚，素面		镈7 纽7 陶质	判悬	2堵2肆			男	齐大夫

（续表）

分期	时代	地点	分型分式 甬钟	分型分式 镈钟	分型分式 纽钟	铸造工艺 甬钟	铸造工艺 镈钟	铸造工艺 纽钟	铭文	用器	乐悬制度 摆列	乐悬制度 堵肆	乐悬制度 音列	簴虡	性别	身份
衰落期	战国早期	临淄大武镇东夏庄M6	H II	F II		陶质，八棱卯六棱甬，榫卯与钟体连接；螺旋枚，枚36，素面	陶质，纽残，似双龙对峙，余素面			甬7 镈碎 陶质	判悬	2堵 2肆			男	齐大夫
	战国早期偏晚	章丘女郎山墓葬		G II	F III		环纽，无枚，钟体浮雕蟠虺纹，鼓素面	环纽，无枚，钟体浮雕蟠虺纹，鼓素面		镈5明器 纽7明器 磬8 陶埙1	轩悬	3堵 4肆	石磬1组7,1组余1，实用器	木质钟架2横梁两端铜质鎏金；形构作T形钟磬簴	男	齐卿大夫
	战国中期	阳信西北村陪葬坑		G III	F IV		钟壁薄，制作粗劣，铸防不作修磨，环纽，无枚，钟体浮雕蟠虺纹，鼓素面	钟壁薄，腔内尚存部分泥芯，环纽，无枚，钟体浮雕蟠虺纹，鼓素面		镈5明器 纽9明器 磬13	轩悬或特悬	3堵 3肆	石磬耳测两个八度内重复徵、商、角和，很可能有音阶实践方面的深意		男	齐士一级贵族

（续表）

分期	时代	地点	分型分式			铸造工艺			乐悬制度						性别	身份
			甬钟	镈钟	纽钟	甬钟	镈钟	纽钟	铭文	用器	摆列	堵肆	音列	簨虡		
衰落期	战国中期	诸城臧家庄陪葬坑		E Ⅱ			二镈龙镂孔透雕繁钮，铸接；阳线界格；泡形及涡纹饰蛇；舞篆部饰蟠螭纹；舞面征同以蟠螭纹为地纹，上饰交龙纹	长条形环钮，阴刻云纹，阳线界格，枚及蟠蛇及涡纹，舞无首交龙纹和云纹，浪花纹，鼓面交龙纹，无首交龙纹和S形云纹和阴阳线雷纹细纹为地纹	镈钟于口16字"塦曫立事岁十月己亥齐公孙朝子造器；纽钟于口17字"塦曫立事岁十月己亥，齐公孙朝子造器九(也)，	镈7缺1纽9磬13	轩悬	3堵3肆	镈钟原当8件成编，音高不一；编纽钟全套组钟的音域达两个多八度；石磬音质好		男	莒国世君之后或齐卿之或大夫
战国晚期	战国晚期	临淄商王村M2			H Ⅱ			铜胎质地好，铸工精良，半球形枚36，钮、篆和	簨虡铜构件上有"莒陵夫人"的铭文	纽14磬19	轩悬	3堵4肆	纽钟2组14件，无论是与五度相生律相比，还是与	8件方形铜构件	男	齐上卿以上贵族或

（续表）

分期	时代	地点	分型分式			铸造工艺			铭文	乐悬制度				簨虡	性别	身份
			甬钟	镈钟	组钟	甬钟	镈钟	纽钟		用器	摆列	堵肆	音列			
								枚间饰三角云纹和卷云纹,舞、钲及鼓部饰变体凤鸟纹以细线纹、羽状重环纹和圆圈纹,钟腔内壁也有模印的卷云纹和凤鸟纹	簨虡铜构件上有"陵夫人"的铭文				纯律相比,平均差值均为12音分,在这一时期编钟的音乐水平中是最高的;石磬分2组,每组8件,大小相次,磨制较精,造型规范,详见音测数据			王室成员

分期	时代	地点	分型分式 甬钟	分型分式 镈钟	分型分式 纽钟	铸造工艺 甬钟	铸造工艺 镈钟	铸造工艺 纽钟	铭文	乐悬制度 用器	乐悬制度 摆列	乐悬制度 堵肆	乐悬制度 音列	性别	身份
滥觞期	西周晚期	鲁原钟	F I			甬见泥芯纹饰 旋舞兽面乳钉纹 钲间铭文 正鼓顾龙纹 侧鼓龙纹			钲间 鲁原作鄹钟用享孝 单件全铭 追孝祈福 8字	甬 1				男	鲁大宰
	春秋晚期	邹城城关镇井中	D II			长甬饰环带纹 旋舞兽首 舞篆窈曲纹 鼓素面				甬 1			内壁光平 无调音痕迹		
发展繁荣期	春秋晚期	滕州庄里西	E I	G	I	双龙吞蛇钮 枚盘蛇 阳线界栏 钲栾铭文 正鼓大牙兽面		长方钮几何纹 阳线界栏 舞浮雕云纹 篆浮雕蟠螭 鼓蝶形兽面	镈钟 4 右栾+钲 同+左栾 4件合铭 歌功颂德 追孝祈福 82字（重文2）	镈 4 纽 9 组 4 磬 13	轩悬	3堵 3肆	镈钟侧 鼓有低 平音梁 结构，音 梁上音 调音磋 磨痕迹	男	滕国国君

（续表）

分期	时代	地点	分型分式			铸　造　工　艺					乐　悬　制　度				
			甬钟	镈钟	纽钟	甬钟	镈钟	纽钟	铭文	用器	摆列	堵肆	音列	性别	身份
发展繁荣期	春秋晚期	滕州庄里西		E I	G I		双龙吞蛇钮枚盘蛇阳线界栏征栾铭文正鼓大牙兽面	长方钮几何纹阳线界栏舞浮雕云纹篆浮雕蟠螭鼓蝶形兽面	镈钟4右栾+征同+左栾4件全铭歌功颂德追孝祈福82字（重文2）	镈钟4纽9磬13	轩悬	3堵3肆	纽钟侧鼓有低平音宫，两个八度内构成完整的五声音阶	男	滕国国君
	春秋晚期	郘公孙班镈		F I			双龙对峙钮中有方框螺旋锥形枚阳线界栏篆浮雕蟠螭鼓饰角蟠螭		右栾+征同+左鼓+左栾单件全铭追孝祈福45字（重文2）	镈1				男	郘国卿大夫
	春秋晚期	郘公怿钟	E III			锥形短甬，旋4乳钉方斡起棱二层台枚头锥形，阴线界栏			右栾+右鼓+征同+左栾+左鼓	甬1				男	郘宣公

（续表）

分期	时代	地点	分型分式 甬钟	镈钟	组纽钟	铸造工艺 甬钟	镈钟	纽钟	铭文	用器	乐悬制度 摆列	堵肆	音列	性别	身份
发展繁荣期	春秋晚期	郑公华钟	G		I	舞篆细阴线蟠螭纹，鼓饰大，平雕三角龙蟠龙纹			单件全铭宴乐57字						
						长甬，旋蟠螭纹+4扁圆乳钉，方形斡，阴线界栏，枚长，舞篆蟠螭纹，鼓大牙普面			右栾+右鼓+钲间+左鼓+左栾单件全铭宴乐91字（又重文2）字体华饰	甬1				男	邾悼公
	春秋晚期	郑公託钟	G		I	甬圆角方柱，上部锥形，旋龙纹间孔，旋龙纹间以4扁圆乳钉，普首篆，长枚，鼓浮雕蟠螭，大牙普面，大牙普首内转			右栾+右鼓+钲间+左鼓+左栾单件全铭宴乐36字	甬1				男	邾国太子革?

（续表）

分期	时代	地点	分型分式			铸造工艺				乐悬制度					身份
			甬钟	镈钟	组钟	甬钟	镈钟	纽钟	铭文	用器	摆列	堵肆	音列	性别	
发展繁荣期	春秋晚期	邾叔之伯钟			E II ？			长方环钮绹索界栏钟体庞大篆双头龙纹鼓一对惰角双头龙纹	右枚+右鼓+钲同+左枚+左鼓单件全铭追孝祈福34字（重文2）	组1				男	邾国卿大夫
	春秋晚期	邾大宰钟			D III			绹索长环钮阳线界栏两铣尖角同心圆枚篆浮雕蟠虺鼓凸字形框内填蟠虺纹	正面右枚+钲同+左枚+反面右枚+钲右枚+左枚同右枚正反单件正反双件全铭追孝祈福34字（重文2）	组1				男	邾大宰
	春秋晚期	邾君钟			？				右枚+钲同+左枚左枚内容不清	组1				男	邾卿大夫？

附表十一　鲁东南音乐文化区

分期	时代	地点	分型分式			铸造工艺			乐悬制度					性别	身份
			甬钟	镈钟	钮钟	甬钟	镈钟	钮钟	用器	摆列	堵肆	音列	簨虡		
滥觞期	两周之际	花园公社	A II			甬中空方形斡旋四线乳钉阴线界栏鼓细阴线云纹			甬9	特悬	1堵 1肆	正侧鼓部内壁调音槽2—10条不等				鄅国贵族
发展繁荣期	春秋中期	刘家店子M1	E II F III	D I	F I	甲组正面旋4乳钉,方形斡,鼓顾龙,铭文钺去,背面素面 乙组旋4乳钉阴线界栏篆云纹	桥形钮蟠虺阴线界栏同心圆枚篆云纹 正鼓橢角龙纹	绹索梯形斡舞留钮孔无枚舞和钟面浮雕蟠虺纹鼓旋涡纹干栾铭文	甬19 镈6 钮9	轩悬	3堵 4肆	乙组甬7同一八度内构成完整的五声音阶、镈侧鼓音含混,调音槽	牛首凤尾铜璧饕餮2	男	莒国国君
	春秋中期	刘家店子M2	A III			甬有泥芯旋4孔钉方斡阴线界栏鼓橢角龙纹			甬9	特悬	1堵 1肆			女	莒国国君夫人

（续表）

分期	时代	地点	分型分式 甬钟	分型分式 镈钟	分型分式 纽钟	铸造工艺 甬钟	铸造工艺 镈钟	铸造工艺 纽钟	用器	摆列	堵肆	音列	簨虡	性别	身份
发展繁荣期	春秋中期	莒县天井汪	A III	?		甬舞龙纹 篆三角云纹 鼓饰云纹			甬6 镈3	特悬	1堵 1肆				莒国大卿大夫?
发展繁荣期	春秋中期	郜城大埠二村			D I			绹索环钮 无枚有篆钲 间/篆 曚 凸字形内填 浮雕蟠螭纹	纽4 磬2	钟磬判悬	钟 磬 2堵 2肆			男	郜土一级贵族
发展繁荣期	春秋中期	纪王崮							甬10 镈4 纽9 磬10	钟磬轩悬	钟 磬 3堵 4肆			女?	莒国君夫人?
发展繁荣期	春秋晚期晚叶	莒南大店	D II		E II		方环钮 阳线界栏 鼓猗角龙纹	长方钮 阳线界栏 合柱状短枚	镈1 纽9	判悬	2堵 2肆			男	莒国国君

（续表）

分期	时代	地点	分型分式 甬钟	分型分式 镈钟	分型分式 纽钟	铸造工艺 甬钟	铸造工艺 镈钟	铸造工艺 纽钟	用器	摆列	乐悬制度 堵肆	乐悬制度 音列	篪虡	性别	身份
发展繁荣期	春秋晚期晚叶	莒南大店M1		D II	E II		方环钮 阳线界栏 鼓椅角龙纹	舞篆蟠螭纹 鼓椅兽面 纹饰浮雕	镈1 组9	判悬	2堵 2肆			男	莒国国君
	春秋晚期中叶	莒南大店M2			E I		甲乙两组 桥形钮麻点 阳线界栏 舞篆带界格 鼓椅印龙纹 鼓椅角龙纹	长方钮 绚素界栏 鼓椅角兽面 钲鼓枼茶铭文	组9 磬12	钟磬 判悬	钟磬 2堵 2肆	钟腔内壁调音槽 3件破裂 6件正侧鼓 音俱全 音质优美		男	莒国国君
	春秋晚期	临沂凤凰岭		D II	E II		长方钮 阳线界栏 台柱状短枚 舞篆模角龙纹 鼓椅角龙纹 铭文戡去	长方钮 阴线界栏 台柱状短枚 舞篆印龙纹 鼓椅角龙纹	镈9 组9	轩悬	3堵 3肆	镈钟最后一件与第二组的音列就差两音（徽宫）即构成完整的半音阶 宫宫音列纽钟音列	鼓木枹	男	郕国国君

（续表）

分期	时代	地点	分型分式			铸造工艺			用器	摆列	堵肆	音列	簧库	性别	身份
			甬钟	镈钟	纽钟	甬钟	铸钟	纽钟							
发展繁荣期	春秋晚期	临沂凤凰岭		D II	E II		甲乙两组 桥形钮麻点 阳线界栏 台柱状短枚 舞素带界格 篆模印龙纹 鼓椅角龙纹	长方钮 阳线界栏 台柱状短枚 舞素带界格 篆模印龙纹 鼓椅角龙纹 铭文铰去	镈9 纽9	轩悬	3堵 3肆	均可在两个八度内构成完整的五声音阶	鼓木枹	男	郳国国君
衰落期	战国早期	邹城二中			G II			梯形钮纹饰 绹索界栏 篆浮雕蟠螭 鼓蝶形兽面	纽8 陶磬	特悬	1堵 1肆	音梁较长,成模形 正侧鼓音俱全 第4、5钟间尚缺一钟		女	邾国士一级贵人

附表十二　胶东音乐文化区

分期	时代	地点	分型分式			铸造工艺			用器	乐悬制度				性别	身份
			甬钟	镈钟	纽钟	甬钟	镈钟	纽钟		摆列	堵肆	音列	簨虡		
滥觞期	西周晚期	和平村井中	C Ⅰ			甬中空绹素斡 乳钉界栏 阴线云纹 尖状二层枚			甬2				钟钩1		莱贵族
	西周中晚期	上夼村墓葬	D Ⅰ			甬中空环形斡 尖枚脱落 素面			甬1					男	己侯之弟
	两周之际	上尚都墓葬	C Ⅱ		A Ⅰ	甬中空绹素斡 尖枚长 钲鼓纹鼓云纹		外方内圆钮 无枚 顾龙占3/4 鼓素面	甬1 纽4			甬1正b+48 侧合混 纽2正侧鼓音			胶东古国贵族

（续表）

分期	时代	地点	分型分式 甬钟	分型分式 镈钟	分型分式 纽钟	铸造工艺 纽钟	铸造工艺 镈钟	铸造工艺 甬钟	用器	摆列	堵肆	音列	簨虡	性别	身份
发展繁荣期	春秋中期	柳格庄M6	F II		C II	方钮24枚 舞素篆窃曲 正侧鼓圆圈		甬形态各异 无征间界栏 篆勾连重环云纹/鼓顾龙	纽9	特悬	1堵1肆		钟架1	男	胶东古国国君
	春秋中期	嘴子前M1	F II	A II			方钮舞界格 阴线界栏 涡状枚 鼓顾龙涡纹		甬5 镈2	特悬	1堵1肆	铸2侧合混 甬4正侧鼓音 铸甬调音槽		男	胶东古国卿大夫
	春秋中期	嘴子前M4	F III		B I B II	外方内圆钮 无枚有征间 S云纹2/3 鼓圆圈		旋重环方形斡 征上缩1/2 篆重环/正鼓 顾龙侧鼓小鸟	甬7 纽2	判悬或特悬	1堵1肆		钟架1 磬架1	男	胶东古国卿大夫
衰落期	战国早期	站马张家墓葬			G III	方钮转接 涡纹图案枚 无征间 篆目纹鼓素			纽1	依礼而葬 特悬		明器	磬架1	女？	低于士

参考文献

一、古典文献

【汉】司马迁撰、【宋】裴骃集解、【唐】司马贞索引、【唐】张守节正义:《史记》,中华书局,1959年。

【汉】郑玄注、【唐】贾公彦疏:《周礼注疏》,中华书局,1980年。

【汉】郑玄注、【唐】贾公彦疏:《仪礼注疏》,中华书局,1980年。

【晋】杜预:《春秋经传集释》,上海古籍出版社,1978年。

【晋】杜预注、【唐】孔颖达等正义:《春秋左传正义》,中华书局,1980年。

【南朝】释智匠:《古今乐录》,《汉魏遗书钞》,嘉庆三年刻本。

【宋】陈旸:《周礼·小胥》训义,《乐书》卷四十五,1876年刊本。

【宋】吕大临:《考古图》,《金文文献集成》第一册,线装书局,2005年。

【宋】王黼:《博古图》,《金文文献集成》第二册,线装书局,2005年。

【宋】薛尚功:《历代钟鼎彝器款识别》,《金文文献集成》第九册,线装书局,2005年。

【清】戴震:《考工记·凫氏为钟》,商务印书馆,1956年。

【清】潘祖荫:《攀古楼彝器款识》,《金文文献集成》第十册,线装书局,2005年。

【清】阮元:《积古斋钟鼎彝器款识》,《金文文献集成》第十册,线装书局,2005年。

【清】阮元校刻:《十三经注疏》,中华书局,1980年。

【清】孙诒让:《周礼正义》,中华书局,1987年。

罗振玉:《梦郼草堂吉金图》,(台北)台联国风出版社,1978年。

刘体智:《小校经阁金文拓本》,庐江刘氏小校经阁,民国24年(1935)
　　影印本。

徐元诰:《国语集解》,中华书局,2002年。

杨伯峻:《春秋左传注》,中华书局,1990年。

二、考古资料

陈亮:《扶风五郡西村西周青铜器窖藏编钟及相关问题》,《文物》
　　2007年8期。

程明:《山东邹城市出土铜甬钟》,《考古》1996年11期。

常兴照、宁荫堂:《山东章丘出土青铜器述要兼谈相关问题》,《文物》
　　1989年6期。

河南省文物考古研究所、三门峡市文物工作队:《三门峡虢国墓》,文
　　物出版社,1999年。

呼林贵等:《耀县丁家沟出土西周窖藏青铜器》,《考古与文物》1986
　　年4期。

惠民地区文物普查队、阳信县文化馆:《山东阳信城关镇西北村战国
　　墓器物陪葬坑清理简报》,《考古》1990年3期。

海阳县博物馆等:《山东海阳嘴子前村春秋墓出土铜器》,《文物》
　　1985年3期。

济青公路文物考古队绣惠分队:《章丘绣惠女郎山一号战国大墓发掘
　　报告》,《济青高级公路章丘工段考古发掘报告集》,第115—149
　　页,齐鲁书社,1993年。

济南市考古研究所、山东大学考古系等:《山东章丘市洛庄汉墓陪葬
　　坑的清理》,《考古》2004年8期。

纪王崮春秋墓 http://baike.soso.com/v52212748.htm;专家称崮顶春
　　秋墓主为莒国君或建于春战之际 http://www.kaogu.net.cn/cn/

detail.asp?ProductID=14771。

李步青、林仙庭:《山东黄县归城遗址的调查与发掘》,《考古》1991年
　　10期。

李剑、张龙海:《临淄出土的几件青铜器》,《考古》1985年4期。

罗勋章:《山东沂水刘家店子春秋墓发掘简报》,《文物》1984年9期。

罗西章:《扶风出土的商周青铜器》,《考古与文物》1980年4期。

林仙庭、闫勇:《山东蓬莱市站马张家战国墓》,《考古》2004年12期。

刘一俊、冯沂:《山东郯城县二中战国墓的清理》,《考古》1996年3期。

齐文涛:《概述近年来山东出土的商周青铜器》,《文物》1972年5期。

任日新:《山东诸城臧家庄与葛布口村战国墓》,《文物》1987年12期。

山东省烟台地区文物管理委员会:《烟台市上夼村出土曩国铜器》,
　　《考古》1983年4期。

山东省博物馆等:《莒南大店春秋时期殉人墓》,《考古学报》1978
　　年3期。

山东省兖石铁路文物考古工作队:《临沂凤凰岭东周墓》,齐鲁书社,
　　1987年。

山东省文物考古研究所:《临淄齐墓》(第一集),文物出版社,2007年。

山东省文物考古研究所:《山东淄博市临淄区淄河店二号战国墓》,
　　《考古》2000年10期。

山东大学考古系:《山东长清县仙人台周代墓地》,《考古》1998年9期。

山东大学历史文化学院考古系:《长清仙人台五号墓发掘简报》,《文
　　物》1998年9期。

山东省文物考古研究所等:《郯城县大埠二村遗址发掘报告》,《海岱
　　考古》第四辑,第105—140页,科学出版社,2011年。

山东省文物考古研究所:《山东淄博市临淄区淄河店二号战国墓》,
　　《考古》2000年10期。

滕鸿儒、王洪明:《山东海阳嘴子前村春秋墓出土铜器》,《文物》1985
　　年3期。

烟台市文物管理委员会:《山东蓬莱县柳格庄墓群发掘简报》,《考古》
　　1990年9期。

烟台市博物馆、海阳市博物馆:《海阳嘴子前》,齐鲁书社,2002年。

张真、王志文:《山东海阳上尚都出土西周青铜器》,《考古》2001年
　　9期。

淄博博物馆:《临淄商王墓地》,齐鲁书社,1997年。

三、论文及论著

C

陈梦家:《中国铜器概论》,《海外中国铜器图录》上册,北平图书馆,
　　1946年。

陈荃有:《西周乐钟的编列探讨》,《中国音乐学》2001年3期。

陈荃有:《中国青铜乐钟研究》,上海音乐学院出版社,2005年。

陈双新:《两周青铜乐器铭辞研究》,河北大学出版社,2002年。

陈双新:《青铜乐器铭文的排列形式及其时代意义初探》,《古代文明》
　　(第2卷),文物出版社,2003年。

陈通、郑大瑞:《椭圆截锥的弯曲振动和编钟》,《声学学报》(第8卷),
　　1983年3期。

陈公柔:《滕邾两国铜器及其相关问题》,见《中国考古学研究——夏
　　鼐先生考古五十年纪念论文集》,第186页,文物出版社,1986年。

陈振峪:《中国先秦青铜钟的分区探索》,《曾侯乙编钟研究》,湖北人
　　民出版社,1992年。

常怀颖:《西周钟镈组合与器主身份、等级研究》,《考古与文物》2010
　　年2期。

D

戴念祖:《中国物理学大系·声学史》,湖南教育出版社,2001年。

F

方辉:《岳石文化区域类型新论》,《山东地区青铜时代考古》,第142页,山东大学出版社,2007年。

方辉:《郭公典盘铭考释》,《文物》1998年9期。

方建军:《西周早期甬钟及甬钟起源探讨》,《考古与文物》1992年2期。

方建军:《两周铜镈综论》,《东南文化》1994年1期。

方建军等:《中国音乐文物大系·天津陕西卷》,大象出版社,1999年。

方建军:《商周乐器文化结构与社会功能研究》,上海音乐学院出版社,2006年。

方建军:《虢叔旅钟辨伪及其他》,《天籁》(天津音乐学院学报)2009年1期。

冯卓慧:《试论青铜镈的起源》,《中国音乐学》2008年3期。

G

郭沫若:《两周金文辞大系图录考释》,科学出版社,1957年。

郭沫若:《彝器形象学试探》,《两周金文辞大系图录考释》(一),科学出版社,1957年。

郭沫若:《周代彝铭进化观》,《青铜时代》,第240页,中国人民大学出版社,2005年。

顾颉刚:《读春秋朱国彝铭因论朱国之盛衰》,《中央日报·文物周刊》1947年8月6日。

故宫博物院:《唐兰先生金文论集》,紫荆城出版社,1995年。

高至喜:《论商周铜镈》,《湖南考古辑刊》3,岳麓书社,1986年。

高至喜:《商文化不过长江辩——从考古发现看湖南的商代文化》,《求索》1981年2期。

高至喜:《甬钟探源》,《中国文物报》1991年3月24日。

H

黄翔鹏:《新石器和青铜时代的已知音响资料与我国音阶发展史问题》,《音乐论丛》(第一辑),1978年。

黄锡全、于炳文:《山西晋侯墓地所出楚公逆钟铭文初释》,《考古》1995年2期。

黄盛璋:《山东出土莒之铜器及其相关问题综考》,《华夏考古》1992年4期。

胡小石:《古文变迁论》,《胡小石论文集》,第169—171页,上海古籍出版社,1982年。

华觉明、贾云福:《先秦编钟设计制作的探讨》,《自然科学史研究》1983年1期。

J

蒋定穗:《试论陕西出土的西周钟》,《考古与文物》1984年5期。

江藩:《乐县考》,《粤雅堂丛书》,咸丰甲寅(1854)刻本。

K

孔义龙:《两周编钟音列研究》,中国艺术研究院博士论文,2005年.

L

李纯一:《关于殷钟的研究》,《考古学报》1957年3期。

李纯一:《中国上古出土乐器综论》,文物出版社,1996年。

李纯一:《周代钟镈正鼓对称顾龙纹断代》,见《李纯一音乐学术论文集》,第173—192页,上海音乐学院出版社,2004年。

李学勤:《东周与秦代文明》,文物出版社,1984年。

李学勤:《论西周王朝中的齐太公后裔》,《烟台大学学报》(哲学社会科学版),第23卷第4期,2010年10月。

李京华:《东周编钟造型工艺研究》,《中原文物》1999年2期。

林济庄:《齐鲁音乐文化源流》,齐鲁书社,1995年。

临淄区志编纂委员会:《临淄区志》,国际文化出版公司,1989年。

郎剑锋:《试论繁昌汤家山出土"鸟形饰"的用途》,《江汉考古》2011年4期。

M

马承源:《上海博物馆藏青铜器》,上海美术出版社,1964年。

马承源:《关于翏生盨和者减钟的几点意见》,《考古》1979年1期。

马承源:《商周青铜双音钟》,《考古学报》1981年1期。

马承源:《中国音乐文物大系·上海卷》,第45页,大象出版社,1996年。

马良民、李仙庭:《海阳嘴子前春秋墓试析》,《考古》1966年9期。

N

聂凤峻等:《邾鲁春秋》,齐鲁书社,1993年。

P

彭裕商:《西周青铜器年代综合研究》,巴蜀书社,2003年。

R

容庚:《商周彝器通考》,哈佛燕京学社,1941年。

容庚、张维持:《殷周青铜器综论》,文物出版社,1984年。

任相宏:《山东长清县仙人台周代墓地及相关问题初探》,《考古》
　　　1998年9期。

S

上海博物馆青铜研究组:《商周青铜器纹饰》,文物出版社,1984年。

T

唐兰:《古乐器小记》,《燕京学报》第十四期,1933年。

W

王国维:《释乐次》,《观堂集林》(卷二),第101页,中华书局,1959年。

王国维:《汉南吕编磬跋》,《观堂集林》(别集卷二),第1217页,中
　　　华书局,1959年。

王献唐:《黄县夅器》,山东人民出版社,1960年。

王光祈:《王光祈音乐论著选集》,人民音乐出版社,1993年。

王青:《山东地区周代墓葬》,山东大学出版社,2002年。

王世民:《西周暨春秋战国时代编钟铭文的排列形式》,《中国考古
　　　学研究》(2),科学出版社,1986年。

王世民等:《西周青铜器分期断代研究》,文物出版社,1999年。

温增源:《诸城公孙朝子编钟及其相关问题》,《齐鲁艺苑》1992年
　　　1期。

王洪军:《出土东周中原体系青铜编钟编制区域特征探讨》,《黄
　　　钟》2000年6期。

王子初:《中国音乐考古学》,福建教育出版社,2003年。

王子初:《中国青铜乐钟的音乐学断代》,《中国音乐学》2007年1期。

王清雷:《西周乐悬制度的音乐考古学研究》,文物出版社,2007年。

王清雷:《山东地区两周编钟的初步研究》,《文物》2006年12期。

王清雷:《从山东音乐考古发现看周代乐悬制度的演变》,《中国音乐学》2004年2期。

X

辛爱罡:《东周中原地区青铜乐钟的形制分析》,《新世纪的中国考古学——王仲殊先生八十华诞纪念文集》,科学出版社,2005年。

Y

殷玮璋、曹淑琴:《长江流域早期甬钟的形态学分析》,《文物与考古论集》,第261—285页,文物出版社,1986年。

殷玮璋、曹淑琴:《早期甬钟的区、系、型研究》,《考古学文化论集》（2）,文物出版社,1989年。

杨涛:《先秦青铜镈研究》,《黄钟》1993年3期。

袁荃猷等编:《中国音乐文物大系·北京卷》,大象出版社,1999年。

杨华:《先秦礼乐制度》,湖北教育出版社,1997年。

雍颖:《晋侯墓地性别、地位、礼制和葬仪分析》,《性别研究与中国考古学》,科学出版社,2006年。

印群:《黄河中下游地区的东周墓葬制度》,社会科学文献出版社,2001年。

Z

曾毅公:《山东金文集存·先秦编》,北京市图书业公会出版,1940年。

曾永义:《礼仪乐器考》,中国东亚学术研究计划委员会年报第六期抽印本（台北）,1967年。

中国社会科学院考古研究所:《殷周金文集成释文》,中华书局,
　　1984年。

周昌富、温增源:《中国音乐文物大系·山东卷》,大象出版社,
　　2001年。

朱文玮、吕琪昌:《先秦乐钟之研究》,(台北)南天书局,1994年。

朱凤瀚:《中国青铜器综论》,上海古籍出版社,2009年。

四、外文文献

E·G·麦克伦著,黄翔鹏、孟宪福译:《曾侯乙青铜编钟——巴比
　　伦的生物物理学在古中国》,原稿载1985年8月《社会生物工
　　程》杂志(*Journal of Social Biologic Structure*),译文载《中国
　　音乐学》1986年3期。

夏含夷(芝加哥大学):《由新出土绛县倗伯倗簋重新思考西周
　　重器休盘的年代》,2010 Ancient Chinese Bronzes Conference,
　　Chicago University。

Fritz A. Kuttner. *The Archaeology of Music in Ancient China: 2000
　　Years of Acoustical Experimentation, 1400 B.C.-A.D.250.*
　　Paragon House, 1990.

Lothar von Falkenhausen. *Suspended Music: Chime-Bells in the
　　Culture of Bronze Age China.* University of California Press, 1994.

(德)罗泰(Lothar von Falkenhausen):《曾侯乙以前的中国古代乐
　　论——从南宫乎钟的甬部铭文说起》,《考古》1992年9期。

(德)罗泰(Lothar von Falkenhausen)著,顾久幸译:《楚礼乐》,《江
　　汉考古》2001年3期。

(日)冈村秀典:《编钟的设计与构造》,《泉屋博古馆纪要》1986
　　年3期。

（日）浅原达郎:《先秦时代的钟律与三分损益法》,《东方学报》
　　　1987年59期。

（日）成家彻郎著,曲英杰译:《晋侯苏编钟铭文的确切年代》,《中
　　　国文物报》2000年1月12日。

（日）神崎胜、高凯军:《关于中国钟的分类》,《北京文博》2001年2期。

致　　谢

论文接近尾声,回想起这几年来的点点滴滴,感慨万千。

六年的研究生生涯,首先感谢我的导师方辉教授。六年前,我有幸成为方老师的学生。多年来,方老师一直给予不算聪慧也不算勤奋的我信任、鼓励和支持。耐心教导学生的同时,更是提供国内外学习和很多野外实践的机会。虽然愧疚于自己的不够努力,但是方老师渊博的学识和因材施教的教育理念一直深深地感染着我,不曾忘怀。论文写作之初,因为畏难等情绪,我甚至一度想要放弃,可以说要不是方老师的鼓励和肯定,不会有这篇拙作的完成。在此,仅以只言片语向方老师表达学生的感谢、感激和感恩之情!

学习期间,于海广、栾丰实、任相宏、崔大庸、靳桂云、王青等多位老师深入浅出的课堂讲解,让我在学习知识的同时,不断领略到考古的活力和魅力,在此向老师们表示深深的谢意!

在外求学,陈淑卿老师、陈雪香师姐一直给予我生活上的关怀和帮助,让我在他乡也能感受到家的温暖,这里向两位老师送上我真挚的感谢和祝福!

论文写作期间,汪涛、沈辰、陈雪香、王芬、宋艳波、韩桢等老师们提出许多宝贵的意见,郎剑锋师兄、王华师姐等不断地鞭策自己,好友游晓蕾、周文丽、徐倩倩、任晓琳、郑滨、彭峪、姚春冉、崔宏烨、黄钰等提供各种帮助,舍友李慧冬、师弟赵益超、姜仕炜、邢永超、朱世乾、师妹王雯雯、唐莉等和自己共同奋斗数月,还有同门师弟师妹的陪伴等等,在此一并致以衷心的感谢!

疲倦兴奋、委屈得意、高兴难过的时候总能想起我的家人,知道无论我在哪里无论我做得怎样,他们都会是我坚强的后盾,这里向他们送上我的祝福,愿他们健康平安!

或许是巧合,或许是注定,能够在我的母校山东大学度过人生最难忘的岁月,一直很喜欢那句"气有浩然、学无止境",无论在哪里,我将永远铭刻于心!

最后祝福送给我生命中遇到的所有人,因为你们,我的天空才如此地丰富多彩。祝福也送给自己,送给自己那依旧绽放的笑脸!